■ 2023年度浙江省哲学社会科学规划后期资助课题"企业-顾客互动与组织间关系研究"（23HQZZ36YB）成果。

■ 浙江省"十四五"重点学科"应用经济学"成果。

■ 浙江省哲学社会科学研究基地"浙江省现代服务业研究中心"成果。

■ 浙江树人学院专著出版基金资助成果。

■ 浙江树人学院省属高校基本科研业务费专项资金项目资助成果。

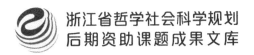

浙江省哲学社会科学规划
后期资助课题成果文库

企业—顾客互动
与组织间关系研究

高孟立　著

ZHEJIANG UNIVERSITY PRESS
浙江大学出版社
·杭州·

图书在版编目（CIP）数据

企业—顾客互动与组织间关系研究 / 高孟立著. --
杭州:浙江大学出版社,2024.7
ISBN 978-7-308-24849-5

Ⅰ．①企… Ⅱ．①高… Ⅲ．①企业管理—销售服务—
研究 Ⅳ．①F274

中国国家版本馆 CIP 数据核字(2024)第 078964 号

企业—顾客互动与组织间关系研究

高孟立　著

责任编辑	曲　静	
责任校对	杨　茜	
封面设计	周　灵	
出版发行	浙江大学出版社	
	（杭州市天目山路 148 号　邮政编码 310007)	
	（网址:http://www.zjupress.com)	
排　　版	浙江大千时代文化传媒有限公司	
印　　刷	广东虎彩云印刷有限公司绍兴分公司	
开　　本	710mm×1000mm　1/16	
印　　张	19	
字　　数	279 千	
版 印 次	2024 年 7 月第 1 版　2024 年 7 月第 1 次印刷	
书　　号	ISBN 978-7-308-24849-5	
定　　价	88.00 元	

前　言

    自从开放式创新理念被正式提出以来,知识密集型服务企业(简称"KIBS 企业")服务创新实践活动早已突破了"以企业为中心"的单边创新范式,转向了"企业—顾客价值共创"的交互式创新范式。KIBS 企业与顾客企业在合作创新过程中蕴含着一种价值共创的"共生关系",而价值共创的有效界面就是企业—顾客互动。合作创新中 KIBS 企业如何跨越组织边界,积极展开与顾客企业的有效互动,进而整合顾客企业所拥有的知识、需求、体验等创新资源,构筑双方良好合作的组织间关系,从而提升服务创新绩效水平,正日益成为制约 KIBS 企业服务创新成功的关键环节。因此,服务创新研究领域 KIBS 企业与顾客之间的互动引起了学术界广泛的关注,成为理解、解释合作创新中顾客行为与创新绩效之间关系的核心概念。

    已有研究比较关注 KIBS 企业与顾客合作创新过程中双方互动行为对企业服务创新活动的作用,普遍认为企业—顾客互动作为 KIBS 企业在服务创新实践中与顾客跨越组织边界进行合作创新的一种"桥梁机制",增强了合作双方进行创新资源互补、能力重构的潜力,构筑起合作双方良好的组织间关系,促进了服务创新绩效水平的提升。当前合作创新研究领域存在两个问题。首先,研究所关注的重点是企业—顾客互动对服务创新绩效的积极影响,对企业—顾客互动的消极影响作用缺少应有的关注,然而越来越多的企业实践活动已经发现顾客价值共创与价值攫取行为的共存性。其次,已有研究普遍基于知识观视角,从知识的获取、利用、转移、整合等视角嵌入,从合作双方组织间的知识转移过程来剖析企业—顾客互动对服务创新绩效的具体作用机制,然而企业间合作创新活动是一种跨越组织边界的联系,现缺少从组织间关系视角来剖析

1

具体作用机制的相关研究。

基于此,本书综合运用顾客合作创新理论、组织间关系理论、资源依赖理论、服务主导逻辑理论、交易成本理论等,以 KIBS 企业与顾客合作开展服务创新活动为情境,以服务创新项目为研究对象,围绕"合作创新中 KIBS 企业与顾客间的互动行为如何影响服务创新绩效水平"这一基本问题,构建了"企业—顾客互动、组织间关系、服务创新绩效"的理论逻辑和完整的 S-C-P 研究范式。为厘清合作创新中企业—顾客互动对服务创新绩效的影响机制,本次研究基于组织间关系视角,引入组织间关系为中介变量剖析其具体的作用机制。为揭示合作创新中顾客行为的双刃剑影响效应,本书从长期合作与交易冲突两个维度来刻画组织间关系,探究企业—顾客互动行为对组织间关系影响作用的双面性问题。为明确合作创新中对顾客互动行为的管理方式,本书基于权变管理视角,引入契约治理与关系治理两类组织间合作治理方式,探寻对企业—顾客互动行为有效的管理模式。本书逐层深入展开论述,循序渐进地回答了 KIBS 企业合作创新研究中的几个相关子问题:企业—顾客互动的构成要素及其对服务创新绩效的影响如何? 企业—顾客互动对服务创新绩效的具体作用路径是怎么样的,是否存在双刃剑影响效应? 如何运用契约治理、关系治理有效调节企业—顾客互动对组织间关系的影响机制? 主要得到以下结论:

(1)KIBS 企业与顾客合作创新过程中企业—顾客互动对服务创新绩效有积极的影响作用。企业—顾客互动作为 KIBS 企业在服务创新实践中与顾客跨越组织边界进行合作创新的一种"桥梁机制",起到了促进服务创新绩效水平提升的作用。本次研究通过对四个服务创新项目的探索性案例分析以及 308 份服务创新项目的大样本问卷统计分析,表明 KIBS 企业合作创新过程中企业—顾客互动的共同组织、共同决策、资源共享、任务协作都能够显著促进服务创新绩效水平的提升。

(2)合作创新过程中企业—顾客互动通过影响组织间长期合作与交易冲突进而影响服务创新绩效。本书通过案例研究和实证研究相结合的方式,证实了合作创新过程中 KIBS 企业与顾客间互动行为对服务创新绩效的影响是通过组织间长期合作与组织间交易冲突为中介而实现的,这两条路径共同构成了企业—顾客互动对服务创新绩效的作用机制。

（3）合作创新过程中企业—顾客互动具有双刃剑影响效应,既存在积极的影响作用,也存在消极的影响作用。本书证实了企业—顾客互动对组织间关系存在积极影响与消极影响,进而通过组织间关系的中介传导机制,对服务创新绩效呈现两面性影响效应。这揭示了合作创新中顾客不仅参与价值创造,也参与价值攫取,明确了合作创新中企业—顾客互动的双刃剑影响效应。

（4）契约治理、关系治理在企业—顾客互动对组织间关系的影响机制中发挥着重要的调节作用。本书基于权变管理思想,引入契约治理、关系治理两种组织间合作治理方式作为调节变量,探讨其对企业—顾客互动对组织间关系的影响机制的调节作用。实证研究结果显示,契约治理、关系治理在不同的企业—顾客互动方式对组织间关系的影响过程中发挥着显著的调节效应,在促进组织间长期合作关系、抑制组织间交易冲突关系方面发挥着不同的作用。

与已有相关研究成果相比,本次研究的拓展与深化主要体现在以下几个方面:

（1）量化了合作创新中企业—顾客互动特征维度的构成,剖析了企业—顾客互动、组织间关系与服务创新绩效之间的影响关系,揭示了企业—顾客互动通过作用于组织间关系进而影响服务创新绩效的机制,拓展了顾客合作创新理论的内涵,深化了组织间关系理论。本次研究对合作创新中企业—顾客互动概念进行了明确的界定,从结构维度（共同组织、共同决策）与过程维度（资源共享、任务协作）对企业—顾客互动进行了划分,深入探讨了不同维度对服务创新绩效的影响效应。同时研究了合作创新过程中企业—顾客互动通过对组织间关系的影响作用于服务创新绩效的具体路径,进一步打开了企业—顾客互动对服务创新绩效作用机制的黑箱。

（2）明确了合作创新中企业—顾客互动行为的双刃剑影响效应,验证了企业与顾客合作创新过程中互动行为的两面性问题,揭示了顾客价值共创与价值攫取行为的共存性,深化、拓展了服务主导逻辑理论、交易成本理论。KIBS企业在与顾客合作创新的过程中,由于专用性投资的存在以及合作过程中专业性知识所有权的转移给顾客企业所带来的特权感和优越性,合作后期顾客行为各种不确定性增加,进而容易发生价值攫取行为,导致价值破坏。本书从实证层面验证了合作创新中企业—顾客互动行为双刃剑影响效应的存在,揭示了顾客价值共创与价值攫取行为的共存性。

(3)探讨了契约治理与关系治理两种组织间合作治理方式对企业—顾客互动对组织间关系的影响机制的调节作用,指明了两种不同的合作治理方式可以对企业—顾客互动进行有效管理,延伸了企业与顾客合作创新中互动边界的相关研究,丰富、扩充了组织间关系理论。本次研究从企业可操控的层面引入契约治理、关系治理两种组织间合作治理方式来探寻对企业—顾客互动行为的管理方法。研究结果显示,契约治理、关系治理是两种非常有效的手段,在合作创新过程中可以用来对企业—顾客互动行为实施有效的管理,为企业服务创新的实践活动提供理论上的支撑,也开辟了组织间关系理论在顾客合作创新研究领域的应用空间。

目　录

1 绪　论 ……………………………………………………………… 1
　1.1　研究背景 …………………………………………………… 1
　　1.1.1　现实背景 ……………………………………………… 1
　　1.1.2　理论背景 ……………………………………………… 5
　1.2　研究问题 …………………………………………………… 13
　1.3　研究对象与关键概念 ……………………………………… 16
　　1.3.1　研究对象界定 ………………………………………… 16
　　1.3.2　企业—顾客互动 ……………………………………… 17
　　1.3.3　组织间关系 …………………………………………… 18
　　1.3.4　服务创新绩效 ………………………………………… 18
　　1.3.5　契约治理与关系治理 ………………………………… 19
　1.4　研究方法与技术路线 ……………………………………… 19
　　1.4.1　研究方法 ……………………………………………… 19
　　1.4.2　技术路线 ……………………………………………… 21
　1.5　结构安排 …………………………………………………… 23
　1.6　研究的主要创新点 ………………………………………… 24
2 文献与理论研究述评 …………………………………………… 27
　2.1 企业—顾客合作创新的研究综述 ………………………… 27
　　2.1.1　企业—顾客合作创新研究的理论基础 …………… 27
　　2.1.2　企业—顾客合作创新研究的演进 ………………… 39
　　2.1.3　企业—顾客合作创新研究的述评 ………………… 44
　2.2 企业—顾客互动的研究综述 ……………………………… 46

2.2.1　相似概念辨析 ················· 47

2.2.2　企业—顾客互动的内涵 ··········· 50

2.2.3　企业—顾客互动的维度 ··········· 53

2.2.4　企业—顾客互动研究的述评 ········ 57

2.3　企业—顾客互动与服务创新关系的研究综述 ···· 58

2.3.1　知识转移视角 ················ 60

2.3.2　组织间关系构建视角 ··········· 63

2.3.3　企业—顾客互动与服务创新关系研究的述评 ··· 68

2.4　组织间关系及治理的研究综述 ··········· 69

2.4.1　组织间关系的研究综述 ·········· 69

2.4.2　组织间治理的研究综述 ·········· 72

2.4.3　组织间关系及治理研究的述评 ······ 75

2.5　本章小结 ···················· 76

3　企业—顾客互动与服务创新绩效关系：探索性案例研究 ······ 77

3.1　案例研究方法 ·················· 77

3.1.1　案例研究方法概述 ············· 77

3.1.2　案例研究步骤 ················ 80

3.2　案例研究设计 ·················· 82

3.2.1　研究问题与理论预设 ··········· 82

3.2.2　案例选择 ·················· 86

3.2.3　数据收集方法 ················ 87

3.2.4　数据分析方法 ················ 89

3.3　案例项目介绍 ·················· 90

3.3.1　案例项目A：商陆花服务创新项目 ····· 92

3.3.2　案例项目B：企业"点金"财富管理项目 ··· 92

3.3.3　案例项目C：专项审计服务项目 ······ 93

3.3.4　案例项目D：银马公寓勘测服务项目 ···· 94

3.4　案例内分析 ··················· 95

3.4.1　企业—顾客互动 ·············· 95

3.4.2　组织间关系 ················ 100

3.4.3　服务创新绩效 ··············· 104

　　　　3.4.4　案例数据信息编码 ·················· 107
　　3.5　案例间分析:进一步探讨和相关命题提出 ······ 108
　　　　3.5.1　企业—顾客互动与服务创新绩效 ······ 108
　　　　3.5.2　组织间关系与服务创新绩效 ·········· 113
　　　　3.5.3　企业—顾客互动与组织间关系 ·········· 116
　　3.6　本章小结 ································ 124

4　企业—顾客互动对服务创新绩效作用机理的模型构建 ········· 126
　　4.1　企业—顾客互动与服务创新绩效 ·············· 126
　　　　4.1.1　企业—顾客共同组织与服务创新绩效 ······ 127
　　　　4.1.2　企业—顾客共同决策与服务创新绩效 ······ 128
　　　　4.1.3　企业—顾客资源共享与服务创新绩效 ······ 130
　　　　4.1.4　企业—顾客任务协作与服务创新绩效 ······ 132
　　4.2　组织间关系与服务创新绩效 ················ 133
　　　　4.2.1　长期合作与服务创新绩效 ············ 133
　　　　4.2.2　交易冲突与服务创新绩效 ············ 135
　　4.3　组织间关系的中介作用 ···················· 136
　　　　4.3.1　企业—顾客共同组织与组织间关系 ········ 137
　　　　4.3.2　企业—顾客共同决策与组织间关系 ········ 138
　　　　4.3.3　企业—顾客资源共享与组织间关系 ········ 140
　　　　4.3.4　企业—顾客任务协作与组织间关系 ········ 142
　　4.4　组织间合作治理方式的调节作用 ·············· 144
　　　　4.4.1　契约治理的调节作用 ················ 145
　　　　4.4.2　关系治理的调节作用 ················ 150
　　4.5　本章小结 ································ 155

5　企业—顾客互动、组织间关系与服务创新绩效的实证研究 ······ 159
　　5.1　研究方法 ································ 159
　　　　5.1.1　问卷设计 ······················ 159
　　　　5.1.2　变量测量 ······················ 162
　　　　5.1.3　数据收集 ······················ 175
　　　　5.1.4　分析方法 ······················ 177

5.2　描述性统计分析……………………………………… 180
5.3　信度、效度检验……………………………………… 183
　5.3.1　企业—顾客互动……………………………… 183
　5.3.2　组织间关系…………………………………… 185
　5.3.3　服务创新绩效………………………………… 187
5.4　结构方程模型检验…………………………………… 188
　5.4.1　初始数据分析………………………………… 188
　5.4.2　初始模型构建………………………………… 189
　5.4.3　模型初步拟合………………………………… 190
　5.4.4　模型修正与确定……………………………… 191
5.5　实证分析与讨论……………………………………… 195
　5.5.1　实证研究整体结果…………………………… 195
　5.5.2　组织间关系与服务创新绩效关系分析……… 197
　5.5.3　企业—顾客互动对服务创新绩效的作用机制分析…… 197
5.6　本章小结……………………………………………… 205

6　契约治理与关系治理调节作用的实证研究……………… 207
6.1　待验证的研究假设…………………………………… 207
6.2　信度与效度检验……………………………………… 209
　6.2.1　效度检验结果与分析………………………… 209
　6.2.2　信度检验结果与分析………………………… 210
6.3　相关分析……………………………………………… 211
6.4　多元回归三大问题检验……………………………… 213
6.5　模型回归分析结果…………………………………… 214
　6.5.1　组织间长期合作关系的回归结果…………… 214
　6.5.2　组织间交易冲突关系的回归结果…………… 218
6.6　结果分析与讨论……………………………………… 222
　6.6.1　实证研究整体结果…………………………… 222
　6.6.2　组织间合作治理对企业—顾客互动与长期合作的调节
　　　　　效应………………………………………… 223
　6.6.3　组织间合作治理对企业—顾客互动与交易冲突的调节
　　　　　效应………………………………………… 228

6.7　本章小结 ……………………………………………… 231

7　结论与展望 …………………………………………………… 232

7.1　主要研究结论 ………………………………………… 232

7.2　理论贡献与管理启示 ………………………………… 237

7.2.1　理论贡献 ……………………………………… 238

7.2.2　管理启示 ……………………………………… 241

7.3 研究局限与展望 ……………………………………… 243

7.3.1　研究局限 ……………………………………… 243

7.3.2　研究展望 ……………………………………… 245

附录 1:访谈提纲 ……………………………………………… 247

附录 2:调查问卷 ……………………………………………… 249

参考文献 ………………………………………………………… 256

图目录

图 1-1　本书的技术路线 ……………………………… 22

图 3-1　归纳式案例研究的逻辑思路 ……………………… 82

图 3-2　企业—顾客互动对服务创新绩效影响机理理论预设 …… 86

图 3-3　企业—顾客互动与服务创新绩效关系 ……………… 109

图 3-4　组织间长期合作与服务创新绩效关系 ……………… 114

图 3-5　组织间交易冲突与服务创新绩效关系 ……………… 115

图 3-6　企业—顾客互动与组织间长期合作关系 …………… 116

图 3-7　企业—顾客互动与组织间交易冲突关系 …………… 117

图 4-1　中介变量的分析过程 ……………………………… 137

图 4-2　企业—顾客互动对服务创新绩效作用机制的概念模型 … 156

图 5-1　基于概念模型的初始结构方程模型 ……………… 190

图 5-2　企业—顾客互动对服务创新绩效影响机制的最终结构方程
模型 ……………………………………………… 194

图 5-3　企业—顾客互动、组织间关系与服务创新绩效的修正后
模型 ……………………………………………… 195

图 6-1　契约治理、关系治理调节作用的最终模型 ………… 222

图 6-2　契约治理对共同决策与长期合作关系的调节效应 … 224

图 6-3　契约治理对任务协作与长期合作关系的调节效应 … 225

图 6-4　关系治理对任务协作与长期合作关系的调节效应 … 227

图 6-5　契约治理对任务协作与交易冲突关系的调节效应 … 229

表目录

表 2-1　服务主导逻辑的 11 个基本命题 ……………………… 30

表 2-2　服务逻辑的五个价值创造命题 ………………………… 33

表 2-3　合作创新中的三个关键术语比较 ……………………… 48

表 2-4　服务创新文献中所涉及的"企业—顾客互动"的概念界定
　　　　 ……………………………………………………………… 50

表 2-5　服务创新绩效指标 ……………………………………… 59

表 3-1　提高案例研究信度、效度的策略 ……………………… 79

表 3-2　四类案例研究方法比较 ………………………………… 79

表 3-3　案例研究构建理论的具体步骤 ………………………… 80

表 3-4　案例项目访谈及其文档资料来源 ……………………… 89

表 3-5　案例项目及其所属企业简介 …………………………… 90

表 3-6　案例项目的企业—顾客互动、组织间关系及服务创新绩效
　　　　水平 …………………………………………………… 108

表 3-7　企业—顾客互动中共同组织与服务创新绩效关系的访谈
　　　　经典语句 ……………………………………………… 109

表 3-8　企业—顾客互动中共同决策与服务创新绩效关系的访谈
　　　　经典语句 ……………………………………………… 110

表 3-9　企业—顾客互动中资源共享与服务创新绩效关系的访谈
　　　　经典语句 ……………………………………………… 111

表 3-10　企业—顾客互动中任务协作与服务创新绩效关系的访谈
　　　　 经典语句 …………………………………………… 112

表 3-11　组织间长期合作与服务创新绩效关系的访谈经典语句
　　　　 ……………………………………………………… 114

表 3-12　组织间交易冲突与服务创新绩效关系的访谈经典语句
　　　　　…………………………………………………………… 115

表 3-13　企业—顾客互动中共同组织与长期合作的访谈经典语句
　　　　　…………………………………………………………… 118

表 3-14　企业—顾客互动中共同决策与长期合作的访谈经典语句
　　　　　…………………………………………………………… 119

表 3-15　企业—顾客互动中资源共享与长期合作的访谈经典语句
　　　　　…………………………………………………………… 119

表 3-16　企业—顾客互动中任务协作与长期合作的访谈经典语句
　　　　　…………………………………………………………… 120

表 3-17　企业—顾客互动中共同组织与交易冲突的访谈经典语句
　　　　　…………………………………………………………… 122

表 3-18　企业—顾客互动中共同决策与交易冲突的访谈经典语句
　　　　　…………………………………………………………… 122

表 3-19　企业—顾客互动中资源共享与交易冲突的访谈经典语句
　　　　　…………………………………………………………… 123

表 3-20　企业—顾客互动中任务协作与交易冲突的访谈经典语句
　　　　　…………………………………………………………… 123

表 3-21　企业—顾客互动对服务创新绩效影响机制的初始研究
　　　　　命题 ……………………………………………………… 125

表 4-1　契约治理对企业—顾客互动与长期合作间调节作用的访谈
　　　　经典语句 …………………………………………………… 147

表 4-2　契约治理对企业—顾客互动与交易冲突间调节作用的访谈
　　　　经典语句 …………………………………………………… 150

表 4-3　关系治理对企业—顾客互动与长期合作间调节作用的访谈
　　　　经典语句 …………………………………………………… 152

表 4-4　关系治理对企业—顾客互动与交易冲突间调节作用的访谈
　　　　经典语句 …………………………………………………… 154

表 4-5　企业—顾客互动、组织间关系与服务创新绩效的研究假设
　　　　…………………………………………………………… 156

表 5-1　服务创新绩效的测量 …………………………………… 164

表 5-2　共同组织的测量 ……………………………………… 165

表 5-3　共同决策的测量 ……………………………………… 166

表 5-4　资源共享的测量 ……………………………………… 167

表 5-5　任务协作的测量 ……………………………………… 168

表 5-6　长期合作的测量 ……………………………………… 170

表 5-7　交易冲突的测量 ……………………………………… 171

表 5-8　契约治理的测量 ……………………………………… 172

表 5-9　关系治理的测量 ……………………………………… 173

表 5-10　各变量的描述性统计分析结果 …………………… 181

表 5-11　样本项目基本特征分布情况 ……………………… 182

表 5-12　企业—顾客互动结构维度的因子分析结果 ……… 183

表 5-13　企业—顾客互动过程维度的因子分析结果 ……… 184

表 5-14　企业—顾客互动变量的信度检验结果 …………… 185

表 5-15　组织间关系的因子分析结果 ……………………… 186

表 5-16　组织间关系变量的信度检验结果 ………………… 186

表 5-17　服务创新绩效的因子分析结果 …………………… 187

表 5-18　服务创新绩效变量的信度检验结果 ……………… 187

表 5-19　企业—顾客互动、组织间合作治理与组织间关系相关分析

结果 ………………………………………………… 189

表 5-20　初始结构方程的拟合结果 ………………………… 191

表 5-21　一次修正后结构方程模型拟合结果 ……………… 192

表 5-22　二次修正后结构方程模型拟合结果 ……………… 193

表 5-23　三次修正后结构方程模型(最终模型)拟合结果 … 194

表 5-24　企业—顾客互动对服务创新绩效影响机制研究假设验证情

况汇总 ……………………………………………… 196

表 6-1　契约治理与关系治理调节作用的研究假设 ……… 207

表 6-2　组织间合作治理的因子分析结果 ………………… 210

表 6-3　组织间合作治理变量的信度检验结果 …………… 211

表 6-4　企业—顾客互动、组织间关系与服务创新绩效相关分析结果

………………………………………………………… 212

表 6-5 契约治理对组织间长期合作关系的调节效应回归分析结果
　　　　……………………………………………………………… 215

表 6-6 关系治理对组织间长期合作关系的调节效应回归分析结果
　　　　……………………………………………………………… 217

表 6-7 契约治理对组织间交易冲突关系的调节效应回归分析结果
　　　　……………………………………………………………… 218

表 6-8 关系治理对组织间交易冲突关系的调节效应回归分析结果
　　　　……………………………………………………………… 219

表 6-9 契约治理与关系治理调节作用研究假设验证情况汇总 … 223

1 绪 论

1.1 研究背景

1.1.1 现实背景

（1）在全球服务经济兴起的背景下，知识密集型服务业成为传统制造业转型升级有力的助推器

伴随着全球范围内服务经济、知识经济的快速发展，世界经济已经向"服务型经济"转变，我国服务业逐渐发展成为最活跃的自主创新群体。其不仅作为独立于制造业的产业部门，成为国家 GDP 以及劳动力就业最大的贡献者，而且已经由"传统型服务经济"转向"知识密集型服务经济"（魏江、胡胜蓉，2007；王琳，2012）。众多传统制造业企业开始纷纷进行产业的转型升级，将未来的战略重点逐渐向服务业领域渗透，通过提供知识密集型服务以及实施制造服务化战略来构筑企业竞争优势（李靖华等，2017）。阿里巴巴构建了一个多主体参与的创新平台，提供极具强大创新能力的 E-market place，进而为顾客提供整套服务，实现服务创新；苹果则通过 App Store 模式来拓展已有服务，进一步延伸其商业价值；IBM 早在 2011 年就成立了服务创新实验室，专门研究企业内部服务创新问题（赵武等，2016）。据此，众多企业管理实践活动表明，企业纷纷关注服务创新研究，开始向服务领域寻求自身更多的商业价值。

此外,我国尽管已经成为世界制造业大国,但许多企业依旧面临生产要素不足、效率低下与创新乏力三重矛盾,企业的转型升级之路往往知易行难。同时由于产品线和产业链延伸的不足,外商投资企业对本地金融机构的信贷服务依赖程度较低,产品研发设计、关键技术和零部件依赖进口,对本地研发设计或技术服务需求少,这些状况从一定程度上说明了我国迫切需要加快发展具有高附加值的知识密集型服务业(knowledge intensive business service,简称KIBS)。众多学者研究发现,知识服务是创新和竞争力的关键驱动力,专业技术服务业对提升制造企业创新能力有着显著的作用,知识服务对经济增长也有着显著的促进作用。因此,加大对高附加值KIBS企业服务创新的研究,特别是推动KIBS企业与制造业的产业融合,发挥其作为传统产业的知识基础、技术保障功能,是中国制造业摆脱低端制造、实现产业结构优化升级、提升综合竞争实力的必经之路。

(2)合作创新中企业与顾客价值共创范式是KIBS企业开展服务创新活动的重要基础

自从Chesbrough(2006)提出开放式创新理念以来,企业纷纷开始延伸服务创新的组织边界,积极、主动吸收外部多种主体共同参与企业服务创新过程的各个环节。"共同创造"(co-creation)作为将外部多元化主体聚集在一起的创造模式,正日益成为企业成功开展服务创新活动进而构筑企业自身竞争优势的首要选择(Alam和Perry,2002;Prahalad和Ramaswamy,2000、2004;Matthing等,2004;Sawhney等,2005)。然而在众多的外部多元化创新主体中,顾客毫无疑问是企业最重要的"合作创造者"(Ruekert,1992;Atuahene-Gima,1996)。

在服务创新领域,作为向需求个性化顾客提供专业知识设计及知识定制服务的服务供应商,KIBS企业在服务创新实践活动中发起与顾客积极、明晰且持续的对话,并创造与顾客之间的个性化体验来实现价值创造。KIBS企业与顾客合作创新中蕴含着一种"共生关系"(Muller和Zenker,2001),企业—顾客互动的界面是企业与顾客合作创新进行价值共创的新场所(范钧、聂津君,2016)。合作创新中KIBS企业如何与顾客积极互动,进而整合顾客所拥有的知识、需求、体验等创新资源,构筑双方良好的组织间关系,提升服务创新绩效水平,正日益成为制约KIBS

企业服务创新活动成功的关键环节。

由于 KIBS 企业的服务创新具有显著的专门化定制性质(Gadrey 等,1995),且往往是一种基于特定顾客合作情境的实践创新活动,因此 KIBS 企业的服务创新活动不可能在缺失顾客的角色中进行(Gallouj, 2002),其与顾客紧密协作共同开发新服务是服务创新成功的根本要求与保障。由此可见,相对于制造业企业、一般服务业企业,KIBS 企业与顾客之间的合作关系更为密切,互动程度更加频繁,顾客自然也成为 KIBS 企业服务创新活动中最重要的战略性创新资源。KIBS 企业在服务创新活动中展开组织间积极的对话与协作,合作创造与顾客之间的个性化体验,通过与顾客价值共创活动来实现组织间的集体行动,是 KIBS 企业创新成功的关键所在(Lundkvist 和 Yakhlef,2004;Prahalad 和 Ramaswamy,2004)。正如 Muller 和 Zenker(2001)所指出的,KIBS 企业与顾客之间蕴含着一种"共生关系",其早已突破传统"以企业为中心"的单边创新范式,向"企业与顾客价值共创"的互动式创新范式转变。

(3)开放式创新背景下,KIBS 企业服务创新过程中与顾客间的互动活动机会与挑战并存

开放式创新背景下,合作创新过程中 KIBS 企业与顾客之间的互动行为其实质是一种跨越组织边界的协作与联系(Gersuny 和 Rosengren, 1973;Van de Ven,1976;Sawhney 等,2005),是对顾客价值共创范式的深化与实践,体现了对顾客价值的高度聚焦。KIBS 企业服务创新情境下,顾客价值共创范式中的企业—顾客互动行为指的是 KIBS 企业与顾客(组织顾客)为完成复杂的创新任务,而在跨越组织边界上形成的一个集体行动系统,不仅包括实际动态活动,也包括一定的结构形态(Van de Ven,1976;Gruner 和 Homburg,2000;Lundkvist 和 Yakhlef,2004; Matthing 等,2004)。这种跨越组织边界的协作与联系无疑为合作双方提供了知识、信息、技术等创新资源的共享平台,创造了互相学习的机会以及为顾客提供了最佳解决方案的途径。可见,企业—顾客互动是顾客价值共创的新场所(Prahalad 和 Ramaswamy,2000),有利于企业在服务创新实践活动中获取、挖掘、整合、利用顾客资源与潜能,有利于双方建立理解、信任、友好的感情联系,进而构筑双方组织长期稳定的合作关系,最终提升服务创新绩效。

　　尽管目前越来越多的企业意识到合作创新中与顾客互动进行价值共创的重要性,而且也确实感受到了与顾客互动进行价值共创给企业所带来的利益,甚至不少企业将自己与顾客间的互动活动作为展示服务差异化的一种噱头(马双等,2015)。然而,不少企业在与顾客的合作过程中也承担了额外的经济成本与心理成本(Williamson,1981;Villena等,2011)。这主要原因在于:一是,KIBS企业的服务创新活动具有专门化定制特点(Gadrey等,1995),这致使KIBS企业针对特定顾客的服务项目开发前期的所有投资都是专用性投资(Williamson,2010),合作后期如果顾客一旦终止交易,KIBS企业将会为此付出高额的成本;二是,KIBS企业与顾客的互动行为势必需要双方企业相互间高度的协作与配合,而这种持续的、高度的互动行为会将本属于KIBS企业的专业性知识逐渐转移到顾客一方(Cramton,2001),使得顾客拥有更多的话语权和优越感(Fang等,2015;马双等,2015)。因此,顾客一方会出于价值攫取的目的在合作创新过程中产生更多的机会主义行为,这会增加双方企业间的不信任感,诱发交易冲突,破坏组织间长期合作关系,不利于服务创新项目的顺利推进。可见,作为服务供应商的KIBS企业的管理者应该清楚地认识到合作创新过程中与顾客的互动创新行为在给合作双方带来好处的同时,也会带来负面影响。只有充分地认识到这一点,KIBS企业才会更加有意识地去防范、解决企业—顾客互动过程中可能遇到的各种问题。

　　由此可见,合作创新过程中KIBS企业与顾客间的互动行为作为一种跨越组织边界的协作与联系,通过增进组织间的长期合作关系,减少组织间的交易冲突行为,促进服务创新绩效水平的提升。同时,作为服务供应商的KIBS企业必须对合作创新过程中企业—顾客互动行为进行有效的管理,以提升服务创新的效率。因此,问题聚焦在KIBS企业与顾客合作创新中如何构建有效的企业与顾客间的联系来促进服务创新绩效的水平。探究合作创新中如何借助以及如何管理企业—顾客互动这种"桥梁策略"来促进服务创新绩效水平,成为当下KIBS企业开展服务创新活动亟待解决的一个重要问题。

　　总而言之,在全球经济环境中,在服务经济、知识经济快速发展的浪潮下,我国服务企业急需提升自身的服务创新能力,进而能够快速、准确地开发出新的服务产品,拓展市场份额,在激烈的市场竞争环境中构筑企业自身独特的竞争优势。这不仅关乎着服务企业自身的兴衰,更关乎着我国服务行业甚至是整个制造行业的发展活力以及转型升级的空间。随着全球范围管制的放松以及我国国家自主创新战略的推行,我国服务业的发展已经引起政府层面的高度重视,国家第十一个"五年计划"(2006—2010 年)就明确指出:大力发展现代服务业,提高服务业的比重和水平。迄今为止,我国的服务业在开展服务创新方面已经走在了时代前列,而作为服务业的典型代表和制造业转型升级助推器的 KIBS 企业在服务创新方面更是走在了最前端。然而,从我国 KIBS 企业近十年来的服务创新实践可以发现,大多数企业的热情高于实际成效,口号高于实际行动,也就是说在服务创新实践中 KIBS 企业并没有完全把握企业与顾客价值共创范式的本质,尚未完全找到有效提升服务创新绩效的关键路径。本次研究紧密围绕我国 KIBS 企业服务创新实践活动,在顾客价值共创范式下,重点聚焦合作创新过程中 KIBS 企业如何与顾客展开互动进而影响服务创新水平,深入剖析互动行为所存在的两面性问题,重点探寻合作创新中与顾客互动行为的有效治理方式,帮助 KIBS 企业在严峻的经济环境中赢得市场竞争优势。因此,本次研究所关注的问题具有重大的现实意义。

1.1.2　理论背景

服务创新研究经过 40 多年的发展,先后经历基于技术引入视角的逆向产品周期模型(Barras,1984、1990),基于同化视角的将制造业情境下的概念和理论移植到服务业(Gallouj 等,1997;Coombs 和 Miles,2000;Drejer,2004),基于差异化视角的侧重服务业特性的研究(Gallouj 等,1997;Salter 和 Tether,2006),基于反向视角的认为服务业在创新中起到引领作用(Gallouj,2002;Djellal 等,2013),基于技术与非技术整合视角的涵盖制造业和服务业的创新活动(Nijssen 等,2006;Howells,2006),基本上形成了"技术—同化—差异化—反向—整合"的服务创新理论发展轨迹。

随着科学技术的快速发展,现代服务业迅速崛起,服务创新呈现出更加复杂的特征:新服务产品中包含更多的以信息通信技术为基础的新兴技术;服务创新的主体由单一性逐步转向多主体化;互联网技术使得服务创新参与主体之间的合作从实体化转向虚拟化;服务产品的结构呈现出组合型的复杂化发展趋势(Fitzsimmons 等,2008)。Chesbrough(2013)在开放式创新研究基础之上再次提出了开放式服务创新研究的视角,强调服务业中的创新需要考虑与创新相关的外部多元化主体的影响。Sørensen 和 Torfing(2012、2016)、Gallouj 等(2013)、周冬梅等(2017)同样也强调现代服务业在服务创新活动中与外部多元化的主体保持开放、合作的重要性。由此可见,KIBS 企业的服务创新研究必须将视角从企业内部转到组织间的合作层面,而这外部多元化主体中最为重要的就是顾客,通过与顾客的合作创新来提升企业自身服务创新的能力,开放、合作、互动将是今后服务创新理论研究的重要发展趋势。

(1)合作创新过程中企业—顾客互动行为研究的兴起

当前随着服务业的快速发展,服务企业之间的竞争也日趋激烈,特别是新服务开发已经成为服务企业创新、发展的重要驱动力量,而与顾客合作开发新服务则被认为是一种改善、提高新服务开发绩效水平的重要方式(Chen 等,2008)。正如 Carayannopoulos 和 Auster(2010)指出的,对于顾客知识的持续获取与技术的不断创新已经成为现代服务企业获得可持续竞争优势的关键要素,对于以知识为载体、以顾客为导向的KIBS 企业而言更是如此。在开放式创新理念下,"共同创造"服务创新模式被正式提出来(Prahalad 和 Ramaswamy,2000),服务企业在服务创新过程中充分意识到了顾客的重要性,不再将其视作创新价值的接受者,而将其视为创新价值的创造者(Vargo 和 Lusch,2004)。由此,服务企业的服务创新活动开始突破传统"以企业为中心"的单边创新范式,进入一个全新的范式——"顾企互动"价值共创范式(Muller 和 Zenker,2001;范钧、聂津君,2016)。

纵观理论演变过程,服务企业在新服务开发过程中与外部多元化主体顾客间的合作创新研究演进大体经历了以下几个阶段。

①顾客共同生产(Gersuny 和 Rosengren,1973;Bowen,1986;Mills和 Morris,1986)。创新理论学派将顾客视为企业服务创新过程中的"共同创造者"(co-creators),同时把顾客纳入企业新服务开发的过程之中。然而,早期的服务企业一般没有正式的研究与发展机构,新服务开

发的意图往往被整合进了日常的运营过程之中。所以当时服务创新更多地产生于服务企业的一线员工与顾客交互的过程,即通过顾客提供新的创意、服务改进建议等方式来影响、推进企业的服务创新活动。

②顾客导向(Narver 和 Slater, 1990; Ruekert, 1992; Slater 和 Narver, 1995; Atuahene-Gima, 1996)。顾客导向的观念是在对企业市场导向研究基础之上发展起来的,顾客导向、竞争者导向以及跨职能部门导向构成了企业市场导向的三类行动(Narver 和 Slater, 1990)。然而,市场的成败取决于企业对顾客需求的满足,也就是说顾客需求决定了市场能否成功,所以市场导向的本质就是顾客导向(Atuahene-Gima, 1996)。

③顾客与企业价值共创(Lengnick-Hall, 1996; Wikström, 1996; Prahalad 和 Ramaswamy, 2000、2004; Vargon 和 Lusch, 2004)。此观念认为随着市场竞争环境的变化,顾客在价值创造中所扮演的角色逐渐发生了变化,价值不再是由企业单独创造,而是企业与顾客一起共同创造。企业服务的价值是由供应商与顾客共同创造的,且最终是由顾客的使用价值所决定。所以顾客在价值创造的过程中不仅仅是接受者,更是价值创造者,企业的竞争完全依赖于全新的价值创造模式——顾客与企业价值共创。

④顾客参与创新(Prahalad 和 Ramaswamy, 2000; Claycomb 等, 2001; Lloyd, 2003; Vargon 和 Lusch, 2004; Hsieh 和 Yen, 2005; Chesbrough, 2006; Lundvall 等, 2006)。顾客参与创新是一种企业与顾客合作开发新服务的行为,顾客在参与创新过程中会积极贡献自己的知识,最终实现与企业的价值共创。开放式创新时代的到来,顾客参与创新将会使顾客在服务企业的产品或服务开发过程中扮演越来越多的角色,同时顾客参与创新作为企业经营理念从封闭式创新转向开放式创新的重要体现,不仅为企业开展服务创新活动拓宽了大量创新知识的来源,而且大大加快了企业新服务开发的速度。

⑤企业—顾客互动(Prahalad 和 Ramaswamy, 2000; Muller 和 Zenker, 2001; Ramaswamy, 2004; Flavián 和 Guinalíu, 2005; Füller 等, 2006; Kohlbacher, 2008; Carbonell 等, 2009)。企业—顾客互动创新研究是服务创新领域新兴的、重要的一个研究方向,具体涵盖服务管理、营

销管理、知识管理以及创新管理等多学科,当前顾客参与、企业—顾客互动创新研究最为多见。尽管服务创新研究领域,企业与顾客的合作创新研究已经演化到企业与顾客的互动创新阶段,但总体而言对企业—顾客互动创新的研究还是处于初期阶段。企业—顾客互动,从本质上来讲就是一种跨界的组织间联系,是企业—顾客集合在一起所形成的行动系统。所以为了努力完成合作创新任务,企业—顾客互动作为一个社会行动系统采取了对应的结构和过程,来组织、管理合作创新过程中的双方成员,企业—顾客互动可以刻画为结构维度(Van de Ven,1976;Gruner和 Homburg,2000;Lundkvist 和 Yakhlef,2004;Matthing 等,2004;王琳,2012)与过程维度(Ennew 和 Binks,1999;Gruner 和 Homburg,2000;Fang,2008;张若勇等,2007;王琳,2012)。由此可见,顾客合作创新研究领域,企业—顾客互动创新研究是当前的研究热点与前沿,尚处于兴起阶段,企业—顾客互动的具体内涵与外延尚未达成共识。

(2)开放式创新背景下对企业—顾客互动与服务创新绩效关系的关注

越来越多的研究表明,企业与顾客之间的互动创新行为可以提升产品或服务在市场上成功的可能性(Gustafsson 等,2012;高孟立,2016),也可以提高企业的财务绩效、创新绩效(Ordanini 和 Parasuraman,2011;Fang 等,2015),更有利于维护企业间的长期合作关系(Athaide 和 Zhang,2011)。合作创新过程中顾客往往拥有需求方面的知识,而作为服务供应商的 KIBS 企业则拥有专业性的技术知识,企业—顾客互动能够有效地整合双方的知识以实现创新价值的最大化(马双等,2015)。相对制造企业而言,KIBS 企业与顾客之间的合作关系更加密切,所以顾客所拥有的需求、体验等信息都可以被用作 KIBS 企业进行服务创新活动的资源(高孟立,2016)。

KIBS 企业与顾客合作创新中蕴含着一种"共生关系"(Muller 和 Zenker,2001),企业—顾客互动的界面是企业与顾客合作创新进行价值共创的新场所(范钧、聂津君,2016)。显然,顾客是 KIBS 企业开发新服务重要的"合作创造者"。KIBS 企业与顾客互动进行合作创新,不仅可以有效地降低 KIBS 企业新服务开发过程中的不确定性,及时获取顾客的知识、信息等异质性资源(Alam,2002、2006;王琳等,2015),而且可以

帮助 KIBS 企业与顾客之间增进合作，维持长久、友好的合作关系
（Athaide 和 Zhang，2011），促进双方组织间战略关系的建立（Fang 等，
2008；Athaide 和 Klink，2009）。所以，KIBS 企业与顾客互动成为一种
促进合作创新双方组织之间资源互补与能力重构的有效途径，是 KIBS
企业开展服务创新的重要源泉。市场导向领域文献、关系营销与网络领
域文献、用户创新研究领域文献以及开放式创新领域文献，大部分肯定
了合作创新中企业—顾客互动对服务创新绩效水平的积极影响作用。

（3）企业—顾客互动对服务创新绩效的影响机制以及两面性问题

企业服务创新过程中顾客的角色正逐渐从被动转向主动，顾客在与
企业合作创新中的价值创造地位越来越高（Prahalad 和 Ramaswamy，
2000）。诸如一些高科技行业，标准化的产品已经变得难以满足顾客异
质化的需求，更多的供应商企业在新产品或新服务的开发过程中邀请顾
客参与进来，与企业一起互动合作开发新产品或新服务（马双等，2015）。
梳理文献发现，对于企业—顾客互动对服务创新绩效的具体影响机制，
学术界主要基于知识转移视角和组织间关系视角对其进行作用机理的
分析与讨论。

知识基础观强调，应有效利用组织间关系与互动，跨越知识边界以
实现组织间的创新性合作，使企业得以接近、获取外部知识，并与已有知
识进行整合、利用，从而产生新的知识应用情境（Shaker 等，2002）。以
Gibbert 等（2002）、Joshi 和 Sharma（2004）等为代表的学者基于知识转
移视角对企业—顾客互动与服务创新绩效之间的关系展开研究。顾客
知识主要有两大类：第一大类是有关顾客本身的知识，诸如顾客的特征、
顾客的需求、顾客的偏好以及顾客的行为模式等，这类知识可以通过强
化企业与顾客之间的互动、持续搜索以及深入分析顾客信息等途径加以
实现（Strambach，2001；Vargo 和 Lusch，2004；Matthing 等，2004；张若
勇等，2007；卢俊义、王永贵，2011；Lusch 和 Nambisan，2015）；第二大类
主要是内化在顾客头脑中的知识，诸如获取、分享、开发以及运用存在于
顾客头脑中的知识的过程，侧重于互动中如何运用顾客的创意、想法、思
想、建议等来进行服务创新活动（Von Hippel，1994；Lundkvist 和
Yakhlef，2004；Fang 等，2008；Carbonell 等，2009；Bonner，2010；Qin 等，
2011）。KIBS 企业与顾客合作创新过程中通过双方的互动行为，知识资

9

本从顾客向作为服务供应商的 KIBS 企业转移,这种知识转移有助于提升双方服务创新的绩效水平。基于知识转移视角的企业—顾客互动研究认为,合作创新中正是通过知识的转移,促进了服务企业对创新知识的获取、整合、利用、扩散,从而极大地促进了服务创新绩效的提升。基于知识转移视角来研究企业—顾客互动对服务创新绩效的影响机制,国内外已经取得了相当丰硕的研究成果。

资源依赖理论和组织间关系理论认为,企业竞争优势的关键在于其所拥有的异质性资源以及从外界获取资源的能力,并强调这种资源和能力已经跨越了组织边界(刘和东、钱丹,2016),需要不断地嵌入更为广泛的组织间关系网络(Joseph 等,1999),将自身的资源与从外在组织所获取的资源进行有效整合,从而创造更大的竞争优势,因此组织间相互合作、共享各自独特的资源和能力可以创造更大的创新价值。企业—顾客互动合作创新过程中,企业与顾客的深入沟通、交流能够促进双方组织间战略关系的建立。服务创新中让顾客充分地参与进来,与企业展开积极的互动,服务供应商与顾客可以共享信息,进行有效的互动与沟通,促进双方情感的建立,这会大大有助于企业间关系的维系,进而更加有利于服务创新活动的顺利开展(Fang 等,2008;Athaide 和 Klink,2009)。企业—顾客合作创新中的互动行为有助于服务供应商和顾客保持长期的合作意向(Ryals 和 Humphries,2007),有助于顾客对服务、新产品进行口碑传播(Ganesan,1994),也有助于所开发的新产品或新服务在市场上占据强有力的位置(Lin 等,2010)。依据资源依赖理论和组织间关系理论,KIBS 企业与顾客的合作创新活动其本质就是通过构建组织间良好的合作关系,整合对方的操作性资源、信息资源、知识资源等重要的异质性合作创新资源,提高企业—顾客互动创新的绩效水平,实现更大的创新价值,增强服务企业自身的竞争优势(Ganesan,1994;Alam 和 Perry,2002;Gustafsson 等,2005;Fang 等,2008;Athaide 和 Klink,2009;Bonner,2010;Athaide 和 Zhang,2011)。基于组织间关系视角的企业—顾客互动研究认为,合作创新中双方的互动行为促进了组织间关系良好、健康地发展,正是这种双方企业在长期合作中所建立的良好关系使得合作开发新服务、新产品更加有效,也促进了服务创新绩效的提升。

随着研究的深入,学术界逐渐发现合作创新中企业—顾客互动行为对服务创新绩效的促进作用尽管已经得到了较多的关注和实证,但是合作过程中企业—顾客互动的消极作用并没有被给予过多的关注,其相关研究文献寥寥无几,而这方面的实证研究则更为缺乏。Williamson(1981)就指出,合作创新中顾客参与创新活动给企业带来收益的同时,也有可能给企业造成一定的成本,还会带来某些不确定性以及机会主义行为。Villena 等(2011)发现,在约翰逊控制器公司与日本丰田公司的合作创新过程中,合作后期丰田公司利用自己在合作中所获取的信息故意压低产品的价格,最终导致了双方交易冲突的结果。合作创新中与服务企业互动的顾客一方除了参与价值的共创,还会参与价值的攫取,会利用参与过程所获取的信息来最大化自身的价值,比如压低价格、要求服务供应商改进服务质量等,这些行为会引起顾客和供应商之间的多种利益冲突(Bogers 等,2010)。合作创新过程中顾客的互动行为会增加顾客获得关键性知识、信息等资源的机会(Chan 等,2010),这会导致本属于服务企业的专业性知识所有权逐渐转移到顾客一方(Cramton,2001),致使合作后期顾客会产生一定的优越感,具有更多的话语权(Fang 等,2015;马双等,2015),进而逐渐提高自身的期望和要求(Prahalad 和 Ramaswamy,2000)。这使得顾客行为变得更加难以预测,诱发更多的机会主义行为发生,甚至导致交易冲突行为的发生以及合作关系的破裂。由此可见,KIBS 企业与顾客合作创新过程中由于专用性投资的存在以及专业性知识所有权的转移,将会诱发顾客更多的投机行为,产生交易冲突行为,不利于组织间关系的长远发展,严重阻碍服务创新绩效的提升,所以企业—顾客互动给企业带来优势的同时,其弊端也不容忽视。

综上所述,从组织间关系视角展开合作创新中企业—顾客互动行为对服务创新绩效影响机制的研究相对较少,同时学术界和企业实践都已经发现了企业—顾客互动行为对服务创新绩效影响两面性的存在。然而已有研究比较关注企业—顾客互动所带来的积极影响效应,对于其消极影响效应的研究相对比较缺乏,因此这是一个值得深入研究的理论问题。

(4)顾客合作创新变得越来越复杂,如何管理企业—顾客互动行为的研究相对缺乏

尽管众多学者认为合作创新中企业与顾客之间的积极互动,有助于维护合作双方组织间的长期合作关系,进而促进服务创新绩效的提升(Starbuck,1992;Grant,1996;Gallouj 和 Weinstein,1997;Gruner 和 Homburg,2000;Tiwana 和 Mclean,2005;Mehta,2006;Athaide 和 Klink,2009;Fang 等,2015;王琳等,2015),然而,企业与顾客之间的互动活动也会诱发机会主义行为,导致合作双方交易冲突行为的发生,进而促使组织间关系破裂(De Brentani 和 Ragot,1996;Goes 和 Park,1997;Prahalad 和 Ramaswamy,2000;Cramton,2001;Gustafsson 等,2005;Williamson,2010;Chan 等,2010;Bogers 等,2010;Li 等,2010;Samaha 等,2011;Fang 等,2015;马双等,2015;高孟立,2017)。因此,KIBS 企业与顾客合作创新变得越来越复杂,企业—顾客互动共创价值给企业带来较多优势的同时,其所产生的负面消极影响也不容忽视。企业必须在利益与成本之间进行权衡,并对合作创新过程中的企业—顾客互动行为进行有效的管理。

王琳(2012)基于权变视角将过程互依性、项目不确定性两个变量引入企业—顾客互动行为中并加以实证研究,以此来分析合作创新过程中 KIBS 企业与顾客互动和服务创新绩效之间更为复杂的作用机理,考察不同服务创新情境特征下如何对企业—顾客互动行为进行有效的管理。KIBS 企业与顾客互动创新过程具有高度的互动性、复杂性、持续性特征,采用契约对组织间关系进行治理可能达不到预期的效果(Fidler 和 Johnson,1984;Puranam 和 Vanneste,2009;Yang 等,2011;Poppo 和 Zhou,2014;刘文霞等,2014)。当然也有不少学者认为,契约治理可以有效地抑制组织间的投机行为,避免发生交易冲突行为(Williamson,1979、1985;彭正银,2003;王节祥等,2015;高孟立,2017)。有不少学者认为,关系治理可以有效地增进组织间的长期合作关系(Heide,1994;Poppo 和 Zenger,2002;Gopal 和 Koka,2012),有效地抑制组织间的交易冲突行为(Gruner 和 Homburg,2000;Baker 等,2002;Dyer 和 Chu,2003;Matthing 等,2004;Wathne 和 Heide,2004;Lundkvist 和 Yakhlef,2004;周茵等,2015),是合作创新中管理企业—顾客互动行为的有效

方式。

综上所述,无论是企业实践,还是学术界,都预示着企业—顾客互动对服务创新绩效具有双刃剑的影响效应。因此,KIBS 企业在与顾客合作创新过程中有必要在收益和成本之间做出一定的权衡,并且对企业—顾客互动行为进行有效的管理,降低交易冲突行为,增进长期合作关系,提升服务创新绩效水平。然而,目前学术界针对合作创新中企业—顾客互动行为管理的研究相对比较缺乏,仅有的一些研究所获得的结论也莫衷一是。因此有必要对如何有效地管理合作创新中企业—顾客互动行为进行深入的研究,这将会是一个极具挑战性又具有重要理论意义的研究问题。

1.2 研究问题

基于当前服务经济、知识经济以及知识密集型服务业在全球经济蓬勃发展的战略契机,中国 KIBS 企业必须努力提升自身的服务创新水平,快速跻身世界先进服务企业行列。KIBS 企业服务创新活动自身独有的特征决定了顾客无疑是其开展创新活动最为关键的外部创新合作主体,KIBS 企业与顾客合作创新过程中如何构建有效的企业与顾客互动联系,直接影响 KIBS 企业的服务创新绩效水平。这是 KIBS 企业构筑与维持长期竞争优势而亟需解决的重要课题。

尽管当前普遍比较关注企业与顾客合作创新过程中双方互动行为对企业服务创新活动的作用,但已有研究主要局限在以下两个方面:首先,已有研究普遍认为企业与顾客互动开展合作创新有助于促进服务创新绩效水平的提升,较多关注其积极的影响作用,对企业与顾客互动的消极影响作用关注寥寥无几,然而越来越多的企业实践活动已经发现顾客价值共创与价值攫取行为的共存性;其次,已有研究普遍基于知识观视角,诸如知识的获取、利用、转移、整合等等,从合作过程中双方组织间的知识转移视角具体剖析企业—顾客互动对服务创新绩效的作用机制,然而 KIBS 企业与顾客企业之间的合作创新是一种跨越组织边界的联系,从组织间关系视角嵌入来剖析企业—顾客互动对服务创新绩效的影响机制似乎更加有意义。

鉴于此,本书以 KIBS 企业与顾客合作开展服务创新活动为情境,以服务创新项目为研究对象,探讨合作创新过程中企业—顾客互动行为通过影响组织间关系进而作用于服务创新绩效水平的具体作用机理。为揭示其具体机理过程,本书以组织间长期合作与组织间交易冲突两个维度刻画组织间关系,探讨其在企业—顾客互动与服务创新绩效之间的中介机制,构建"企业—顾客互动、组织间关系、服务创新绩效"的理论逻辑和完整的 S-C-P 研究范式,同时引入契约治理、关系治理两类组织间合作治理方式,加强合作创新中企业—顾客互动行为对组织间关系影响作用的管理。

具体而言,本书将逐层深入地研究以下几个问题。

(1)合作创新中企业—顾客互动构成要素及其对服务创新绩效的影响

合作创新过程中企业与顾客之间的互动行为对服务创新绩效有着重要的影响,然而企业—顾客互动有着不同的特征维度。在 KIBS 企业服务创新领域这些不同的特征维度是否对服务创新绩效有着同样的影响作用? 是正向影响还是负向影响? 本书关注国内 KIBS 企业服务创新的实践情况,同时结合企业—顾客互动的结构特征分析法,通过探索性案例研究构建了企业—顾客互动的结构维度(共同组织、共同决策)、过程维度(资源共享、任务协作)对服务创新绩效影响的概念模型,并伴随半结构化的实地访谈、规范的质化研究以及实证研究,对所构建的概念模型进行进一步的深入研究。

(2)合作创新中组织间关系对服务创新绩效的影响

结合本书的主题,对组织间关系的内涵、要素构成等组织间关系理论进行综述,深入探讨组织间关系与服务创新绩效之间的影响作用,以组织间长期合作关系表征其积极影响作用的一面,以组织间交易冲突表征其消极影响作用的一面,构建组织间关系的双面性影响作用模型。进而,在梳理国内外相关文献和半结构化的企业实地访谈基础之上,提出组织间长期合作关系和交易冲突关系对服务创新绩效的影响假设,通过大样本问卷调查数据,实证检验组织间关系对服务创新绩效的双面性影响作用,并探讨其理论上以及实践上的意义。

（3）合作创新中企业—顾客互动如何影响服务创新绩效

只有厘清企业—顾客互动对服务创新的具体作用机理,才能更好地发挥其促进效应。当前,针对合作创新领域企业与顾客之间的互动行为和服务创新绩效之间的具体作用机理研究主要聚焦于知识基础观视角,以知识获取、利用、共享、转移、整合等为中介变量对企业—顾客互动与服务创新绩效之间的作用机理展开研究,且大多数研究关注的是两者之间的积极作用,而忽视了消极作用的存在。专门针对 KIBS 企业服务创新领域与顾客合作创新的研究为数寥寥,聚焦于消极影响的实证研究更是少之又少。

合作创新中企业—顾客互动是双方获取关键性创新资源的一种"桥梁机制"（Scott 和 Davis,2015）,这种互动是一种跨越组织边界的联系（Van de Ven,1976）。因此,KIBS 企业与顾客合作创新过程中互动的本质就是 KIBS 企业与顾客之间为了完成一项复杂的创新任务而在跨组织边界上形成的一个集体行动系统（Lundkvist 和 Yakhlef,2004）。由此可见,KIBS 企业与顾客合作创新中企业—顾客互动对服务创新绩效的具体作用机制还可以通过组织间理论、资源依赖理论等相关理论综合起来展开研究,但是以往的研究尚未充分利用组织间关系视角来揭示企业—顾客互动影响服务创新绩效的内在作用机制。同时,已有研究大多数关注的是顾客合作创新所带来的积极影响作用,而针对其消极影响作用理论界并没有给予过多的关注。然而,顾客价值共创与价值攫取行为共存性致使企业实践中与顾客合作创新暴露出越来越多的弊端,甚至最终导致双方合作关系的破裂。

因此,本书从组织间长期合作关系角度嵌入,运用组织间关系理论、资源依赖理论、服务主导逻辑理论,构建企业—顾客互动积极影响服务创新绩效的作用机制模型;同时从组织间交易冲突关系角度嵌入,运用组织间关系理论、知识基础观、交易成本理论,构建企业—顾客互动消极影响服务创新绩效的作用机制模型。本书从组织间关系视角出发,构建了企业—顾客互动影响服务创新绩效的作用机制模型,并进行探索性案例研究和大样本统计分析实证研究,旨在深入剖析 KIBS 企业与顾客合作创新中企业—顾客互动对服务创新绩效影响作用的黑箱,揭示顾客合作创新中价值共创与价值攫取行为的共存性,明确企业—顾客互动对服务创新绩效双刃剑的影响效应。

(4)合作创新中如何有效治理企业—顾客互动,以提升服务创新绩效

既然 KIBS 企业与顾客合作创新中企业—顾客互动对服务创新绩效具有双刃剑的影响效应,也就说企业与顾客的互动行为既存在积极的一面,也存在消极的一面,那么,如何对合作创新中的企业—顾客互动行为进行有效的管理? 本次研究基于权变管理思想,引入契约治理与关系治理两种组织间合作治理方式作为调节变量,探讨其在 KIBS 企业与顾客合作创新过程中的作用机制,探究契约治理与关系治理在企业—顾客互动与组织间长期合作、组织间交易冲突之间不同的调节效应,激发其促进组织间长期合作关系的积极效应,减少或抑制其诱发组织间交易冲突关系的消极效应。基于大样本问卷调研所获得的数据,本书通过多元线性回归分析对调节关系模型和假设进行实证验证与讨论。

1.3 研究对象与关键概念

为充分保证本书的科学性和严谨性,接下来对本书涉及的研究对象以及关键性的概念进行一一界定。

1.3.1 研究对象界定

本书旨在揭示 KIBS 企业与顾客企业合作创新过程中企业—顾客互动对服务创新绩效的影响机制。为深入理解合作创新过程中 KIBS 企业与顾客企业之间沟通、联系、协作等具体情况,本书从微观层面深入考察 KIBS 企业与顾客企业合作双方在特定的知识密集型服务提供过程中所发生的合作创新实践活动。因此,本书选择 KIBS 企业与顾客企业合作开发的具体服务创新项目作为研究对象。

本书所涉及的 KIBS 企业指的是高度依赖专业能力和知识,通过互联网、电子商务等信息化手段的运用,提供以知识为基础的中间产品或

服务,与顾客之间有着高度互动的企业(Miles 等,1995;国务院发展研究中心,2001;Nählinder,2002)。在 KIBS 企业所涉及的行业范围和分类上,采用国务院发展研究中心(2001)对我国 KIBS 企业提出的行业范围以及魏江等(2007)对 KIBS 企业的分类研究,分为四大类:第一类是信息与通信服务业,具体包括电信及其他通信服务业、计算机服务业、软件业等;第二类是金融服务业,具体包括银行业、证券业、保险业和其他金融活动等;第三类是商务服务业,具体包括法律咨询、会计服务、咨询与调查、广告创意等;第四类是科技服务业,具体包括研究与试验发展、专业技术服务业、工程技术与规划管理、科技交流和推广服务业等。

除此之外,考虑本书重点关注的是 KIBS 企业与顾客合作创新过程中企业—顾客互动对服务创新绩效的作用机制问题,所以适宜的服务创新项目还应该具备以下三个方面的特征:一是服务创新项目必须是为特定的组织顾客所开发,而不是普通的个体消费者;二是该服务创新项目开发过程表现出较高的定制化特征,需要顾客积极、持续地参与项目开发过程;三是该服务创新项目已经开发完毕。

1.3.2 企业—顾客互动

合作创新领域企业—顾客互动是在顾客参与基础之上对 KIBS 企业与顾客合作创新进行价值共创内涵的深化与挖掘,是对顾客价值的高度聚焦,更能凸显合作创新中顾客的价值和贡献。结合 KIBS 企业新服务项目开发中与顾客合作创新的实践以及相关文献资料,同时考虑 KIBS 企业的顾客一般也是企业,也就是说 KIBS 企业与顾客企业之间的合作创新是一种跨越组织边界的合作行为。本书运用组织间关系理论对企业—顾客互动给出如下界定:价值共创导向下,KIBS 企业与顾客(组织顾客)为完成复杂的创新任务,而在跨越组织边界上形成的一个集体行动系统,其不仅包括实际动态活动,也包括一定的结构形态(Van de Ven,1976;Gruner 和 Homburg,2000;Lundkvist 和 Yakhlef,2004;Matthing 等,2004;魏江等,2007)。

1.3.3 组织间关系

KIBS 企业与顾客企业合作创新本质上就是一种跨越组织边界的合作行为,组织间关系是指合作创新过程中 KIBS 企业与顾客之间的一种关系(Powell 等,1996;罗珉,2007)。本书考虑合作创新中顾客价值共创和价值攫取的共存性,基于顾客合作创新行为的两面性问题及其对组织间关系的双刃剑影响效应,将合作创新过程中双方逐渐形成的组织间关系刻画为长期合作(价值共创视角)与交易冲突(价值攫取视角)两种。组织间长期合作关系指的是合作双方对长期交易与合作的期望和意愿,是双方基于较好情感而产生的,是从情感角度对双方关系的考虑(Mohr 和 Spekman,1994;Ganesan,1994;Artz 和 Brush,2000;Bove 和 Johnson,2001;Gustafsson 等,2005;Bonner,2010;Fang 等,2008;薛晋洁、史本山,2016)。交易冲突指的是企业与顾客在交易中对交易内容(诸如产品价格、质量等方面)看法上的不一致而产生的利益冲突(Gundlach 等,1995;Williamson,1998;Bogers 等,2010;Samaha 等,2011;Fang 等,2015)。

1.3.4 服务创新绩效

以往研究对于服务创新绩效的论述较多,对其具体的测量也是众说纷纭。本书中的服务创新绩效指的是 KIBS 企业对新开发的服务以及对现有服务所做的改进或改善活动,以满足企业自身、顾客、社会、员工等利益相关者需求,维持企业竞争优势的能力和程度(Cooper 和 Kleinschmidt,1987;Atuahene-Gima,1996;Cooper 等,2006;魏江、胡胜蓉,2007;Lin 等,2010;王琳等,2015)。服务创新绩效是服务创新领域中常用的重要变量,然而鉴于目前尚未形成对服务创新绩效一致公认的测度体系,本次研究依据 De Brentani 和 Cooper(1992)、王琳(2012)等学者的观点,从服务项目本身所开发的质量、时间以及顾客对新服务的满意程度方面进行评价。

1.3.5 契约治理与关系治理

本次研究将引入组织间最常用的合作治理方式——契约治理与关系治理(Heide,1994),重点讨论其对企业—顾客互动与组织间关系的影响作用。组织间关系的合作治理机制一般指的是合作创新中互相结盟的企业为了更好地指导双方顺利开展合作,用以激励或约束双方合作行为而设置的控制机制(赵昌平、葛卫华,2003)。一般包括两种类型:契约治理(正式控制)和关系治理(非正式控制)。契约治理指的是通过契约、成文的政策和规则以及程序等显性的方式实现双方所期望的行为,诸如契约、监督以及专用性投资(Williamson,1975),这是组织间最常用的治理方式(刘文霞等,2014)。关系治理指的是利用文化、社会规范、信任、价值观等隐性约束力的方式实现双方所期望的行为,诸如关系规范、信任等(Macneil,1977;寿志钢等,2011;刘文霞等,2014;周茵等,2015)。

1.4 研究方法与技术路线

1.4.1 研究方法

本次研究力求采取规范研究和实证研究相结合、质化研究和定量研究相结合、文献梳理和实地调研相结合的方法,总体上遵循"文献梳理与理论推演—质化研究(探索性案例研究)—假设提出—问卷调研—实证研究—形成结论"这一主要的研究思路逐步深入展开。

(1)文献梳理与理论推演

为了深入探讨 KIBS 企业与顾客企业合作创新过程中企业—顾客互动不同维度对服务创新绩效的影响机制,首先需要对本研究主题密切相关的国内外文献资料进行系统的收集和整理,并加以反复、深入的研读。笔者在 2014 年主持浙江省高校重大人文社科青年重点项目、2016年主持浙江省科技计划软科学重点项目、2016 年主持杭州市哲学社会科学规划课题、2017 年主持浙江省哲学社会科学规划课题的过程中进行了逐步的积累,通过广泛查阅、研读服务创新、资源依赖、服务主导逻辑、知识基础观、交易成本等理论相关文献,对企业与顾客合作创新研究的演变进行了详细的梳理与归纳,基本厘清了合作创新过程中企业与顾客之间角色定位、合作方式等方面的发展历程和特征。其次,笔者通过精读与泛读相结合的方式,对管理学领域权威期刊上近十年来涉及企业与顾客合作创新、组织间关系、服务创新、KIBS 创新研究、组织间合作治理等主题密切相关的文献进行了深入阅读,在此基础上明确了企业与顾客合作创新的演进、企业—顾客互动的内涵与特征、组织间关系与合作治理、服务创新等主题及其相互间的关系。最后,结合本次研究的主题与现实背景,笔者进一步收集了"企业—顾客互动、组织间关系与服务创新绩效"三者关系以及组织间合作治理方面的国内外文献资料,剖析了企业—顾客互动通过作用于组织间关系进而影响服务创新绩效的内在作用机理以及组织间合作治理对企业—顾客互动与组织间关系的调节机制,为研究 KIBS 企业与顾客的互动行为对服务创新绩效的具体作用机制奠定了扎实的文献基础。

(2)案例研究方法

案例研究方法是针对具体的管理问题与决策过程的描述和再现,是关于管理实践过程及其情境的分析。本书采用探索性案例研究的方法(Siggelkow,2007;Yin,2015;Eisenhardt 等,2016),从企业实践视角出发进一步发展了 KIBS 企业与顾客合作创新的相关理论。本书在大量田野调查基础之上,选择了分别代表 KIBS 四大行业门类的四家典型案例企业的服务创新项目进行探索性案例研究,得出了 KIBS 企业与顾客合作创新过程中企业—顾客互动、组织间关系与服务创新绩效三者之间关系的初步研究命题,进而构建了初始的概念模型,同时基于案例内分析和案例间分析初步验证了理论假设。

(3)定量实证研究

在文献梳理、理论推演与探索性案例研究基础之上,本书界定了相关变量的内涵、类型与特征,结合规范的文献推演与探索性案例研究提出了各变量之间的逻辑关系,最终构建研究模型,提出研究假设。通过对 KIBS 四大行业门类企业服务创新项目的大样本问卷调查所获得的数据,本书采用定量化的统计分析来检验各假设的合理性。针对企业—顾客互动、组织间关系与服务创新绩效之间关系模型的实证研究,采用SPSS 19.0 软件、AMOS 21.0 软件进行因子分析、相关分析、结构方程模型统计分析与假设检验。针对组织间合作治理方式对企业—顾客互动与组织间关系调节作用模型的实证研究,主要采用 SPSS 19.0 软件进行因子分析、多元线性回归统计分析与假设检验。

1.4.2 技术路线

本书在服务经济、知识经济的兴起,服务创新的繁荣,创新范式的转变等现实背景下,基于 KIBS 企业服务创新活动所面临的新机遇和新挑战,紧紧围绕"KIBS 企业与顾客合作创新过程中企业—顾客互动如何影响服务创新绩效"这一基本问题,从资源依赖理论、服务主导逻辑理论、知识基础观、交易成本理论等理论视角以及结合 KIBS 企业的服务创新实践调查,逐步深入剖析企业—顾客互动对服务创新绩效的具体影响机制。具体技术路线如图 1-1 所示。

(1)基于 KIBS 企业与顾客合作创新情境,构建了企业—顾客互动通过影响组织间关系进而作用于服务创新绩效的理论构想,同时通过对KIBS 企业四大行业门类的四家典型企业的服务创新项目进行探索性案例研究,证实了企业—顾客互动、组织间关系与服务创新绩效之间的关系并提出了研究命题,为后续研究提供了源自企业实践的构想。

(2)通过深入的文献梳理与理论推演,同时结合探索性案例研究所得出的结论,构建基于组织间关系中介机制的企业—顾客互动与服务创新绩效之间的理论模型,且引入契约治理和关系治理两类组织间合作治理方式作为调节变量。

(3)通过中介模型的实证研究和调节模型的实证研究两个实证分析来检验前文所提出的理论模型。一是通过大样本调研所获得的调查问卷数据,运用验证性因子分析和结构方程建模等方法,对企业—顾客互动对服务创新绩效影响机制的模型进行检验与修正,指出组织间关系是两者之间的中介因素,同时探寻企业—顾客互动行为的双刃剑影响效应。二是针对契约治理和关系治理两大类组织间合作治理方式下企业—顾客互动对组织间关系的影响机制问题,同样通过大样本调研所获

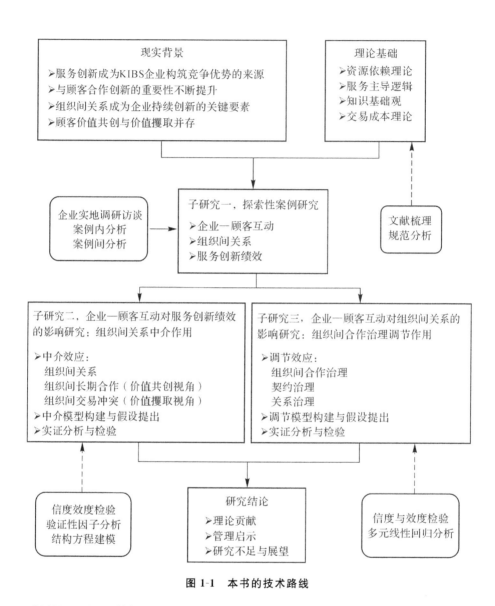

图 1-1　本书的技术路线

得的调查问卷数据,运用多元线性回归统计分析方法对调节模型进行检
验,识别不同的组织间合作治理方式对企业—顾客互动与组织间关系的
作用效应。

　　本书始终紧紧围绕"KIBS 企业与顾客合作创新过程中企业—顾客
互动如何影响服务创新绩效"这一主线,先后深入探讨了企业—顾客互

动的内涵、维度特征,其对组织间关系和服务创新绩效的具体作用机制,以及不同组织间合作治理方式的调节机制等问题。在此基础上,揭示了KIBS企业与顾客合作创新中顾客价值共创行为和价值攫取行为的并存性,且明确提出了如何通过契约治理和关系治理对企业—顾客互动行为进行有效管理的建议和对策,并对未来的研究方向进行了展望。

1.5 结构安排

按照本次研究的研究方法和技术路线,本书内容结构共分为7章,具体安排及相应内容如下。

第1章,绪论。从现实和理论两个方面引出本书的背景,针对KIBS企业与顾客合作开展服务创新活动的迫切性以及企业与顾客合作创新研究的演化提出了本书具体所要解决的问题。主要界定了企业—顾客互动、组织间关系、服务创新绩效、组织间合作治理以及KIBS企业的概念,并对全书的技术路线、内容安排、研究方法以及主要创新点等进行了详细的介绍。

第2章,文献与理论研究述评。本章主要对KIBS企业与顾客合作创新领域的相关理论、企业与顾客合作创新演化,以及企业—顾客互动、组织间关系、组织间合作治理等相关研究进行了系统的梳理与述评,厘清了企业与顾客合作创新演化的脉络,把握了研究发展的最新前沿问题,指出了企业—顾客互动对服务创新影响的双刃剑效应,进而发现了已有研究尚存在的不足,从而确定了本书的切入点。此部分的文献梳理为后文的深入研究奠定了理论基础。

第3章,企业—顾客互动与服务创新绩效关系——探索性案例研究。基于第2章理论基础和文献梳理后所提供的研究切入点,本章主要通过四家典型KIBS案例企业服务创新项目的案例内分析和案例间分析,针对企业—顾客互动与服务创新绩效之间的作用机制进行探索性分析。通过理论预设、案例选择、数据收集、案例内分析以及案例间分析,归纳出企业—顾客互动与服务创新绩效之间关系的初始命题。此部分为后续研究提供了源自企业实践的构想。

第 4 章,企业—顾客互动对服务创新绩效作用机理的模型构建。本章基于前一章的探索性案例研究所提出的初始命题,同时结合国内外已有研究和企业实地访谈情况进行更为深入的理论推演,分别探讨了基于组织间关系中介机制的企业—顾客互动与服务创新绩效,以及基于组织间合作治理调节机制的企业—顾客互动与组织间关系,从而构建了理论模型并提出了相应的研究假设。

第 5 章,企业—顾客互动、组织间关系与服务创新绩效的实证研究。基于前文的理论模型,通过针对服务创新项目的大样本问卷调查,运用验证性因子分析和结构方程建模等方法进行实证研究,进而对企业—顾客互动对服务创新绩效的影响机制概念模型进行修正,提出组织间关系是 KIBS 企业与顾客合作创新过程中企业—顾客互动影响服务创新绩效的中介因素。

第 6 章,契约治理与关系治理调节作用的实证研究。针对契约治理与关系治理两类组织间合作治理方式调节变量下的企业—顾客互动对组织间关系的影响机制,基于服务创新项目的大样本问卷调查,运用多元线性回归等统计方法对调节作用模型进行验证,识别不同的组织间合作治理方式对组织间长期合作与组织间交易冲突的调节效应。

第 7 章,结论与展望。本章总结了本书的重要结论,阐述了本书的理论贡献与实践意义,指出了本书尚存在的不足、有待改进的方面以及今后需进一步深入研究的方向,对后续与本书主题相关领域的研究工作提出了建议。

1.6 研究的主要创新点

本书构建了 KIBS 企业与顾客合作创新过程中企业—顾客互动、组织间关系与服务创新绩效的理论框架,沿着"企业—顾客互动、组织间关系、服务创新绩效"的逻辑思路,对企业—顾客互动通过组织间关系这一中介传导机制影响 KIBS 企业服务创新绩效进行了理论上的推演和实证上的检验,更加深入地揭示了企业—顾客互动、组织间关系与服务创新绩效之间关系的内在机理。本书在梳理已有相关研究的基础上,通过对四家 KIBS 企业的服务创新项目探索性案例研究以及半结构化实地访谈,进行了缜密的理论分析和逻辑推演,最终形成了本书的研究框架、概念模型以及研究假设。通过实地问卷调研和大样本数据统计分析对概念模型和研究假设进行正确性、有效性检验,并对最终的实证结果展开讨论。由此,本书在继承前人研究成果的基础之上,可能存在以下几个方面的创新之处。

(1)基于顾客价值共创视角,从组织间关系出发对企业—顾客互动影响服务创新绩效的内在作用机制进行深入剖析,揭示了企业与顾客合作创新影响服务创新绩效的本质过程

已有研究主要基于知识层面(知识的获取、利用、共享、转移、整合等)对顾客合作创新中企业与顾客的互动行为与服务创新绩效两者之间的关系展开研究。本书结合国内外文献梳理和探索性案例研究,聚焦企业与顾客合作创新中组织间关系,创造性地构建了基于组织间关系作为中介变量的企业—顾客互动与服务创新绩效之间的概念模型,进而将企业与顾客合作创新、组织间关系以及服务创新等理论系统紧密地联系在了一起。本次研究从价值共创视角嵌入,基于资源依赖理论、服务主导逻辑理论将长期合作作为表征组织间关系的一个维度变量,构建了顾客合作创新的积极影响作用模型。进一步通过实地问卷调研与大样本数理统计分析,打开了 KIBS 企业与顾客合作创新过程中企业—顾客互动影响服务创新绩效的具体作用机制的黑箱,指出组织间关系是企业—顾客互动影响服务创新绩效的关键性中介变量,继而打通了企业—顾客互动、组织间关系与服务创新绩效之间的关系,构建了"企业—顾客互动、组织间关系、服务创新绩效"理论研究框架,拓展、延伸了顾客合作创新理论的内涵与外延。

(2)基于顾客合作创新的两面性效应,构建了企业与顾客合作创新中互动行为的双刃剑影响作用,揭示了合作创新中顾客的价值共创与价值攫取行为的共存性

已有关于企业与顾客合作创新的研究,多数关注的是顾客合作创新的积极影响效应,而顾客合作创新的消极影响效应理论界并没有给予过多的关注。但是结合文献梳理和探索性案例研究发现,在企业实践中与

顾客合作创新过程中暴露出了越来越多的弊端。KIBS 企业与顾客合作创新过程中由于企业专用性投资的存在以及企业专业性知识所有权的逐渐转移,顾客就会拥有更多的话语权,合作后期会产生一定的优越感,进而诱发其投机行为,导致组织间合作关系破裂。因此,本书从价值攫取视角嵌入,基于知识基础观、交易成本理论将交易冲突作为表征组织间关系的另一个维度变量,构建了顾客合作创新的消极影响效应模型。进一步通过实地问卷调研与大样本数理统计分析,实证 KIBS 企业与顾客合作创新过程中企业—顾客互动行为对服务创新绩效双刃剑影响作用,揭示了企业与顾客合作创新中顾客价值共创与价值攫取行为的共存性,深化、拓展了交易成本理论的具体应用。

(3)基于权变管理理念,探讨了契约治理与关系治理两类组织间合作治理方式在企业—顾客互动影响组织间关系中的调节机制,明确了顾客合作创新过程中企业的具体管理策略

本书引入契约治理与关系治理两种组织间合作治理方式,探讨其在 KIBS 企业与顾客合作创新过程中的调节机制,探究契约治理与关系治理在组织间长期合作、组织间交易冲突中不同的调节效应。帮助 KIBS 企业明确在与顾客合作创新中双方互动行为的双刃剑影响作用,了解顾客的价值共创与价值攫取行为的共存性,有效地利用契约治理与关系治理两种组织间治理方式,激发顾客合作创新中互动行为促进组织间长期合作关系的积极效应,减少顾客合作创新中互动行为诱发组织间交易冲突的消极效应。本书加深了 KIBS 企业对顾客合作创新情境的理解,为有效地管理服务创新中的企业—顾客互动行为提供了一种新的思维,深化了组织间关系理论的内涵,丰富了企业与顾客合作创新研究的理论成果。

2 文献与理论研究述评

2.1 企业—顾客合作创新的研究综述

2.1.1 企业—顾客合作创新研究的理论基础

(1)资源依赖理论

2003 年 Chesbrough 首次提出开放式创新(open innovation)概念,这极大地推动了理论界和企业界积极寻找来自企业外部的创新源泉。从开放式创新系统观点出发,资源依赖理论把企业视为异质性资源与能力的一个集合体,认为企业为了生存,必须从外部获取诸如资金、信息、人才等资源。企业不可能拥有其所需要的所有资源,特别是在市场竞争压力日益加大的当今,企业不得不扩展自身的生产性资源,跳出传统的企业边界,将顾客视作潜在的、重要的合作伙伴(Lengnick-Hall,1996)。这就意味着合作创新过程中企业必须与顾客合作,整合、交换资源以完成价值共创。企业—顾客合作创新中,一方面,顾客会以信息、知识等方式积极地向企业提供其所拥有的资源或能力,而这些资源与能力往往会成为企业成功开展服务创新的关键性资源;另一方面,合作创新过程中企业可以更好地深入了解顾客的需求,尤其是隐性的需求,进而减少新服务开发过程中的盲目性和不确定性,这将会更有利于增加企业服务创新成果的市场接受程度。Pfeffer 和 Salancik(1978)认为,如果某一个组织急需一种专门的资源,而这种资源在这个组织内部又非常稀缺,且不存在可以替代的资源,那这个组织就会高度依赖掌握这种资源的其他组织。其指出有三个方面的因素决定了一个组织对另一个组织的依赖程度:资源对组织生存的重要性;组织内外部一个特定群体获得资源或者自行裁决资源使用的程度;存在替代性资源的程度。以此类推,顾客所具有的知识对企业开展服务创新非常重要;顾客对这些自身所拥有的资源具有一定的判断和处理能力;服务创新中的顾客知识只能从顾客那里深入挖掘。据此可以认为,企业—顾客合作创新中,企业对于顾客具有高度的依赖性(王琳、魏江,2009)。

首先,是资源依赖理论的内涵。资源依赖理论最早由 Pfeffer 和 Salancik 于 1978 年正式提出,见于他们出版的专著《组织的外部控制:一种资源依赖的视角》。之后的 30 多年,该理论得到进一步的发展,在战略管理和组织行为研究领域成为最具影响力的理论之一,并形成了自身完善的理论体系,同时也取得了颇为丰硕的研究成果。资源依赖理论的核心思想就是组织作为一个开放式系统,必须获得资源,并经过一些转换后将生产的产品和服务输送给广义的顾客,顾客之后会提供资金,使得组织可以获得更多的输入得以继续循环(Pfeffer 和 Salancik,1978)。同时该理论也认为创新实践中顾客向企业寻求创新方案,是由于其缺乏足够的能力来独立解决问题,所以顾客也同样依赖企业的创新资源和创新能力,因此依赖是相互的,两个组织可以同时相互依赖。资源依赖理论认为,一个组织为了实现自身的任务目标,开展正常的组织运作,必须从外部环境去获取所需的稀缺资源。具体来说,该理论具有以下几个方面的内涵:一是组织不是一个封闭的系统,而是开放的系统,必须同外部环境要素进行相互交换来获取自身生存、发展所需的资源。二是组织不是一个自给自足的个体,与外部环境存在着相互依存关系,嵌入相互依赖的不同组织体所构成的网络中。三是组织体可以采取适当的措施以调整对外部环境构成的网络体的依赖性,而这也导致了外部环境不确定性的增加。四是组织的外部环境具体取决于组织如何解构、管理这些外部环境,而组织的这些行动又会加剧新的依赖性和不确定性。

其次,是组织间资源依赖的类型。Pfeffer 和 Salancik(1978)基于组织间的资源依赖关系指出组织间资源依赖存在两种类型:共生性依赖与竞争性依赖。共生性依赖主要关于同一个市场但不同领域却又相互联系的组织,组织间不存在竞争,反而会从互相的依赖中获利;竞争性依赖针对在同一个市场领域中运行的组织,这种类型的组织既存在着相互的竞争,又存在着共同的利益,既存在着对立与冲突,又存在着协商与合作。Thompson(1967)根据组织资源特性将依赖划分为内生依赖和外生依赖,内生依赖指的是组织之间的资源具有内在关联性,存在前后相继的生产和再生产关系;而外生依赖是由组织间资源的非关联性与不可替代性所导致。Madhok 和 Tallman(1998)认为,依赖存在着结构性依赖和过程性依赖,结构性依赖指的是一种稳定的依赖,组织在人员构成、利益结构、资源占有等方面存在着纵横交错、相互依靠以及相互影响;而过程依赖则取决于组织间分工的复杂性与重叠性,基于生产过程的相近,资源的结合具有专有性与唯一性。

最后,是组织间资源依赖程度的决定因素。如前所述,三方面的因素决定了组织间资源的依赖程度:所缺资源对组织的重要性、拥有该稀缺资源的组织对资源的占有意愿和控制能力、资源的可替代性。只要组织能够从外部环境中吸收足够的资源,来继续获得生存所需的输入,那么从最低限度上看,组织就是有效的。由于组织在获取输入和处理输出的过程中,必然要与外部主体发生交易,由这些交易或通过交易所产生的相互依赖,则成为一种潜在的权力及约束的来源。外部环境的集中度越高,组织对于那些必须输入的选择性就越小,那么对于集中从某处来获取特定资源的依赖程度就会越高,组织也就越会受到限制,从而倾向于同意强有力的外部主体的需求。资源依赖理论认为组织会积极、主动地对外部环境进行管理与控制,以此来减少组织自身对外部环境的依赖,其中的一个策略就是与资源拥有者建立良好的合作关系。这种获取和保护关键性资源的活动被称为"桥梁策略",即组织可以通过改变组织的边界,有意图地与其他组织建立正式的或非正式的联系,以此来降低对关键性资源的依赖,从而降低合作创新中的不确定性(Scott and Davis,2015)。

综合分析,资源依赖理论认为资源是一切组织生存的基础,可以分为内部资源和从外部获取的资源两种。资源基础观重视组织内部的资源,认为组织根据自身的内部资源建立相应的战略,从而最大限度地利用组织内在的资源获取持续的竞争优势。而资源依赖理论则强调组织必须从外部获取资源,关注资源获取的不确定性及其对这种不确定性的管理(Scott 和 Davis,2015)。资源依赖理论从某种意义上揭示了组织自身的选择能力,认为组织可以凭借对依赖关系的了解,寻找替代性的依赖资源,进而更好地适应环境。因此,在企业与顾客合作创新过程中,企业有意识地将顾客纳入服务创新过程,这就揭示了由企业单方面发起的旨在获取顾客关键性资源的桥梁联系活动,而合作创新过程中如果顾客也与企业展开积极的、主动的对话,这揭示了顾客方面有意识地参与合作创新实践的桥梁联系活动。也就是说,企业与顾客之间的互动,是双方共同发起的"桥梁策略",这充分体现了双方的相互依赖性和互利互惠性。

(2)服务主导逻辑理论

Vargo 和 Lusch(2004)建议遵循一种全新的服务主导逻辑(service dominant logic)来重新审视商品与服务,不赞同商品主导逻辑将商品与服务进行严格区分,认为商品与服务两者应该统一,一切经济都是服务经济,顾客积极参与关系交换和共同生产,价值是由顾客所决定和共同创造的。服务主导逻辑一经提出就引起国际学术界的强烈反响,迄今为止已经经过 10 多年的发展,变得日趋成熟,并对相关学科和实业界的发展产生了积极的影响。Vargo 和 Lusch(2004)在 2004 年提出了服务主导逻辑初始的 8 个基本命题,经过 2006 年、2008 年、2016 年先后三次修订(2006 年修订为 9 个,2008 年修订为 10 个,2016 年修订为 11 个),最终形成了 11 个基本命题(见表 2-1)。

表 2-1　服务主导逻辑的 11 个基本命题

基本命题	命题内容
1	服务是一切交换的根本基础
2	间接交换掩盖了交换的根本基础
3	商品是提供服务的分销机构
4	操作性资源是战略利益的根本来源
5	一切经济都是服务经济

基本命题	命题内容
6	价值是由多个参与者共同创造,包括受益人
7	参与者不能传递价值,能够参与创造和提供价值主张
8	服务中心观点必然是受益人导向
9	一切社会和经济参与者都是资源整合者
10	价值总是由受益人独特地用现象学的方法来决定
11	价值共创通过参与者创造的制度来协调

注:依据 Vargo 和 Lusch(2004,2006,2008,2016)的研究成果整理而成。

仔细研究以 Vargo、Lusch 两位学者为代表的服务主导逻辑学派的主要观点,梳理以上 11 个基本命题之间的内在逻辑关系,发现以上命题间存在着如下的内在逻辑关系:第一类是基础命题(命题 4),着重探讨了"资源和战略利益"这一根本性问题,是操作性资源观的基本体现。第二类和第三类是核心命题,第二类核心命题(命题 1、命题 2、命题 3)着重探讨了"市场交易机制",第三类核心命题(命题 6、命题 7、命题 10、命题 11)着重探讨了"价值共创模式"。这两类核心命题相互作用,将直接关系市场运作的效率,是第一类命题的延伸。第四类是归宿命题(命题 5、命题 8、命题 9),着重探讨服务生态系统问题,指出服务主导逻辑的最终目标是将不同参与者的交互空间塑造成服务生态系统,通过不同参与者的互动行为来提高服务生态系统的适应性、持续性,这是操作性资源观的拓展(李雷等,2013)。

服务主导逻辑将价值创造看成一个连续的过程,同时认为顾客与其他相关主体共同完成"价值共创"(value co-creation)这一过程。不管是直接的服务提供者还是间接的服务提供者,提供服务仅仅是价值共创过程中的一个环节,然而价值共创并不会随着提供服务环节的结束而终止,接下来顾客就会利用自身的知识、技能来享受和维护服务,这实质上是对价值共创过程的一种延续。Vargo 和 Lusch(2008)将顾客认为是一种作用于对象性资源的操作性资源,企业与顾客共同完成价值的创造过程,顾客是价值共创者。服务主导逻辑理论认为,企业遵循服务主导逻辑,不仅能够向顾客提出价值主张,同时还可以通过与顾客间的互动来创造与顾客一起合作创造价值的机会,进而更加积极、直接地参与顾客价值的实现过程。在服务主导逻辑中,企业与顾客的互动行为是营销学的核心概念,交换无助于顾客创造价值,只能促进交易和价值的形成,然而互动行为关注的是顾客价值的创造与实现,能够使企业与顾客开展合作创新以共创价值。Payne 等(2008)指出,在该逻辑下服务是交换的普遍内容,且顾客参与顾客价值的创造、企业价值的创造与冲突三个过程,展示了顾客学习与组织学习共同创造价值的内容。Vargo 和 Lusch 等人在 2008 年之前的研究基本上属于早期的服务主导逻辑,其强调的是服务为一切交换的基础,价值创造发生在产品或服务使用的过程中,企业与顾客通过互动行为、资源整合来实现价值的共同创造,重点关注的是企业与顾客之间的二元关系(Tax 等,2013)。

Vargo 和 Lusch 等人及相关研究领域的其他众多学者对服务主导逻辑理论进行了拓展,主要从以下三个方面对该理论进行拓展:服务逻辑、服务科学、服务生态系统。

服务逻辑是从早期服务主导逻辑所发展出来的一个新逻辑,该理论强调服务实质上是一种顾客在日常实践活动中促进价值创造的互动过程,服务供应商进入顾客的实践进而实现互动(Grönroos,2008)。Grönroos(2008)把服务逻辑划分为顾客服务逻辑与供应商服务逻辑两种,供应商服务逻辑以顾客服务逻辑为主导,同时依据供应商在价值创造中角色的不同,存在价值促进与价值实现两种情况。在价值促进情况下,顾客是价值的创造者,而供应商是价值的协助者。在价值实现情况下,顾客是价值创造者,而供应商则存在价值促进者与价值合作者两种角色,供应商积极参与顾客价值的创造过程,合作创新中通过与顾客直接互动,进而成为价值创造者。Grönroos(2011)进一步研究认为,供应商所创造的价值属于潜在价值,而顾客创造的使用价值才是真实价值,企业与顾客的直接互动行为有助于企业最终成为真实价值的共同创造者。Grönroos 和 Ravald(2011)提出了基于服务逻辑的五个价值创造命题(见表 2-2)。

表 2-2　服务逻辑的五个价值创造命题

命题	命题内容
1	营销的目标是支持顾客价值创造
2	商业的根本是创造相互价值
3	顾客是价值创造者
4	企业的基本角色是价值促进者,但在企业与顾客的互动过程中,可以成为价值共同创造者
5	服务提供者不仅提供价值主张,在与顾客显著的互动中,也有助于价值实现

注:依据 Grönroos 和 Ravald(2011)文献整理而成。

　　Grönroos 和 Voima(2013)认为,价值创造存在供应商、顾客和联合三个区域。在供应商区域内,供应商与顾客的间接互动创造潜在价值;在顾客区域内,顾客与供应商的间接互动创造使用价值;在联合区域内,供应商与顾客可以直接互动来创造使用价值。由此可以发现,服务逻辑强调的是企业与顾客的直接互动行为对价值共创的作用。Grönroos 和 Gummerus(2014)基于服务逻辑的理论基础,系统地阐述了服务逻辑和服务主导逻辑两者间的差异,深入剖析两种价值创造理论的本质。Fitz Patrick 等(2015)基于 Grönroos 和 Voima 在 2013 年提出的价值创造的三个区域,专门研究了互动关系,提出建立在服务逻辑特殊性上不同关系的概念,采用"我、他人和我们"三个范围的互动引出了"关系性"概念。

　　显然,服务逻辑主要基于服务主导逻辑所强调的使用价值而提出。然而服务主导逻辑关注价值创造的整个过程,服务逻辑仅仅从微观层面分析了顾客使用价值的共创过程,认为顾客创造的使用价值才是真实价值,供应商创造的只是潜在价值,强调顾客是价值创造者,而供应商是价值促进者,供应商与顾客只有在联合区域,通过双方的直接互动行为才能完成共同价值的创造过程(Grönroos,2011)。

　　服务科学关注的是服务系统的演进、互动以及相互的价值共创(Maglio 和 Spohrer,2008)。Spohrer 等(2007)指出,在服务系统中,互动与交换的目的和动机是共同创造价值,服务系统是由人、组织与技术所构成的动态价值共创结构,这一结构随后被 Maglio 和 Spohrer(2008)修改为由人、技术、价值主张连接内外部服务系统与分享信息来实现价值共创,由此奠定了服务科学研究的理论视角。Spohrer 等(2007)认为,服务科学研究的是服务系统与资源整合复杂系统内的价值共创,强调服务系统是一个开放系统,个体、团体、家庭以及政府都可以是系统的成员。首先,系统成员间能够通过共享、应用自身资源来改善其他系统的状态。其次,系统成员可以通过获取外部资源来改善自身的状态,服务系统通过提议、协商与实现三个主要活动进而形成服务互动,此外还提出了包含互动、服务、提议、协商以及认识五部分内容的 ISPAR 标准模型,以此来识别不同的服务系统。Vargo 等(2008)认为,服务系统的资源包括私有资源、市场资源以及公共资源三个部分,通过整合现有服务系统与其他服务系统的资源来实现服务系统内部、服务系统之间的资源互动,进而进行价值的共创。

服务系统中的系统可以是个体、群体通过与其他系统交换、应用资源(特定的知识和技能)进而生存、适应和演进,通过与其他系统的互动行为来加强自身系统的适应和生存能力,为自己和其他系统成员共同创造价值(Vargo 等,2008)。Maglio 等(2009)在此基础上深入探讨服务系统的结构与成分,指出服务系统的资源至少包括一种操作性资源,能够作用于其他资源来创造价值,服务系统间的交换是自愿的,而且服务系统是动态的,随着时间的推移会不断地分解、重构,在服务系统中存在着一种联合与采纳的机制。Vargo 等(2010)对服务科学、植根于服务主导逻辑中的服务、服务体验、情境价值、价值主张和系统等关键性概念进行了详细的分析,以此来澄清服务科学与服务主导逻辑两者之间的关系。

服务主导逻辑是服务科学的基础,服务科学是服务主导逻辑进一步的拓展与延伸,服务科学研究服务系统的价值创造(Spohrer 等,2007;Maglio 和 Spohrer,2008)。服务科学的价值共创视角更为宏观,将早期服务主导逻辑着重研究企业、顾客之间的二元互动行为,进一步拓展、延伸到了服务系统内部和不同服务系统之间的网络互动行为。通过资源整合和服务交换来实现价值共创,更加重视系统中人、技术、价值主张三方面的结合,突出技术的重要性,更加强调广泛的系统网络间的资源配置与互动行为。

服务生态系统视角是在当前复杂网络环境下基于服务主导逻辑的

进一步拓展,由 Vargo 和 Lusch 于 2010 年首次提出。现实中服务的交换、价值的共创都会受到各种外在社会因素的影响,诸如供应商与顾客在社会结构中的位置不同、扮演的角色差异等都可能影响价值共创活动(Edvardsson 等,2011)。Vargo 和 Lusch(2010),所提出的服务生态系统视角超越了服务科学视角下服务系统和服务系统之间的互动范畴,强调在复杂网络系统下的资源互动行为。在服务生态系统中,供应商与受益人、生产者和顾客等这些要素之间的区别统统都会消失,将服务生态系统定义为,"不同的社会和经济行动主体基于自发感知和响应,根据各自的价值主张,通过制度、技术和语言为共同生产、提供服务以及共同创造价值而互动的松散耦合的时空结构"。Vargo 和 Lusch(2011)认为,服务生态系统是以 A2A(actor-to-actor,参与者—参与者)为导向的资源整合与服务提供的互动,从而共创价值,强调制度、社会规范(Williamson,2010),是价值共创和服务系统的核心推动力。总而言之,众多学者的研究从动态、网络、系统导向的视角展开对价值创造的研究,突出服务生态系统是 A2A 导向的松散耦合的时空结构,强调资源整合、服务互动以及制度在价值共创中的重要作用,奠定了服务生态系统价值共创的理论基础。

无论是服务逻辑视角、服务科学视角,还是服务生态系统视角,都是对服务主导逻辑理论的拓展和延伸,都属于服务主导逻辑理论范畴。Lusch 和 Vargo(2014)将服务主导逻辑的过程描述为:所有参与者通过资源整合和服务交换,共同创造价值,并在特定情境下决定价值。Vargo 和 Lusch(2016)将服务主导逻辑的过程描述为:所有参与者通过资源整合和服务交换,由制度约束和协调,在嵌套和重叠的服务生态系统中,共同创造价值。前后对比发现,Vargo 和 Lusch 对服务主导理论的发展已经开始纳入诸如制度这样的契约治理精神,来进一步约束、规范合作创新过程中多方参与者的价值共创行为。

(3)知识基础观

知识基础观理论(knowledge-based view)将对企业战略性资源的探讨转移到组织间的异质性知识资源,认为企业主要建立在促进自身"核心能力"的基础之上,这就需要从组织间关系中去获取互补性的知识、信息以及资产(Kogut 和 Zander,1992)。知识基础观强调知识的特别属性,尤其是隐喻性特征,对知识转换与创造有着深刻的影响(Kogut 和 Zander,1992、1993;Nonaka 和 Takeuchi,1995;Grant,1996)。同时强调知识是组织的基础性资源,发展合作创新中双方组织间关系的目的就是将拥有不同知识的组织整合在一起,并创造出新的知识。Nonaka 和 Takeuchi(1995)指出,合作创新作为一个交互式学习的过程,其实质就是组织间知识的社会化、组合化、外部化以及内部化的一个螺旋式上升的过程。

知识基础观认为擅于运用组织间的知识资源能够为企业带来一定的竞争优势。因此,合作创新中企业必须对企业与顾客相互间知识资源的相关内涵与特性有一定的了解,同时需要企业能够有效、灵活地运用这种相互间的知识资源。对于企业而言,外部顾客的知识资源不仅是重要的资源,更在企业与顾客价值共创的过程中扮演着竞争优势的角色。企业如果能成功驾驭这种知识资源将会产生一定的综合效益,给企业自身带来竞争优势。而合作创新过程中所构建的组织间关系网络更是一种创新性合作,通过合作专有准租金为合作创新中的企业方、顾客方甚至整个合作参与群体都带来竞争优势。所以,合作创新过程中企业一个很重要的职能就是建立、应用以及整合创新所需的知识,进而为顾客提高产品或服务的附加值(Grant,1996)。

知识基础观把企业看作一种能力的容器,Kogut 和 Zander(1992)认为企业通过知识无形性以及社会复杂性的嵌入,进而将长期发展过程中所积累的知识转变为企业自身竞争优势的要素。这种知识创造以及创新的产生,源于知识与其他资源间的重新组合(Cohen 和 Levinthal,1990),知识可以是企业顺利获取、利用创新的机会。所以,依据知识基础观的观点,企业的优势存在于其卓越的知识创造与知识获取的能力,知识获取可大致分为内部来源与外部来源两种。知识基础观着重探讨了组织间合作、组织间学习与知识转移,并强调通过组织间关系,企业自身可以创造获取知识、应用知识的机会(Autio 等,2001;Zahra 和 George,2002)。这就表明单个企业通过与其他组织展开互动行为,接近外部知识源并获取外部知识,进而与企业自身既有的知识进行有效的整合,从而产生新的知识应用情境。

现今,企业与顾客合作创新过程中,如何构筑企业与顾客之间良好的组织关系,如何有效地利用企业—顾客互动跨越双方的知识边界,进而实现组织间的服务创新,已经成为企业赢得自身竞争优势的重要来源。正如 Lambe 和 Spekman(1997)所指出的,通过各种各样的方式从企业外部去获取创新所需要的知识与技术,已经成为企业间竞争的一种必然趋势。Hagedoorn 和 Schakenraad(1994)研究发现,合作创新中合作双方通过跨越组织边界的组织间关系网络、战略联盟、合作研发等方式来获取外部来源的知识与技术,是近些年来企业建立竞争优势的一个重要环节。知识基础观从组织间互动的视角出发,认为企业为了实现服务创新绩效必须有效地利用合作伙伴间的组织关系,这在逻辑上具有一定的合理性。从知识边界的视角出发,探讨合作创新过程中双方知识边界的理论框架,通过跨越组织间知识边界进而揭示合作创新所面临的困境和挑战,这可以更加深入地剖析知识边界的复杂性问题。因此,知识基础观为企业与顾客通过企业—顾客互动行为开展服务创新研究提供了一个全新的研究思路和理论逻辑。

(4)交易成本理论

交易成本理论起源于 Coase 在 1937 年对企业性质的研究,他发现企业利用价格机制来组织生产活动是有成本的,最显而易见的成本就是发现价格的成本。Coase(1937)认为,企业之所以存在,最主要的一点就是节省交易成本,而作为市场机制的替代品,用长期合约替代多个短期合约,能够节约短期合约的谈判与监督成本。在后来的相关研究中,Coase 将交易成本理论拓展到了企业制度、企业治理结构等研究领域,认为任何制度都是有成本的,不同制度的安排效率会存在一定的差异性,"所有的社会安排都会存在或多或少的不足,我们正是在这些社会安排之中进行抉择"(Coase,1964)。Coase 首次将交易成本这一概念引入经济分析中,认为利用价格机制是有成本的,而这种成本就是交易成本,并且十分强调交易成本的重要性,指出交易成本会影响经济活动的各个环节,假如不将交易成本引入经济理论分析中,经济系统运转、资源配置以及企业的出现等众多问题就无法得到令人信服的解释。交易成本理论的提出为现代制度经济学的建立提供了一定的理论基础,而且该理论也是现代企业理论与产权理论的基础,然而 Coase 本人并没有对交易成本理论进行更为深入的研究(牛晓帆、安一民,2003),真正完整的交易成本理论是由 Williamson 等人在 Coase 的理论基础之上构建、发展与完善起来的。交易成本理论经过 Williamson(1979,1981,1985,1991,2010)、张五常等经济学家的发展与完善,已经成为分析企业组织间关系问题的重要工具。

Williamson(1979)开创性地构建了交易维度理论,将 Coase 的交易成本理论从泛化的分析层面细化到影响交易的具体因素之上。在 Williamson 所发展的交易成本理论中,将交易具体刻画为三个维度:交易不确定性、交易发生频率、资产专用性程度。依据以上三个维度,Williamson 认为企业与市场之间存在着混合组织的形态,相应的科层与市场这两种治理形式间也存在着混合治理的形式。Williamson(1991)指出,导致双边组织的依赖性增强的原因中,资产专用性起到了关键性的作用,资产专用性会使企业产生可占用的专用性准租金(appropriable specificity quasi rents),资产专用性的存在会引发人们的机会主义行为,进而导致交易成本的提高。同时由于未来预期收益的不确定性存在,对组织而言追求自身成本最小化就成为契约安排的优化目标,所以资产专用性的程度直接决定了双方组织后期交易过程中的权重。资产专用性程度影响到人的讨价还价能力以及契约安排的效率,最为明显的就是产生了交易的"锁定"和"要挟"问题,进而引发人们的机会主义行为(彭正银,2003)。Williamson(1979)提出的专用性资产是指有着特定用途且很难移作他用的那一部分资产,发生交易关系的双方组织,一旦其中一方作出了专用性资产的投资,由于这种资产用于其他方面的价值要比用于这种专用性投资用途所产生的价值小很多,投资一方就会被紧紧地"锁定"在这笔交易中,同时被投资方发现再次寻找使其满意的货源所带来的成本不仅昂贵且困难很多,被投资方也就会对这笔交易承担相应的义务。Williamson(2010)认为,在交易过程中,组织顾客总是较为理性的,他们通常是自私自利的,特别是在交易后期,往往会努力地实现自身利益的最大化。合作创新过程中,资源的拥有者可以通过联合专用性资产来提高服务创新的效率,这些联合专用性资产是通过互惠性投资(reciprocal investment)形成的。Zaheer 和 Venkatraman(1995)指出,互惠性投资对组织合作创新中的投资方非常重要,其可以是被投资方作为信用承诺而进行的交易性或关系性的专用投资,也可以是一种专用性资产的镜像映射。Williamson(1985)也指出,利用互惠性的投资,组织间的交易会趋向增强盟约并扩展、深化双方组织共同合作的程度,因此互惠性资产可以缓解交易风险,可以作为质押品来防范机会主义行为的发生。

交易成本是一种经济系统运行的成本(Armstrong 和 Porter,1989)。Williamson 进一步研究指出,经济系统的运行是通过各种"交易活动"来维系的,而为了交易活动的有效推进,交易双方就要建立各种契约关系,诸如市场合同、企业组织中的各种内部合同以及其他的一些契约关系。同时也指出,对交易成本的实证研究从不企图去直接测量其大小,而是主要考察各种组织关系(比如契约、管理结构等)与交易成本之间是否具有某些联系。Williamson 在 20 世纪 80 年代中后期对机会主义行为、有限理性、资产专用性以及各种不确定性对组织间合同的影响等方面的研究取得了一系列的重要成果。他认为人类行为的有限理性、机会主义行为极大地增加了经济活动的不确定性,指出正是由于这种有限理性与机会主义行为,才使得一切合作或协议都变得不稳定,一切合同都变得不够完备,一切承诺都变得不可信。Williamson 指出,如果将资产专用性等因素同时纳入,则合同的签订、执行就会变得非常微妙与复杂,此时社会法律制度对经济运行的约束力将会失去作用,合同的制定和执行则会完全依赖组织间的治理结构。Williamson(1981)指出,合同控制属于一种事前书面形式的控制方式,可以帮助企业处理由于信息不对称所引起的合作创新过程中双方企业间各种自私自利的行为。

2.1.2　企业—顾客合作创新研究的演进

著名的战略管理专家 Prahalad 曾经有过这么一个比喻:企业的经营活动是一个传统的戏剧,舞台上演员们(企业)扮演着被清晰界定的、不同类型的角色,舞台下顾客付钱买了戏票,坐在位子上被动地观看表演(Prahalad 和 Ramaswamy,2000、2004)。但是,随着经济全球化的快速发展,企业间组织网络的迅速扩张,政府对经济管制逐步放松,企业与顾客之间的角色定位变得越来越模糊,顾客逐渐开始成为价值创造的主体,企业邀请顾客一起参与企业的生产经营活动,与顾客一起合作共同生产产品或服务,这种价值共创模式在企业的日常经营过程中变得越来越普遍。这种企业与顾客合作创新进行价值共创的模式进一步引发了关系营销领域、服务营销领域、服务创新领域新的思考,同时也快速地推动了顾客合作创新研究领域的发展。

梳理文献发现,企业与顾客合作创新研究领域主要有以下演进过程。

(1)顾客共同生产

服务业的快速发展主要源自持续的创新活动,服务创新已经成为推动经济增长的关键助推器,相比制造业创新由技术创新所驱动,服务创新则更加强调顾客的导向(李清政、徐朝霞,2014)。其中的主要原因就是顾客在服务企业的生产过程中扮演着相比制造企业更为复杂的角色,顾客不仅接受、消费服务,同时也是驱动企业开展服务创新的一个重要因素。因此,创新理论学派开始将顾客视为企业服务创新过程中的"共同创造者"(co-creators),同时把顾客纳入企业新服务开发的过程中。然而,服务企业先前一般没有正式的 R 和 D(research and develpment,研究与开发)机构,新服务开发的意图往往被整合在了日常的运营过程之中,所以当时服务创新更多产生于服务企业的一线员工与顾客的交互过程,即通过顾客提供新的创意、服务改进建议等方式来影响企业的服务创新活动。这种顾客主动介入、协助企业展开服务生产的行为会进一步激发企业的服务创新活动。

Bowen(1986)最早对顾客主动介入并协助企业展开服务生产活动的现象进行研究,其称这种现象为"顾客共同生产(customer coproduction)",并指出顾客是服务企业生产力的重要贡献者。Mills 和 Morris(1986)系统地研究了顾客作为"临时雇员"的身份参与服务企业实际运营的现象,指出在复杂的服务环境下,如果顾客的行动与表现对企业服务生产很重要,此时企业就应该扩大自身的边界,将顾客当作"兼职员工"纳入服务生产过程。Gersuny 和 Rosengren(1973)研究得出,顾客在服务企业运营过程中发挥着资源供应者、合作生产者、购买者以及使用者四种角色,并且指出顾客合作生产对于企业绩效的提升作用主要表现在以下几个方面。

首先,顾客作为服务生产的投入要素,其共同生产行为为企业服务生产过程提供了服务投入,而且通过与服务企业之间的互动活动来影响服务生产过程中企业员工、技术等要素作用的发挥,进而提高服务生产效率。其次,顾客可以增加生产资源的投入,由此减少服务企业实际运营的货币、非货币成本,来提高服务生产能力。再者,顾客参与服务企业新服务的开发、生产过程,使企业有机会近距离地接收、聆听、理解顾客潜在的多样化需求,从而使企业所开发出的新服务更加契合顾客的期望。最后,由于顾客与服务企业共同生产新服务,顾客有机会深入了解新服务开发过程中的一些信息,因此顾客更愿意对最终的服务有一个良好的印象和评价。由此可见,顾客共同生产与服务企业的服务创新绩效有着密切的联系,这是服务企业服务创新成功的关键因素。

(2)顾客导向

Slater 和 Narver(1995)研究认为,企业必须持续不断地洞察、分析、学习顾客现在、未来的需求和偏好,时刻监测技术进步的影响以及其他一些社会环境的力量,依据这些所获取的信息、知识及时地调整自身经营过程中的行动方案,以求开发出更加契合顾客需求的产品或服务,从而获取一定的竞争优势。顾客导向的观念是在企业市场导向研究基础之上发展起来的,顾客导向、竞争者导向以及跨职能部门导向构成了企业市场导向的三类行动,所以企业只有提高市场导向的程度才能有效地改进其市场绩效水平(Narver 和 Slater,1990)。最终市场的成败取决于企业对顾客需求的满足,也就是说顾客需求决定了市场能否成功,所以市场导向的本质就是顾客导向(Atuahene-Gima,1996)。Ruekert(1992)认为,坚持顾客导向的企业应该将大部分精力用在获取、使用顾客的信息,并且在所获取信息的基础之上,开发自身的企业战略计划,并实施已制定的战略,以求对顾客的需求第一时间作出响应,具体体现在价值观层面、具体行动层面。顾客导向的企业为了及时、有效地获得当前、未来顾客的现实与潜在需求和偏好,会经常与顾客召开座谈会,分析、讨论顾客数据库,甚至采取某些市场调查活动。企业的这一系列行为不仅可以获取顾客的观念、信息、知识,还可以有效地深入分析影响顾客需求与偏好的因素。在此基础上,Ramani 和 Kumar(2008)提出了交互导向(interaction orientation)的概念,认为市场导向强调企业对整体市场需求的分析,这已经变得越来越不适合,原因在于顾客越发希望企业可以不断地定制产品或服务来满足自身个性化方面的需求,这就要求企业必须从整体市场层面需求的满足转向顾客个体化层面需求的满足。由于市场导向侧重于整体市场的需求,因此,Ramani 和 Kumar 提出企业必须转向交互导向,交互导向强调的是企业与顾客进行互动,并从这种持续的互动中去获取顾客信息、知识,以帮助企业获得有助于维护良好关系的能力。因此,企业以顾客导向的价值观也开始慢慢转向关注更多的异质性顾客,在互动中开始允许个体顾客有更多的发言权,从中企业可以不断地提炼、获取异质性顾客的需求、偏好等方面的知识与信息。

(3)顾客价值共创

无论是顾客共同生产观念、还是顾客导向观念,都强调企业和顾客在价值创造中独立扮演着不同的角色,企业负责创造价值,并将此传递给顾客,顾客是价值的使用者(Normann 和 Ramirez,1992)。Prahalad 和 Ramaswamy(2000)发现,随着市场竞争环境的变化,顾客在价值创造中所扮演的角色逐渐发生了变化,价值不再是由企业单独创造,而是企业与顾客共同创造。从此,学术界开始关注并不断发展对顾客价值共创的研究。

Prahalad 和 Ramaswamy(2004)认为,从以企业为主导的观念转变到企业与顾客共同创造的观念,这绝不是传统体系的一种细微变化,而是对价值创造本质性认识的变化。Vargo 和 Luch(2006)指出,价值共创的本质是价值始终由客户决定,客户在企业价值创造中的主体地位不断凸显。顾客的体验和感受对顾客价值创造而言至关重要(Prahalad 和 Ramaswamy,2000),所以顾客价值共创真正始于顾客体验视角,顾客的消费和使用阶段是价值创造的最后环节,同时也是最为关键的环节。Prahalad 和 Ramaswamy(2000、2004)把顾客作为重要的竞争力来源,顾客积极地与企业进行对话,其角色从被动转变为主动,与企业一起共同创造个性化的体验。而且企业也不能在缺失与顾客合作的情况下单方面地设计、生产产品,发布营销信息,控制销售渠道等,顾客将会对企业商业系统的每一个环节产生重要影响,企业未来的竞争将会依赖以顾客个体为中心的价值共创。Lengnick-Hall 和 Wikström(1996)曾经也提出过类似的观点,认为顾客消费体验是价值共创的关键点,这使得顾客在价值共创中的主体地位得到了凸显。Vargon 和 Lusch(2004)开创的服务主导逻辑理论,将商品主导逻辑理论下分开的产品和服务进行了统一,指出所有经济都是服务经济,顾客积极参与与企业的交换关系,价值由顾客决定且与企业共同创造。Vargon和Lusch(2004)认为,产品或服务的价值是由供应商与顾客共同创造的,且最终是由顾客的使用价值所决定,所以顾客在价值创造的过程中不仅仅是接受者,也是价值创造者。至此,"以企业为中心"的价值创造观念已经过时,未来企业间的竞争将完全依赖全新的价值创造模式——顾客与企业价值共创。

(4)顾客参与创新

21世纪初期,开放式创新观念(Chesbrough,2006)、互动式创新观念(Lundvall和Intarakumnerd,2006)开始流行,并逐渐成为创新的主导方式,顾客参与创新迅速成为创新研究领域的一个重要分支。顾客参与创新的具体影响因素、顾客参与创新所带来的绩效水平及其具体的实现机制等一系列问题,引起了学术界的广泛关注。顾客参与创新是一种企业与顾客合作性的服务开发行为,在参与创新过程中顾客会积极贡献自己的知识,最终实现与企业的价值共创。Lloyd(2003)指出,顾客参与是指顾客在服务过程中所作出的贡献最终会影响顾客自身接受的服务以及服务质量。Hsieh和Yen(2005)将顾客参与创新定义为顾客在服务的生产与传递过程中以时间、精力、信息提供、合作生产等形式提供资源的程度。Prahalad和Ramaswamy(2000)指出,顾客的角色正在从被动逐渐转为主动,其在价值创造中的地位变得越来越重要,顾客拥有需求方面的具体知识,作为供应商的企业拥有专业的技术和知识,两者需要结合起来才能够更好地创造服务的价值。Vargon和Lusch(2004)认为,顾客是企业主动的操作性资源,他们总是有知识、意愿与服务供应商一起共创价值,这种主动的操作性资源是无形的,也是不可复制的,是服务企业核心竞争力的组成部分。Claycomb等(2001)提出,顾客参与不仅是顾客在服务中的行为表现,更多的应该是顾客在服务中所担任的角色,以及合作过程中所起到的作用。开放式创新时代的到来,顾客参与创新将会使顾客在服务企业的产品或服务开发过程中扮演越来越多的角色。顾客参与创新作为企业经营理念从封闭式创新向开放式创新的重要转变,不仅为企业开展服务创新活动拓宽了大量创新知识的来源渠道,而且大大加快了企业新服务的开发速度。总之,基于服务主导逻辑的顾客参与创新观念重点关注的是顾客对价值的创造问题,围绕创新过程中顾客角色的转变以及参与服务供应商的价值创造这两方面展开研究。

(5)企业—顾客互动创新

随着企业服务创新活动从封闭式创新转向开放式创新,共同创造作为一种新的价值创造模式逐渐流行,且被越来越多的企业所采用,不断应用于企业服务创新活动中。开放式创新中顾客无疑是非常重要的"合作创造者",服务创新活动中其与企业的合作创新活动主要通过与企业的互动行为来实现(Prahalad 和 Ramaswamy,2000;Ramaswamy,2004)。Muller 和 Zenker(2001)研究得出,企业与顾客之间蕴含着一种共生关系,"企业—顾客互动"界面是企业和顾客进行价值共创的新场所。Flavián 和 Guinalíu(2005)指出,互联网与信息技术的快速发展,使得顾客与企业实时的、零距离的互动成为现实,企业—顾客互动的广度、深度以及频率等都极大地增强,更多的企业开始与顾客展开互动,进行合作创新活动。Füller 等(2006)认为,顾客群体拥有大量的消费知识、市场信息,企业与顾客互动创新可以充分利用顾客异质性的知识与创造力,在与顾客的思想碰撞中激发创新思维。企业—顾客互动层面的合作创新过程,也是多方参与主体知识积累的一个过程,即知识的共同创造(Kohlbacher,2008)。企业可以通过与顾客的互动行为来整合双方的知识、潜能,进而实现知识的共创,这是提升企业新产品开发绩效的重要途径(范钧、聂津君,2016)。不仅如此,由于顾客对现有服务不满等因素,顾客也希望有一个可以跟企业对话的平台,来与企业进行互动并合作创造价值(Ramaswamy,2004)。在服务创新研究领域,企业与顾客的合作创新研究已经演化到企业与顾客的互动创新,但总体而言,学术界对企业—顾客互动创新的研究还是处于初期阶段。

2.1.3　企业—顾客合作创新研究的述评

现有文献对企业—顾客合作创新研究主要基于的理论有:资源依赖理论(Pfeffer 和 Salancik,1978;Madhok 和 Tallman,1998;Scott 和 Davis,2015),该理论主要认为企业与顾客的互动行为是双方共同发起的"桥梁策略",充分体现了双方的相互依赖性和互利互惠性,企业—顾客合作创新可以有效地帮助企业从外部获取创新所需的关键性资源；服务主导逻辑理论（Spohrer 等，2007；Maglio 和 Spohrer，2008；Vargo 和 Lusch，2010、2016；Edvardsson 等，2011；Lusch 和 Vargo，2014），该理论主要将价值创造看成一个连续的过程，同时认为是顾客与其他相关主体共同完成"价值共创"（value co-creation）的过程；知识基础观（Cohen 和 Levinthal，1990；Kogut 和 Zander，1992、1993；Nonaka 和 Takeuchi，1995；Grant，1996；Autio 等，2001；Zahra 和 George，2002），该理论将对企业战略性资源的探讨转移到组织间的异质性知识资源，认为外部顾客的知识资源不仅是重要的资源，更在企业与顾客价值共创的过程中扮演着催化资源和发挥竞争优势的角色，企业如果能成功驾驭这种知识资源将会产生一定的综合效益，给企业带来竞争优势；交易成本理论（Armstrong 和 Porter，1989；Williamson，1991、2010；Zaheer 和 Venkatraman，1995），该理论认为合作创新过程中双方存在着一种交易成本，在交易过程中，顾客总是较为理论的，通常是自私自利的，特别在交易后期，往往会努力地实现自身利益的最大化。以上理论从不同的视角给企业与顾客合作创新研究提供了理论基础，既有积极的方面，也存在消极的方面，有助于更加全面地认识企业与顾客合作创新的本质。

通过梳理文献，发现企业—顾客合作创新研究的基本演进路线：顾客共同生产、顾客导向、顾客价值共创、顾客参与创新、企业—顾客互动创新，基本呈现这么一个规律。顾客共同生产（Gersuny 和 Rosengren，1973；Bowen，1986；Mills 和 Morris，1986）是最早对企业—顾客合作创新研究的一个视角，该时期的创新理论学派把顾客看作企业服务创新过程中的"共同创造者"（co-creators），将其纳入企业新服务开发的过程，"临时雇员""兼职员工"是该时期对顾客的另一个称呼。早期服务企业一般没有 R 和 D 机构，新服务开发意图被整合在了日常的运营过程中，此时服务创新往往产生于一线员工与顾客的交互过程，顾客往往主动介入，协助企业展开服务创新活动。顾客导向（Ruekert，1992；Slater 和 Narver，1995；Atuahene-Gima，1996）是在对企业市场导向研究基础之上发展起来的，认为企业应该经常召开座谈会，分析、探讨顾客信息，甚至可以采取一定的市场调查活动，及时、有效地获取顾客当前、未来的需求偏好,以及影响需求偏好的因素。顾客价值共创(Normann 和 Ramirez,1992;Lengnick-Hall,1996;Wikström,1996;Prahalad 和 Ramaswamy,2000、2004;Vargon 和 Lusch,2004)视角认为,服务创新活动中服务的价值是由供应商与顾客共同创造的,且最终是由顾客的使用价值所决定,顾客在价值创造的过程中不仅仅是价值的接受者,更是价值的创造者,顾客在服务创新活动中的地位得到了凸显。顾客参与创新(Prahalad 和 Ramaswamy,2000;Claycomb 等,2001;Lloyd,2003;Hsieh 和 Yen,2005;Chesbrough,2006;Lundvall 和 Intarakumnerd,2006)视角强调,顾客参与创新是一种企业与顾客合作性的服务开发行为,在参与创新过程中顾客会积极贡献自己的知识,最终实现与企业的价值共创。该视角对顾客参与创新的具体影响因素、顾客参与创新所带来的绩效以及绩效具体的作用机制等一系列问题展开研究,顾客参与创新迅速发展成为创新领域的一个重要分支。企业—顾客互动创新(Prahalad 和 Ramaswamy,2000;Ramaswamy,2004;Füller 等,2006;Kohlbacher,2008;范钧、聂津君,2016)视角认为,服务创新活动中企业与顾客的合作创新主要通过双方的互动行为来实现,企业与顾客之间蕴含着一种共生关系,而"企业—顾客互动"界面则是企业和顾客进行价值共创的新场所。

总之,现有服务创新研究领域资源依赖理论、服务主导逻辑理论、知识基础观、交易成本理论是主流的研究理论,企业—顾客合作创新研究已经演进到了企业—顾客互动创新的研究。

2.2 企业—顾客互动的研究综述

已有研究大多从顾客单向参与企业的服务创新活动出发,将顾客视为互动创新过程中信息的提供者,重点关注互动创新中企业是如何从顾客那里获取创新所需的信息、知识来提高服务创新活动的绩效水平,大大低估了顾客作为合作创造者的角色(Ramaswamy,2004)。Prahalad 和 Ramaswamy(2000)认为,企业与顾客开展合作创新活动的本质就是企业与顾客的互动。由于隐性的、黏性的顾客知识本身很难与所产生的社会背景相分离,因此,企业在服务创新过程中通过与顾客展开更为深入的、双向互动的沟通可以顺利地获取合作创新过程中创新所需的资源(Lundkvist 和 Yakhlef,2004;Carbonell,2009)。

2.2.1　相似概念辨析

经过几十年的发展与完善,作为服务创新领域的一个重要分支,顾客合作创新研究已经初步形成自身的理论体系,然而概念特别是核心概念是一切研究的基础,也是理论演化过程的产物,因此必须厘清本书所涉及的一些关键性概念。在梳理近年相关文献的基础上,本书发现企业—顾客合作创新研究呈现从较为宽泛到逐渐收敛的趋势,研究情境也逐渐从传统制造业领域的技术创新,逐渐转移到服务业领域的服务创新,企业—顾客合作创新研究中出现的概念也从先前较为宽泛的"顾客共同生产""顾客导向""顾客价值创造",逐渐演进到"顾客参与""企业—顾客互动"等较为细化的概念。

梳理文献发现,学术界对于企业—顾客合作创新中的术语也是众说纷纭,莫衷一是。诸如"顾客参与"(customer participation)、"顾客涉入"(customer involvement)、"领先用户"(leader user)、"合作开发"(co-development)、"临时雇员"(customer as partial employees)、"顾客互动/交互"(customer interaction)等等,同时还采用以下一些指标对上述概念进行进一步解读——顾客参与程度或强度(Kaulio,1998;Gruner 和 Homburg,2000;Alam,2002)、顾客参与目标(Alam,2002)、合作创新过程中顾客参与阶段(Von Hippel,1986;Alam,2002)、合作创新过程中扮演角色(Wikström,1996)、顾客参与模式(Von Hippel,1986;Pitta 和 Franzak,1996;Thomke,2003)、顾客特征(Von Hippel,1986;Gruner 和 Homburg,2000)等等。由此可见,已有的关于企业—顾客合作创新中企业—顾客互动的概念不仅相对比较模糊,而且是一个庞杂的概念(Alam 和 Perry,2002;Matthing 等,2004)。

本书所研究的是 KIBS 企业与组织顾客合作开展服务创新的情境,因此对核心概念的梳理聚焦于服务创新领域的文献。通过对服务创新领域相关文献的梳理,发现学术界主要基于行为视角展开对企业—顾客合作创新活动的分析,最常采用的主要有顾客参与、顾客涉入、企业—顾客互动三个概念。为了清晰地界定本研究中所涉及的概念,首先必须厘清顾客参与、顾客涉入和企业—顾客互动三个概念的异同之处,以确保本书的科学性、严谨性。顾客参与、顾客涉入以及企业—顾客互动三个概念的英文单词和释义如表 2-3 所示。

表 2-3　合作创新中的三个关键术语比较

中文术语	英文术语	具体含义
顾客参与	customer participation	the act of taking part in an activity or event
顾客涉入	customer involvement	1. the act of taking part in something
		2. the act of giving a lot of time 和 attention to something you care about
企业—顾客互动	customer interaction	1. act or have an effect on each other
		2. act together or co-operatively, especially so as to communicate with each other
		3. if one thing interacts with another, or if two things interact, the two things have an effect on each other

注:作者整理。

　　顾客参与从英文释义上看,侧重顾客在行动上的参与,关注的是顾客从事的活动或参与的事件。梳理文献发现,国外学者从不同角度对顾客参与下了定义,早期的定义大都强调顾客参与是顾客在服务传递过程中投入程度的不同。Silpakit 和 Fisk(1985)认为,顾客参与是指企业在产品或服务提供过程中顾客的三种投入,包括智力、实体和情感等方面的努力与投入,国内学者范秀成等(2004)的研究就采用了这一分类。而后,Kelley 等(1990)将顾客参与行为进行了具体化,认为顾客在服务中的参与可通过信息的提供、自身的努力等方式来实现。Cermak 等(1994)基于以往学者对顾客参与所下的定义,提出顾客参与实质是一种顾客涉入,这种参与行为包括与服务的生产和传递密切相关的精神、物质方面的具体行为,并指出顾客的这种行为是与服务的设计和使用密切相关的行为。Bettencourt(1997)将顾客参与的范围扩大到公司治理层面,指出顾客参与是顾客主动地、负责地参与公司治理和发展中的一种行为。Hsieh 和 Yen(2005)认为,顾客参与是指顾客在服务的生产与传递过程中以时间或精力、信息提供、合作生产的形式提供资源的程度。

除了从顾客投入层面对顾客参与划分外,也有不少学者从顾客角色的视角给出了顾客参与的定义。Maru File 等(1992)认为,顾客参与是指行为的类型和水平,通过这些行为,顾客明确自己在服务传递过程中的角色和所期望的价值。Claycomb 和 Lengnick-Hall(2001)认为,顾客参与不仅仅是一种顾客在服务中的行为表现,更多的是指顾客在服务中所担任的角色和所起到的作用。

顾客涉入从英文释义上看,包括两个方面的含义:第一,指明顾客在行动上的参与;第二,强调顾客在自身内心意愿上的涉入。总而言之,"顾客涉入"一词反映的是顾客对行动或活动的重视程度,以及为此而愿意投入的努力程度。Barki 和 Hartwick(1989)对信息系统开发的研究,明确区分了 participation 和 involvement 两个不同的概念,认为 involvement 是一种主观的心理状态,其反映的是顾客认为一个给定信息系统的重要性和相关性。但是在梳理服务创新领域的相关研究文献时,发现描述顾客行动上参与这一现象的学者们经常将 participation 和 involvement 混用,并没有严格进行区分,因此本书认为服务创新研究领域 customer involvement 和 customer participation 属于同一个概念,即顾客参与。

企业—顾客互动从英文释义上看,包括了两个方面的含义:第一,指的是顾客的行动;第二,指的是顾客的交流、合作以及相互之间的影响。由此可见,企业—顾客互动比顾客参与的涵义更加丰富,不仅说明了各方主体各自所采取的行动,而且强调一方主体的行动必然会引起另一方主体的反应,这代表参与双方在主体地位上的平等性,双方主体既能够相互作用,也可以相互影响。顾客参与基于相对宽泛的视角,将众多顾客吸纳到服务创新活动之中,而企业—顾客互动则更多的是基于顾客个体层面的需求,反映的是企业通过与有限的、异质的个体顾客合作互动进行创新活动,进而满足顾客定制化产品或服务的个性化需求。总之,顾客参与强调的是顾客单方面的参与,所考察的是整体市场需求的统一性;而企业—顾客互动强调的是合作创新过程中企业与顾客主体之间主动、积极的互动,关注少量异质性的顾客,考察顾客需求的差异性。

总而言之,"顾客参与"和"企业—顾客互动"这两个概念之间有着密切的关联性,"顾客参与"是基础,而"企业—顾客互动"则是深化,"顾客参与"并不一定会发生"企业—顾客互动",但是"企业—顾客互动"则必然基于"顾客参与"这个前提。由此可以推测,尽管"顾客参与"是相对宽泛的概念,但是在对"顾客参与"的探讨中必然融入了对"企业—顾客互动"的探讨(王琳,2012)。

2.2.2 企业—顾客互动的内涵

企业—顾客互动的提出起源于服务营销领域,是顾客在服务的生产环节与服务供应商之间所发生的合作活动(co-production)在服务创新层面的自然延伸。梳理服务创新领域的相关文献,不同学者对"企业—顾客互动"的概念界定和相关研究如表 2-4 所示。

表 2-4　服务创新文献中所涉及的"企业—顾客互动"的概念界定

文献来源	主要术语	概念界定与相关研究
Wikström (1996a,1996b)	co-producer company consumer interaction	合作生产时买卖双方为达成进一步价值的社会互动与调适,双方不仅进行信息的交换,而且产生了新的知识
Neale 和 Corkindale(1998)	co-development involving customers	共同开发是技术创造者与顾客紧密地参与一个整合的、共同的项目开发过程
Gruner 和 Homburg(2000)	customer interaction	企业—顾客互动是指双方合作开发新服务的活动、行为以及事件,强调合作创新活动的过程属性
Prahalad 和 Ramaswamy (2000)	co-opting customer competence	顾客能力是他们拥有的知识与技能、他们学习与试验的意愿以及他们参与积极对话的能力。co-opting 关注的是将顾客纳入积极的对话中,管理顾客的多样性和异质性
Lundkvist 和 Yakhlef(2004)	customer involvement	企业—顾客互动本质是 KIBS 企业与顾客为了完成复杂创新任务而在跨组织边界上所形成的集体行动系统,其强调合作创新活动的结构属性。企业—顾客互动不只是从一方向另一方转移预先存在的信息、想法与知识,也提供了共同构建信息、想法和知识的重要机会,并且包括了合作各方意图的转移,进而导致了集体行动

续　表

文献来源	主要术语	概念界定与相关研究
Matthing, Sandén, Edvardsson (2004)	customer interaction	企业—顾客互动是指服务供应商与当前或潜在顾客展开合作,从而了解市场并改变组织行为的过程、事件和互动。互动的目的是促进企业对市场的学习与感知过程,即市场智力的产生与传递以及组织范围内的应对

注:作者根据相关文献整理而成。

服务创新领域,"企业—顾客互动"主要围绕服务企业与顾客"合作开发"(co-development, co-creation)来实现创新的过程、行为以及事件展开分析(Alam 和 Perry, 2002; Matthing 等, 2004)。其提供了企业与顾客双方共同构建信息、想法以及知识的重要机会(Lundkvist 和 Yakhlef, 2004),不仅促进了企业对市场的学习与感知过程,而且增加了顾客的知识存量。因此,企业与顾客在互动过程中可以激发合作双方的创新潜能。

首先,顾客价值理解方面。企业—顾客互动是服务主导逻辑视角的产物,其对顾客价值的理解明显不同于产品主导逻辑视角(将顾客置于从属、被动的地位,价值创造以企业为中心)。它认为价值创造中顾客是主角,价值是在企业与顾客共同创造过程中产生的,并最终由顾客使用中的价值(value-in use)所决定,而无法被事先嵌入设定好的产出中。因此,企业—顾客互动概念强调合作创新中顾客是企业的合作伙伴这一角色。

其次,研究视角方面。企业—顾客互动已经从之前的企业单方面获取、利用顾客信息进行价值创造的研究范式,转向了企业与顾客共同创造价值的研究范式(Sawhney 等, 2005)。基于信息处理视角,顾客参与的本质是促进新产品或服务的开发者与潜在顾客之间就顾客需求或潜在的解决方案进行信息交换的一个过程,在合作过程中顾客是信息、知识的来源,其特定的想法或需求事先存在,且通过参与企业的新服务开发过程而转移到企业这一方。但是,Lundkvist 和 Yakhlef(2004)指出,这种基于信息处理视角的传统顾客参与的观点认为隐性的知识、信息均与产生它们的特定社会背景密切联系,不可分离,这必然需要企业与顾客之间进行更加深入、丰富的社会互动,这从理论上充分支持了企业—

顾客互动作为一个独立概念存在的必要性和重要性。按照 Lundkvist 和 Yakhlef(2004)的观点,企业—顾客互动意味着无论是企业方,还是顾客方,都积极地投入理解、分享、创造想法的过程,通过跨越组织边界的对话,企业和顾客转变成一个集体的行动者,推动着双方进行价值共创的实践活动。

再者,研究情境方面。企业—顾客互动进行合作创新具体发生在顾客的情境之中,关注的是个性化、异质化的顾客,希望的是维持同顾客间长期良好的合作关系。企业—顾客互动是双向的,互动过程中顾客是主动的集体行动者。企业—顾客互动研究聚焦于更加细致、紧密的顾客行为,有助于获得一手的顾客信息资料,在互动合作创新中顾客会给企业转移更多有价值的知识与信息等资源。据此,企业—顾客互动活动关注的情境是跨越双方组织边界的行为、事件以及过程,甚至还包括企业实地进驻顾客的现场,与顾客近距离接触展开对话与协商等一系列的互动活动。

最后,构建企业与顾客关系方面。企业—顾客互动主要服务于少数的,甚至是一对一、点对点顾客的异质化需求,致力于通过深入地构建同顾客之间的关系,进而与其共同开发出具有专门化特征的创新产品(Djellal 和 Gallouj,2001)。所以说,顾客参与研究中,企业与顾客建立联系关注的是实现特定的任务,诸如信息与知识的获取,主要以短期的企业与顾客间关系为导向,而企业—顾客互动研究中的顾客更加积极主动,作为合作创新的利益相关者,是集体行为者与变革代理人之一(Lundkvist 和 Yakhlef,2004)。企业—顾客互动聚焦于企业与一个或多个特定顾客持续的、密切的互动关系,从企业与顾客双方来考察合作创新活动中的对话与协作,不仅围绕特定服务创新任务进行信息、知识方面的转移,而且有双方心理、情感、承诺、信任等方面的内容,内涵更为丰富。

综上所述,企业—顾客互动是在顾客参与基础之上对企业与顾客合作创新进行价值共创内涵的进一步深化与挖掘,是对顾客价值的高度聚焦,更能凸显合作创新中顾客的价值和贡献。结合 KIBS 企业服务创新实践以及相关文献资料,鉴于其顾客往往是组织顾客,KIBS 企业与组织顾客间的合作创新是一种跨越组织边界的合作行为,本书运用组织间关系理论将企业—顾客互动做出如下界定:价值共创导向下,KIBS企业与顾客(组织顾客)为完成复杂的创新任务,而在跨越组织边界上所形成的一个集体行动系统,不仅包括实际动态活动,也包括一定的结构形态(Van de Ven,1976;Gruner 和 Homburg,2000;Lundkvist 和 Yakhlef,2004;Matthinget 等,2004)。

2.2.3 企业—顾客互动的维度

梳理文献发现,企业—顾客互动研究领域关于企业—顾客互动的内涵与外延尚未达成一定的共识,不同的学者分别基于各自的研究领域和视角对企业—顾客互动的概念进行了界定(如上节所示),因此造成了当前理论界和实践界对企业—顾客互动概念模糊的现象,这自然也导致了企业—顾客互动维度划分上的多元化现象。

Van de Ven(1976)对跨越组织联系结构的属性进行了界定,认为企业—顾客互动的结构维度应该包括规则正式化、决策集体化两大要素。所谓规则正式化是指企业与顾客双方就如何开展合作创新活动所共同制定且遵守规则、政策以及程序的程度。所谓决策集体化是指企业与顾客为了解决双方不同意见、观点而构建集体协商机制的程度。

Ennew 和 Binks(1999)将企业—顾客互动划分为三个维度。第一个是信任共享,顾客需要与服务提供者分享信息来保证其能够提供满足自身需要的服务;第二个是责任行为,需要明确双方各自的责任,顾客要完成服务中的部分内容,且承担相应的责任;第三个是人际互动,不仅包括顾客与企业员工间的互动,而且包括顾客间的互动。这个维度划分方式后来被众多学者所采用,比如耿先锋(2008)对杭州医疗服务业的研究得出顾客互动的三个维度,包括信息搜索、责任行为以及人际互动,并开发了相应的量表。

Claycomb 和 Lengnick-Hall(2001)依据服务体验的差异提出顾客与企业互动的三个维度:出席、信息提供以及共同制造。出席,这属于低程度的企业—顾客互动,要求顾客出现在服务现场,可以通过消费的次数、频率进行测量。信息提供,可以通过顾客在参与服务生产的过程中给企业或其他顾客提供信息或建议的程度来测量。共同制造,可以通过顾客提供的努力程度进行测量,此时顾客作为临时员工参与企业对新服务或新产品的生产或制造过程。这三个维度就是按照三种不同的互动程度所进行的划分,出席、信息提供、共同制造依次体现合作创新中顾客参与程度的逐级提升。

Skaggs 和 Youndt(2004)指出,企业—顾客互动的内涵包括三个方面:合作生产、顾客接触与服务定制。顾客在合作生产中有三种投入,分为智力、实体以及情感投入。顾客接触指顾客在参与服务的生产和传递过程中与服务人员接触的程度。服务定制指服务过程中针对顾客的个性化需求制定不同服务的程度。

Gruner 和 Homburg(2000)、Fang(2008)、张若勇等(2007)的研究得出,企业—顾客互动应该是一个过程,具体包括资源共享、任务协作两个要素。资源共享是指企业与顾客在信息、技术甚至社会资本等方面所进行的共享活动,体现了合作创新中双方可接触并调用对方资源的程度。任务协作是指合作创新具体环节中,企业与顾客分别承担相关的工作与职责并相互帮助以解决问题与攻克难关的过程,反映企业与顾客为完成创新任务所做出的适应性调整。

KIBS 企业在服务创新过程中为解决复杂的创新任务而寻求与顾客的互动。顾客由于缺乏足够的独立解决问题的能力,会向企业寻求帮助,企业对顾客在资源上也有高度的依赖性,因此 KIBS 企业与顾客双方就不约而同地集合在一起,相互合作、统一行动以及共同行动。由此可见,企业—顾客互动在本质上就是基于资源交换的一种组织间联系,这种联系往往发生在企业与一个或者多个顾客之间,互动为合作创新中双方学习与分享资源提供了机会。诸如企业实地进驻现场观察顾客,与顾客进行沟通;合作创新中企业不断地与顾客展开对话与协商,获取有助于服务创新活动的知识和信息;合作创新中为执行某一特定创新任务,企业与顾客在跨越组织边界上进行知识的搜索、攫取、交流、沟通等创造性活动(Hargadon 和 Sutton,1997)。Gruner 和 Homburg(2000)指出,企业—顾客互动是企业获取顾客这种关键性、异质性资源的"桥梁策略",其本质就是企业与顾客为了完成某个复杂的创新任务而集合在一起所形成的行动系统。

KIBS 企业—顾客互动,从本质上来讲就是一种跨界的组织间联系,是企业—顾客集合在一起形成的行动系统。为了努力完成合作创新的任务,企业—顾客互动作为一个社会行动系统采取了相应的结构和过程,来组织管理合作创新过程中的双方成员,因此企业—顾客互动可以刻画为结构维度、过程维度两个维度(Van de Ven,1976)。结构维度主要基于行政上的安排,被用于具体界定合作创新双方的角色关系;过程维度主要基于合作创新中双方组织间实际的资源、活动发生的方向和频率,具体可以分为资源与活动两个要素。因此 KIBS 企业—顾客互动的结构维度、过程维度一起构成了企业与顾客进行新服务开发的行动系统,来指导双方具体的创新实践活动。

综合各学者的观点,本书对 KIBS 企业—顾客互动从结构维度和过程维度两个视角进行划分,结构维度具体包括共同组织维度、共同决策维度(Van de Ven,1976;Gruner 和 Homburg,2000;Lundkvist 和 Yakhlef,2004;Matthing 等,2004;王琳,2012),过程维度具体包括资源共享维度、任务协作维度(Ennew 和 Binks,1999;Gruner 和 Homburg,2000;Fang,2008;张若勇等,2007;王琳,2012)。

第一,共同组织。共同组织指的是作为服务供应商的 KIBS 企业与组织顾客就如何进行交换与合作活动所共同制定并遵循规则、政策与程序的程度,集中体现了双方对行动与运作规则等方面的共同考虑与安排。KIBS 企业与组织顾客合作创新过程中有关双方合作关系的详细说明、政策制度等,如果进行了书面化、合同化,甚至操作化表达,那就意味着提升了 KIBS 企业与组织顾客互动的共同组织程度。当然,Walsh 和 Dewar(1987)曾经指出,合作创新中双方共同制定的互动规则、程序如果不被多数人所了解、遵守,则不能称之为共同组织。由此可见,共同组织还应该包括行为要素,即双方所制定的规则必须被切实地遵守、执行。据此,KIBS 企业—顾客互动的共同组织可以从以下指标来进行测量:规则、制度、政策、程序等被双方共同建立起来以指导合作创新过程中双方交换、交易或协作的程度,双方在合作创新过程中共同遵循与应用程序的程度,如合作议程、记录资料等材料。

第二,共同决策。共同决策指的是 KIBS 企业与组织顾客作为行动系统中的主体,在创新过程中通过集体协商的方式解决不同意见与观点的程度。Van de Ven(1976)指出,共同决策意味着 KIBS 企业与顾客在合作创新过程中协调与决策的程度,具体涉及决策成员构成以及决策机制制定两个方面。在 KIBS 企业—顾客互动进行合作创新过程中,KIBS 企业代表着拥有技术的一方,而顾客代表着具有现实或潜在需求的一方,合作双方正是由于拥有不同的背景、不同的专业甚至不同的经验,在互动过程中免不了产生众多分歧,甚至是冲突。此时,企业—顾客互动作为一个整体系统,KIBS 企业与顾客应该建立决策委员会,制定相关的决策机制,用以解决双方合作中的意见分歧。因此,当 KIBS 企业与顾客互动过程中发生意见分歧时,一方能否主动征询对方的意见和观点,则体现了通过民主协商的方式来进行集体决策的轨迹。

第三,资源共享。资源共享指的是 KIBS 企业与组织顾客在信息、技术甚至社会资本等方面进行的共享活动,体现了合作创新过程中双方可以接触并调用对方资源的程度。Pfeffer 和 Salancik(1978)基于资源依赖理论认为,一个组织如果非常需要一种专门的技术或者知识,而这种专门化的技术或知识又是这个组织非常稀缺的,而且不存在可替代性,则该组织就会高度依赖掌握这种技术或知识的组织。在服务创新实践中,对于成功开展创新活动的关键性资源分布于 KIBS 企业和组织顾客,双方应该通过企业—顾客互动这一"桥梁策略",分配足够多的时间、资源给合作创新过程。因此,企业—顾客互动系统中基于资源流动的共享活动是 KIBS 企业与组织顾客合作开展服务创新活动的关键要素。

第四,任务协作。任务协作指的是合作创新具体环节中,KIBS 企业与组织顾客分别承担相关的工作与职责,并相互帮助以解决问题与克服困难的过程,其反映了 KIBS 企业与组织顾客为了创新任务的实现所做出的适应性调整。Tuli 等(2007)认为,企业—顾客互动系统是各方拥有不同技能,且执行复杂、不确定任务的一个有机系统,拥有异质化资源或知识、掌握不同技能的各方成员,需要在某些平台上达成相互间的沟通与协调。因此,企业—顾客互动系统通过任务的分配、角色的界定,使来自不同专业背景领域的合作方明确承担起自己的责任并共同行动,实现合作创新过程的协调与合作。企业—顾客互动系统中基于任务的协作是合作创新过程中 KIBS 企业与组织顾客互动创新的关键要素。

2.2.4 企业—顾客互动研究的述评

企业—顾客合作创新研究是服务创新领域新兴的、重要的研究方向,具体涵盖服务管理、营销管理、知识管理以及创新管理等多学科。已有的企业—顾客合作创新研究领域主要遵循企业邀请顾客共同生产,企业以顾客为导向,企业与顾客价值共创,顾客参与创新活动,以及企业与顾客互动创造价值这样一个逻辑进行演进,当前顾客参与、企业—顾客互动创新研究最为多见。特别是"顾客参与"(Maru File 等,1992;Cermak 等,1994;Claycomb 和 Lengnick-Hall,2001;Hsieh 和 Yen,2005)和"企业—顾客互动"(Neale 和 Corkindale ,1998;Prahalad 和 Ramaswamy ,2000;Gruner 和 Homburg ,2000;Alam 和 Perry,2002;Matthing 等,2004;Lundkvist 和 Yakhlef,2004)这两个概念之间有着密切的关联性。顾客参与是基础,企业—顾客互动则是深化,顾客参与并不一定会发生企业—顾客互动,但是企业—顾客互动必然基于顾客参与这个前提。

服务创新领域,企业—顾客互动紧紧围绕合作创新中企业与顾客之间的价值共创活动,无论是对顾客价值的理解方面、研究视角方面(Lundkvist 和 Yakhlef,2004;Sawhney 等,2005)、具体研究情境方面,还是所构建的企业与顾客之间的关系方面(Djellal 和 Gallouj,2001),都与顾客参与有着本质性的差异。总之,企业—顾客互动是在顾客参与基础之上对企业与顾客合作创新进行价值共创内涵的进一步深化与挖掘,是对顾客价值的高度聚焦,更能凸显合作创新中顾客的价值和贡献。

KIBS企业—顾客互动从本质上而言就是一种跨界的组织间联系,是企业—顾客集合在一起所形成的行动系统。为了努力完成合作创新任务,企业—顾客互动作为一个社会行动系统采取了相应的结构和过程,来组织管理合作创新过程中的双方成员,因此企业—顾客互动可以刻画为结构维度、过程维度两个维度(Van de Ven,1976)。尽管不同学者出于不同研究视角的考虑,对企业—顾客互动的维度有着不同的划分方式,但是综合大部分学者的观点,本书对 KIBS 企业—顾客互动从结构维度和过程维度进行划分,结构维度具体包括共同组织维度、共同决策维度(Van de Ven,1976;Gruner 和 Homburg,2000;

Lundkvist 和 Yakhlef,2004;Matthing 等,2004;王琳,2012),过程维度具体包括资源共享维度、任务协作维度(Ennew 和 Binks,1999;Gruner 和 Homburg,2000;Fang,2008;张若勇等,2007;王琳,2012)。

2.3　企业—顾客互动与服务创新关系的研究综述

　　服务创新绩效指的是企业对新开发的服务以及对现有服务所做的开发或改善活动,以满足企业自身、顾客、社会、员工等利益相关者需求,维持企业竞争优势的能力和程度(孙颖等,2009)。国内外学者从不同视角出发,对服务创新绩效进行了测量。Cooper 和 Kleinschmidt(1987)研究得出了 10 个测量服务创新绩效的具体指标,并且通过因子分析法将这些具体指标归纳为三个服务创新绩效维度。财务绩效,比如销售利润指标、盈利水平指标、投资回收期指标等;机会窗,指的是新产品或新服务在产品或市场方面为企业开创机会的程度;市场效应,比如国内外市场份额。Voss(1992)对绩效的测量提出了 16 个指标,通过因子分析提炼为以下几个主要维度。财务指标,比如获得较高的整体盈利水平、降低企业成本、实际运营低于预期成本水平、使企业获得重要的成本效益;竞争性指标,比如超过市场份额目标、超过销售/客户使用水平目标、获得高的市场份额、对企业形象/声誉有积极的影响、使企业获得重要的竞争优势等;质量指标,比如导致优于竞争对手的服务结果出现、导致优于竞争对手的服务体验出现、具有优于竞争对手的独特利益、更多的友好顾客、极大的可信赖性等。Griffin 和 Page(1993)通过对已有文献的梳理研究,识别出了 75 个绩效指标,同时通过专家意见法与因子分析法提出了五大类绩效指标:企业整体收益维度、项目收益维度、产品收益维度、财务收益维度、顾客收益维度。Griffin 和 Page 对绩效分析进行了扩展,发现企业可以从各个方面对成功进行评估,需要考虑的变量所涉及的利益相关者非常多,管理者必须在不同绩效维度指标上进行取舍。Storey 和 Kelly(2001)针对不同创新性公司的绩效评估指标进行了研究,发现高度创新的公司和低度创新的公司之间存在明显的差异。高度创新的公司侧重使用内部维度绩效指标对新服务开发进行评估,诸如新服务开发的成本与速度、服务创新过程的有效性等。而低度创新的公司通常只采用财务指标来测量新服务开发活动。研究还发现,虽然新服务是企业重要的收入源泉,但是企业开发新服务的能力往往不是很理想。Jaw 等(2010)的研究对新服务开发绩效的测量采用了以下指标:新服务达到先前目标的程度、新服务的市场份额、新服务创造的利润率、新服务的销售量以及新服务超过竞争者的总数。国内学者对服务创新绩效的测量如表 2-5 所示。

国内外学者对服务创新绩效的测量大部分集中在新产品或新服务的市场占有率,以及新产品或新服务相对于竞争对手的成功率等方面。Voss(1992)研究中所提出的服务创新测量从结果和过程两个方面展开,被大多数学者所接受和采用。

表 2-5　服务创新绩效指标

学者	服务创新绩效指标
蔺雷、吴贵生(2007)	产品效益方面:包括销售额、收益率绩效指标 企业效益方面:包括吸引新顾客、提高顾客忠诚度、改善企业形象、改善竞争力等
张若勇、刘新梅、张永胜(2007)	创新过程:包括创新过程花费的成本、开发周期长短以及有效性等 创新结果:包括财务绩效、顾客关系、市场地位
王春(2007)	包括财务指标、竞争力指标和品质指标
刘顺忠(2009)	包括利润、投资回报期、投资回报率和销售量指标
王琳、魏江(2009)	提供商视角:包括新服务开发进度控制、预算控制 顾客视角:包括顾客再次合作意向、顾客对新服务质量满意度
魏江、王铜安、陆江平(2009)	项目标准性绩效:包括团队达成预期产出质量的程度、项目的工效、是否按计划控制成本 成员获得性绩效:包括团队成员满意度、提供学习机会
朱兵、王文平、王为东等(2010)	包括企业新产品或新服务得到顾客认可、企业的竞争优势建立在技术之上、与竞争对手相比企业盈利水平较好

资料来源:根据文献资料整理而成。

企业服务创新过程中顾客的角色正逐渐从被动转向主动,顾客在与企业合作创新中的价值创造地位越来越高(Prahalad 和 Ramaswamy,2000)。诸如一些高科技行业,标准化的产品已经变得难以满足顾客异质化的需求,更多的供应商企业在新产品或新服务的开发过程中邀请顾客参与进来,与企业一起互动合作开发新产品或新服务(马双等,2015)。顾客一方拥有代表市场的需求知识,服务供应商企业拥有专业的技术或专门的知识,双方合作创新的过程需要紧密合作,这样才能更加有效地促进合作创新的绩效水平。诸如一些生物科技型企业新产品开发过程,经常邀请一些下游的制药企业来共同开发新的药品(Fang等,2015)。梳理文献发现,企业—顾客互动与服务创新绩效的关系,学术界主要基于互动中知识的转移视角和互动中组织间关系的构建视角来展开分析与讨论。

2.3.1 知识转移视角

知识不仅有价值,而且稀缺,因此组织顾客的知识能够使企业获得具有竞争优势的异质性资源。但构建企业持续竞争优势的并不是知识本身,而是知识的获取、存储、分享和应用(Qin等,2011)。Teece(1977)提出了著名的知识转移理论,认为知识转移是一个动态学习的过程,是知识资本从一个知识主体向另一个知识主体的移动过程。知识转移理论认为,知识转移可以促进知识扩散,而且能为组织的创新活动积累有价值的知识。知识转移通常被认为是知识接受者获得与知识源相同认识的一个认知过程,对其相关研究主要有组织内部、组织间、联盟与跨国公司内部、国际并购活动以及网络中的知识转移等视角。本书主要研究KIBS企业与组织顾客的合作创新问题,知识转移指的是KIBS企业与组织顾客互动过程中知识资本从组织顾客向作为服务供应商的KIBS企业移动的过程,这种知识转移有助于提升双方服务创新的绩效水平。

卢俊义和王永贵(2011)指出,知识转移是一种组织间跨越边界的知识共享行为,不仅仅是从组织顾客到服务供应商企业的知识流动过程,更是服务供应商企业对组织顾客所拥有知识的吸收以及再利用的过程。知识转移是多维概念,包括知识转移内容和知识转移效率。前者关注知识转移过程中被转移知识的完整性,不仅包括组织顾客的特征、需求等方面的知识,还包括组织顾客对市场、企业以及服务产品等方面的知识(卢俊义、王永贵,2011);后者是指在一定时期内,一定数量的组织顾客知识发生转移,转移的内容、速度、结果等方面使作为服务供应商的企业感到满意(张若勇等,2007)。

Matthing 等(2004)重点研究了企业在新服务开发过程中如何向顾客学习的一系列新方法,发现在服务创新过程中顾客拥有生产者与消费者一体化的角色,同时新服务开发过程中顾客有返回非正式化、专门化努力的趋势,这些都体现了服务创新过程中邀请顾客参与互动的重要性。Matthing 等认为,企业新服务开发过程应尽量早地让顾客参与创新活动,这可以促进服务企业的学习,减少服务创新活动被模仿的风险,甚至超越同类竞争对手。所以 Matthing 等指出,创新活动中企业—顾客互动不仅仅是服务的焦点,更是顾客参与创新活动的本质特征。合作创新过程中顾客充当着"技术、知识和经验的贡献者,要求、问题、期望甚至挫折的分享者,服务创新成果的积极试验者"等角色。由此可见,服务企业应该加强开发促进顾客信息、知识创造的支持性工具。

Fang 等(2008)、Carbonell 等(2009)指出,新服务或新项目的开发过程中,企业—顾客互动指的是顾客在创新过程中在多大程度上涉入,与服务供应商企业进行信息的交换。组织顾客的互动可以为服务供应商企业带来更为丰富的需求知识、市场知识等,从而进一步提高新服务的开发绩效水平。Bonner(2010)指出,服务企业新服务开发过程中与顾客的充分互动,可以帮助企业获取顾客的异质性知识。这些顾客的异质性知识不仅包括顾客可以明确陈述出来的显性知识,而且包括有些难以表达的隐性知识,特别是在越发复杂的新产品或新服务的开发过程中,有些需求信息顾客难以准确地加以表述,基于与顾客的互动,服务供应商可以通过观察、沟通,顺利地获得相关的知识。

Vargo 和 Lusch(2004)指出,基于服务主导逻辑的视角,顾客是主动的操作性资源(operant resource),他们总是有积极的意愿和丰富的知识与服务供应商进行互动,进而共同创造价值。而且顾客所拥有的主动的操作性资源往往是无形的,也是不可复制的,是服务企业核心竞争力的一个重要组成部分(Vargo 和 Lusch,2004;Lusch 和 Nambisan,2015)。Lundkvist 和 Yakhlef(2004)运用知识转移理论具体来探讨KIBS 企业与顾客的互动创新行为,认为企业—顾客互动不仅仅意味着将预先存在的信息、知识、想法、创意等从一方转移到另一方,而且为合作创新中的双方提供了共同构建信息、知识、想法、创意的主要平台,同时互动过程也包含着 KIBS 企业与顾客各自意图的转移,从而导致了双方的集体行动。Lundkvist 和 Yakhlef(2004)认为,顾客方所拥有的黏性的、隐性的知识与信息不可能从产生它的特定社会背景中分离出来,只有通过企业—顾客互动这样一个丰富的"桥梁策略",才能从一方转移到另一方。这进一步肯定了合作创新中互动行为的重要性、必要性,加深了对传统顾客参与的理解。

Fang 等(2008)研究认为,作为服务供应商的 KIBS 企业拥有专业性知识,而组织顾客则拥有代表着目标市场的市场知识、需求知识,双方常常需要通过企业—顾客互动行为,进行交流、沟通,促进信息、知识的转移,从而达到最终促进双方共同创造价值的目的。特别是在创新任务高度复杂的环境下,或者完全个性化的产品创新中,以往标准化的产品或服务难以满足关键顾客特有的需求,企业—顾客互动创新中顾客必须深入地介入企业新服务的开发过程,及时、积极地提供需求信息,才能使合作创新顺利地开展和推进,也才能使创新结果更加有效。

Strambach(2001)通过对 KIBS 企业与顾客互动行为的研究,提出了三阶段知识处理模型。第一阶段为知识获取,KIBS 企业在互动中获取显性的、隐性的顾客知识。第二阶段为知识整合,KIBS 企业把从互动中所获取的顾客知识与自己现有知识相整合,此过程产生新的知识。第三阶段为知识扩散,KIBS 企业把新知识运用到新服务的开发中去,进而为企业—顾客互动以及知识转移提供机会与平台。KIBS 企业与顾客互动行为是一个互动的、互惠的、持续的合作创新过程。

Von Hippel(1994)认为,对于复杂产品的创新,顾客并不总是能够非常明确地表达自己的需求,有时甚至连自身的需求也搞不清,于是一些隐性的顾客知识就难以被转移,而企业—顾客互动通过构建一个桥梁,促进了顾客隐性知识的顺利转移,使得这些知识能够方便被企业所获取。Bharadwaj 等(2012)、王永贵等(2011)指出,服务供应商如果能够在新产品或新服务开发中让顾客参与进来,聆听他们的声音,就可以在互动过程中充分地了解顾客,也就是所谓的"干中学",这样有助于开发的新产品或新服务更好地满足顾客、市场的需求。

国内学者,如张若勇等(2007)基于知识转移的视角,构建了顾客互动三维度,通过影响知识转移,进而作用于服务创新绩效的研究框架,揭示顾客互动过程与服务创新绩效两者之间的关系。其将顾客互动划分为合作生产、服务接触以及服务定制,结果表明顾客互动有助于知识转移,对服务创新绩效有显著的促进作用。王永贵和卢俊义(2009)从社会资本视角研究了顾客参与服务创新与顾客知识转移两者之间的关系,提出了一个理论模型,该模型将顾客参与划分为四个维度:参与动机、参与程度、参与方法以及参与阶段,并分别论述了四个维度对知识转移的影响。贾鹤等(2009)基于感知风险理论和归因理论,通过两个连续的实证研究,分别探讨了服务情境中顾客知识对创造型顾客参与意愿和顾客满意所产生的影响,从而为服务企业实施与顾客教育相关的决策活动提供新的分析视角。

Gibbert 等(2002)、Joshi 和 Sharma(2004)为代表的学者基于知识转移视角对企业—顾客互动展开研究。顾客知识主要有两大类,第一大类是有关顾客本身的知识,诸如顾客的特征、顾客的需求、顾客的偏好以及顾客的行为模式等,这类知识可以通过强化企业与顾客的互动、持续搜集以及深入分析顾客信息等途径加以实现;第二大类主要是内化在顾客头脑中知识,诸如获取、分享、开发以及运用存在于顾客头脑中知识的过程,侧重于互动中如何运用顾客的创意、想法、思想、建议等进行服务创新活动。

总而言之,KIBS 企业与顾客互动有助于给服务企业带来丰富的外部创新知识源,有助于在新产品或新服务标准的设定过程中更好地契合顾客的需求目标,有助于强化对顾客知识的深入理解,从而对创新过程进行及时改进,当然也有助于提高组织顾客群体内部对新服务方案的可接受程度。当前对企业—顾客互动的研究较多地采用了知识获取、知识整合、知识利用、知识扩散等知识转移视角,来具体探讨企业—顾客互动对服务创新绩效的作用机理。基于知识转移视角的企业—顾客互动研究,目前国内外已经取得了相当丰硕的研究成果。

2.3.2　组织间关系构建视角

Galaskiewicz 和 Zaheer(1999)指出,当今企业的资源已经远远超出企业的边界,企业正在不断地嵌入更加广泛,甚至是互相重叠的组织间关系网络中,因此将企业嵌入组织间关系进行分析就显得非常重要。Gulati 等(2000)认为,如果资源不能有效地通过市场进行交易或者并购而获得的话,企业可以发展组织间关系来获得这些资源。构建组织间关系网络可以帮助企业与其他企业共享或者交换有价值的创新资源,也就是说通过构建良好的组织间关系,企业可以进行相互间的资源融合,进而创造更大的价值空间。组织间的相互合作、共享彼此独特的能力要素以及资源,可以创造竞争优势,产生更多的合作利益,这就说明合作创新中组织间的关系是相互依赖、相互影响的(罗珉,2007)。据此,KIBS 企业与顾客的合作创新其本质就是构建组织间良好的合作关系,包括操作性资源、信息资源、知识资源等重要的合作创新资源。组织除了内部创造之外,还可以通过发展良好的企业与顾客间关系提高企业—顾客互动创新的绩效水平,增强市场竞争环境中服务企业自身的竞争优势。

(1)积极的影响

用友软件公司在产品的研发、测试阶段广泛地邀请顾客参与进来,让顾客积极地提供建议与反馈,以便用友公司不断地完善、改进其产品(马双等,2015)。Athaide 和 Zhang(2011)研究得出,在竞争日益激烈以及经济全球化程度越来越高的当今,没有任何一家企业可以仅靠自身的力量去完成服务创新活动,因此积极开展与顾客的互动,特别是在创新过程中积极地邀请顾客参与进来,与顾客互动进行合作创新活动,有助于作为服务供应商的企业维持同顾客间长期的、良好的合作关系。

Alam 和 Perry(2002)对在新服务开发的各个阶段如何获取顾客的投入展开了研究,认为企业—顾客互动对开发出高质量、差异化的服务创新项目非常重要,其中最明显的效果就是互动中顾客的投入使得新服务的开发周期明显缩短。Alam 和 Perry 两位学者发现,顾客差不多会全过程参与企业新服务的开发,尤其是在概念产生、筛选,以及市场测试、商业化等阶段,顾客与服务企业的互动活动更加明显。这大大提高了企业服务创新产品的市场接受性,有效地提升了企业的服务创新绩效水平。同时研究还发现,企业除了正式的市场调研以及开发方便顾客投入的流程之外,应该更加积极地开发与顾客的长期关系,在成功地开发满足顾客期望的新服务过程中应该努力将顾客发展成为企业的创新合作伙伴,这将会更加有助于企业的服务创新活动。

Bonner(2010)认为,组织顾客与企业的互动行为会强化顾客与服务供应商企业之间的关系。顾客与企业共同设计、开发新服务或产品,共同解决合作创新中的难题,就有了更多的沟通机会,这有助于企业与顾客加深彼此的了解,建立相互间的信任,维持双方的长期合作关系。

Athaide 和 Klink(2009)指出,顾客在与服务企业价值共创的过程中,积极互动将会改变企业的竞争格局。服务供应商邀请顾客参与价值创造,双方积极展开互动,这可以提升双方的组织间关系质量以及促进双方长期合作的意愿。这种长期合作意愿是指合作创新过程中双方对长期交易与合作的期望与意愿(Ganesan,1994),是基于双方较好的情感产生的,是基于情感视角对组织间关系的考量(Gustafsson,2005)。

Fang 等(2008)、Athaide 和 Klink(2009)研究发现,企业—顾客互动合作创新过程中,企业与顾客的深入沟通、交流能够促进双方组织间战略关系的建立。服务创新中让顾客充分地参与进来,服务供应商与顾客之间可以共享信息,进行有效的互动与沟通,促进双方情感的建立,这会大大提升组织间关系的维系,进而有助于服务创新绩效的提升。

企业—顾客合作创新中的互动行为有助于服务供应商和顾客保持长期的合作意向,这是双方组织间关系质量的重要体现,属于情感层面。这种组织间的关系质量使得服务供应商有了可靠的市场保证,有利于提升服务创新产品的有效销售(Ryals 和 Humphries,2007)。Ganesan(1994)指出,企业—顾客互动过程中与顾客保持较好的长期合作关系非常有助于顾客对服务产品进行口碑传播,也有助于巩固服务供应商的产品或服务在市场上的地位。因此,企业—顾客互动创新能够促进服务供应商新产品或新服务的创新绩效,使服务供应商所开发的新产品或新服务在市场上占据强有力的位置,同时给服务企业带来更多的经济效益(Lin 等,2010)。

(2)消极的影响

已有研究对企业—顾客互动所带来的收益与成本的认识并不是很全面。Williamson(1981)指出,合作创新中顾客参与创新活动给企业带来收益的同时,也有可能给企业造成一定的成本,主要是因为在企业—顾客互动过程中,顾客除了给企业带来一定的优势之外,还会带来某些不确定性以及机会主义行为,这些是交易成本理论中的核心概念。服务供应商和顾客来自不同的企业,新产品或新服务的开发过程中顾客的行为往往难以评估与预测,存在大量的不确定性,因此在合作过程中组织顾客会表现出一定的逐利行为,可能会利用互动过程中所获取的信息来最大化自身的利益,继而在合作后期产品交付时与服务供应商之间产生利益上的冲突行为(马双等,2015)。

Villena 等(2011)研究发现,约翰逊控制器公司在合作创新中邀请了日本丰田公司深入参与其新产品的开发,然而在合作过程中尽管丰田公司为新产品的研发提供了新的设计思路,但是在合作后期丰田公司也利用自己在合作中所获取的信息故意压低产品的价格,最终导致双方交易冲突的结果。因此,合作创新中以顾客为代表的外部创新知识源固然重要,但是服务供应商必须在收益与成本之间进行权衡,并对整个企业—顾客互动过程进行有效管理。

基于交易成本理论,企业总是会最小化自己的交易成本,组织顾客往往较为理性与自利,合作创新过程中会努力实现自身利益的最大化,所以组织顾客不仅参与价值的创造,还参与价值的攫取(高孟立,2017)。企业—顾客互动合作创新中,对于作为服务供应商的 KIBS 企业来说,让组织顾客参与进来,一起合作进行价值共创,有利于维护组织间的长远关系,提升服务创新绩效水平。但是 KIBS 企业必须为此投入专门的人力、物力,这些资源是专门针对顾客的专用性投资,合作后期一旦顾客方终止交易,KIBS 企业将会为此付出高额的费用(Williamson,2010)。Chan 等(2010)指出,组织顾客参与合作创新的过程中,不仅仅可以分享有用的信息,还可以有效获取与服务创新项目紧密相关的各种信息,这就会使得专业性知识所有权从本属于服务供应商的 KIBS 企业方转移到组织顾客那里,导致合作后期组织顾客机会主义行为的发生。

Bogers 等(2010)指出,组织顾客除了参与价值创造,还会参与价值攫取,企业—顾客互动创新过程中组织顾客会利用参与过程所获取的信息来最大化自身的价值,诸如实施压低价格、要求服务供应商改进服务质量等行为,这些行为会进一步加剧顾客与供应商的多种利益冲突。

Fang 等(2015)指出,企业—顾客互动行为越是深入,顾客就拥有越多的话语权,在合作后期的交易过程中谋求自身利益最大化的可能性就越大。企业—顾客互动中顾客会利用自身在参与新服务开发过程中的优势地位以及所获得的有利信息来最大化自身的利益。马双等(2015)指出,供应商与顾客之间的交易行为并非隔离的,特别是在合作后期的交易过程中,顾客往往会表现出各种自利的行为,诸如对产品质量提出更高的要求,尽可能地压低价格等等。以上这些行为都会导致顾客与服务供应商之间具体交易内容上的冲突,比如成交的价格、交易产品或服务的质量等看法上的不一致(Samaha 等,2011)。

Cramton(2001)认为,企业—顾客互动创新过程中,随着专业性知识所有权从服务供应商一方逐渐转移到顾客这一方,相对处于优势地位的顾客会产生一种特权感,感到自己更重要,进而诱发在合作后期更多的不确定性行为。Prahalad 和 Ramaswamy(2000)指出,企业—顾客互动过程中,顾客的要求与期望会逐渐被提高,这会使得顾客行为更加难以预测,即在企业—顾客互动进行价值共创的过程中产生了顾客行为上的不确定性。例如在对福特汽车公司邀请顾客参与新产品开发的案例研究中,顾客在后期利用自己的优势地位来最大限度地压低新产品的价格以谋求利益。所以企业—顾客互动中顾客不仅参与价值的共创,也会参与价值的攫取,顾客的特权感将会使得顾客在价值攫取中谋取更多的利益,这势必会极大地诱发交易过程中双方组织在利益上的冲突,最终影响合作创新中服务创新绩效水平。

因此,如果新产品得不到顾客的认可与接受,顾客不愿意接受服务供应商所提出的价格、质量等方面的交易条款,这将直接损害服务供应商所研发的新产品或新服务在市场上的地位(Samaha 等,2011)。此外,企业—顾客互动创新中如果顾客与服务企业产生较大的分歧,那么服务供应商内部的员工也有可能会怀疑自己企业所研发的新产品或新服务,即合作后期组织间关系的冲突会严重损害服务供应商的内部创新动力,从而不利于服务供应商的服务创新活动(Pruden,1969)。总而言之,KIBS 企业与顾客互动创新过程中,由于企业专用性投资的存在以及企业专业性知识所有权的逐渐转移,组织顾客就会拥有更多的话语权,这会诱发合作后期的机会主义行为,最终导致组织间合作关系的破裂。

2.3.3 企业—顾客互动与服务创新关系研究的述评

基于知识转移视角的企业—顾客互动与服务创新关系研究,主要从知识获取、知识整合、知识利用、知识扩散等方面,具体探讨企业—顾客互动对服务创新绩效的具体作用机理。学术界普遍认为,企业—顾客互动可以积极地促进服务创新绩效水平的提升,KIBS企业与顾客互动有助于给服务企业带来丰富的外部创新知识源,有助于在新产品或新服务标准的设定过程中更好地契合顾客的需求目标,有助于强化对顾客知识的深入理解,有助于提高组织顾客群体内部对新服务方案的可接受程度(Von Hippel,1994;Gibbert等,2002;Vargo和Lusch,2004;Lundkvist和Yakhlef,2004;Joshi和Sharma,2004;Fang等,2008;Carbonell等,2009;Lusch和Nambisan,2015)。目前国内外基于知识转移视角的企业—顾客互动研究相对较为成熟,所得结论也较为一致。

基于组织间关系构建视角的企业—顾客互动与服务创新关系研究,主要存在两方面的观点。一部分学者认为,合作创新中企业—顾客互动对服务创新绩效有积极的促进作用(Ganesan,1994;Ryals和Humphries,2007;Fang等,2008;Athaide和Klink,2009;Bonner,2010;Lin等,2010;Athaide和Zhang;2011;马双等,2015)。也有学者认为,合作创新过程中由于企业专用性投资的存在以及企业专业性知识所有权的逐渐转移,顾客就会拥有更多的话语权,会诱发合作后期双方的机会主义行为,导致组织间合作关系的破裂,因此,企业—顾客互动对服务创新绩效存在消极的影响(Prahalad和Ramaswamy,2000;Cramton,2001;Chan等,2010;Williamson,2010;Bogers等,2010;Villena等,2011;Samaha等,2011;Fang等,2015;高孟立,2017)。目前基于组织间关系构建视角的企业—顾客互动研究存在较大的争议,研究结论往往莫衷一是,对服务创新绩效的影响作用既有积极促进的观点,也有消极影响的观点。由此可见,合作创新中企业—顾客互动对服务创新绩效可能存在双刃剑的影响效应,此为需要进一步深入研究的方向。

2.4　组织间关系及治理的研究综述

2.4.1　组织间关系的研究综述

罗珉(2007)认为,组织间关系存在如下几个理论维度:资源维度,认为企业生存、发展过程可能依赖外部的资源,或者组织间合作创新在特定资源上互相依赖与补充;知识与能力维度,企业的经营是建立在核心能力的基础之上,这就需要企业从组织间关系中去获取互补性的信息、知识、资源,而这又与组织已有的各种知识、能力有关;关系维度,组织间可能是合作、竞争,或者是竞合的关系,组织可能以资源、专用性投资等方式嵌入组织间关系网络,也可能以知识、无形资产、关系资本、关系契约等复杂性社会因素嵌入,因此,信任、关系资本、关系性交易等是关系维度视角下研究的切入点;组织学习维度,吸收能力被广泛应用于组织学习研究中,类似的概念还有吸收潜力。

组织间关系的关系观视角,又被称为社会逻辑观视角,重点关注的是不同组织成员的互动关系、知识转移、吸收潜力以及组织合作成员的合作能力等(Powell 等,1996)。其强调组织间关系网络是由企业与其他组织之间的一系列水平或者垂直的相互关系所构成,其中包括企业与顾客、供应商、分销商、竞争者以及其他利益相关者之间的关系。

关系观认为,现实中许多企业间的合作关系,其本质上是与大多数相同厂商的重复交易。Gulati(1995)认为,以关系观视角看待企业之间的合作创新,其内涵必然包含"信任"以及"合作关系演进"。Nooteboom(2000)认为,基于关系观的组织间关系重点关注的是组织间的信任、互惠以及相互的节制等相关概念。Dyer 和 Nobeoka(2000)研究发现,组织间高度的信任,可以有效地促进合作创新中双方组织进行知识的交换、机密信息的分享。组织间有效的沟通和协调,可以提升合作创新中双方组织间长期合作的关系,使合作双方可以获得更多的创新资源。

Gulati(1999)指出,组织所拥有的知识是构建长期竞争优势的关键要素,而组织间网络关系则是获取多元化知识的重要手段之一,通过组织间网络,企业可以获取创新所需的信息、知识。Gulati 认为,组织间纵横交错的关系,是一种不可模仿的资源,是一种创造资源的手段,同时也是获取资源、信息、知识的有效途径,这种网络间关系被 Gulati 称之为网络资源(network resources)。组织间合作过程中所构建的这种网络资源,能够给企业带来非常有价值的信息,使合作创新中的企业比竞争对手做出更加迅速的反应,进而获得竞争优势。组织间这种网络资源的积累、获取以及运用,是企业开展服务创新成功的关键。因此,通过组织间关系所发展起来的网络资源本身具有一定的特质性,是通过组织间关系的特殊组合所获得的,几乎都是通过特定的路径依赖发展起来(Gulati 和 Gargiulo,1999),不容易被竞争对手模仿或替代。

Khanna 等(1998)认为,组织间的合作可以借助专有准租金来获得潜在的收益。所谓的组织间或者基于合作的专有准租金是与组织间关系相对应的,其产生于特定的交易以及合作双方专用性资源的结合,由此形成的协同效应所产生的超额租金是单个组织独立运营无法产生的。

Zahra 和 George(2002)指出,关键性资源能延伸企业的边界,而且可以扩散到组织间。这就说明企业规模的边界是有限的,然而关键性资源所形成的能力边界可以延伸整个组织间的关系网络或是战略联盟。组织合作伙伴间彼此的承诺与信任可以极大地提升关系专用性投资,超额报酬是从组织间彼此的交换关系中产生的,只能通过特定的组织间合作伙伴的共同努力才能创造(Dyer,1997)。由此可见,这种"关系租金"是通过一种关系性交换所获取的超额利润,单个企业或者组织都无法实现,可以通过合作过程中组织间的专用性投资加以整合、获取。组织间的合作伙伴关系是关系租金与竞争优势的重要来源。

认识到竞争优势来源于组织间的相互关系之后,就可以更好地把握组织间潜在的竞争优势来源。罗珉(2007)提出,组织间关系是企业创造竞争优势的重要来源,企业发展合作创新中组织间关系的能力会对企业的创新绩效产生积极的影响;组织间互补性的资源和能力的结合也是竞争优势的重要来源;联盟企业之间可以结合彼此的资源,形成新的竞争优势来获取更大的利润空间。关系观视角的组织间关系强调发展组织间关系的重要性和必要性。合作创新中组织间关系是由组织节点之间的关系所生成的一种资源,属于无形的关系资源。这种无形的关系资源所反映的是一种社会认知资源,是一种组织外部的资源,其的确会影响组织的战略决策与经营业绩。组织获取竞争优势的根本途径就是要处理好、维护好、发展好组织间关系网络资源。

综上所述,基于关系观视角的组织间关系探讨,组织间通过长期的合作关系所形成的组织之间的特定关系是组织获取竞争优势的关键性资源,这种关键性资源会跨越组织的边界,嵌入组织间的常规惯例与程序,进而产生关系租金。Dyer(1997)指出,组织间长期合作关系所产生的错综复杂的交互关系会导致资源的私有性以及合作对象的稀缺性,这会加剧维系关系租金的模仿障碍。Dyer 和 Nobeoka(2000)对丰田公司组织间关系网络演进过程进行研究,也得到了有力的成果:组织间关系网络比单个组织更加有利于知识的产生、转移、获取以及整合。

然而,最近的研究发现,企业与顾客合作创新中双方的互动过程除了能给企业带来收益之外,也有可能产生一定的成本,甚至导致组织间合作关系的破裂,因此,现有研究对企业与顾客互动合作创新中组织间关系的认识不够全面(Fang 等,2015)。其实,Williamson 早在 1981 年就提出了交易成本理论概念,比如企业与顾客合作创新中所发展起来的组织间关系给企业带来竞争优势的同时,也可能产生不确定性以及机会主义行为。企业—顾客互动合作创新过程建立了组织间关系,但由于双方企业都有各自的利益,顾客在与服务企业互动的过程中,其行为往往难以预测,也就存在着大量的不确定性。且顾客也会表现出一定的逐利行为,会利用互动过程中所获得的信息来最大化自身的利益,进而导致合作后期双方利益上的冲突,甚至组织间关系的破裂。例如 Villena 等(2011)对约翰逊控制器公司邀请日本丰田公司参与自身新产品的研发过程案例研究发现,在合作过程中尽管丰田公司为新产品的研发提供了新的设计思路,然而在合作后期丰田公司就利用自身所获取的信息故意压低产品的价格,导致双方组织间的冲突行为。

Ganesan(1994)、Kumar 等(1995)等学者对组织间关系的冲突行为进行了研究,认为互动创新过程中对对方的依赖性加剧了后期交易关系中的冲突。任星耀等(2009)认为,组织间的不对称性依赖降低了组织间合作成员对彼此的承诺与信任水平,而交易关系中的不平等收益也造成了双方之间利益分配上的不对等,因此加剧了组织间关系的冲突水平,使得组织间合作双方维持长期关系的意愿降低,甚至导致退出或者终止交易关系的倾向增加,最终加剧组织间关系的不稳定。所以,发展组织间关系给企业带来竞争优势的同时,也存在着一定的弊端,这种组织间关系的不利影响方面尚未引起学术界的足够重视,因此有必要对组织间关系的双刃剑作用进行深入的探讨和剖析。

综上所述,组织间关系是指合作创新过程中企业与顾客间的一种关系,本书将其分为长期合作与交易冲突。长期合作指合作双方对长期交易与合作的期望和意愿,是双方基于较好情感而产生的,是从情感角度对双方关系的考虑;交易冲突指企业与顾客在交易中对交易内容(诸如产品价格、质量等方面)看法的不一致而产生的利益冲突。

2.4.2 组织间治理的研究综述

组织间的合作治理刚开始被用来定义为企业组织间的交易方式,营销界的学者在此基础上认为治理是一个多维度的概念,其中包括了企业组织间关系的形成、维持、演化甚至终结等一系列过程(Heide,1994)。梳理文献发现,当前学术界对组织间治理的研究范畴主要集中在交易成本理论和关系契约理论两大范畴。以 Williamson 为代表的交易成本理论认为,治理方式主要有市场治理、层级治理(Williamson,1975)。市场治理一般用在参与交易的双方组织彼此独立而且不期望未来有持续性关联的情况,主要通过价格机制来实现,一旦当期双方的交易结束,各方都能够在市场中轻易地找到替代方进行相似的交易。层级治理一般用在交易双方组织彼此非独立,且期望未来还会有进一步持续性关联交易的情况,此时双方的交易关系对彼此都很重要,为了维持、促进此时的交易关系,双方组织一般会为此投入专用性资产,因此双方组织会被"锁定"在这段交易关系中。庄贵军、刘宇(2010)指出,交易专用性资产由于其交易的专用性特征,不可能毫无成本地被转移,企业所投入的专用性资产越多,或专用性资产的专用性越强,企业就越容易被对方的机会主义行为所影响。为了减少这种机会主义行为的侵害,企业往往会借助层级治理方式,诸如通过一体化、制定规则、签订合同等方式将多个企业相联系,形成一种准层级化的状态(Stinchcombe,1984),以此来有效避免机会主义行为的不利影响。例如特许经营模式下,特许商会以合同的形式授予受许商有偿使用自己的商标、名称、专有技术等,由于拥有绝对的权力,特许商可以对受许商的生产经营行为实施有效的控制(周茵等,2015)。

组织间的合作治理机制一般指的是合作创新中结盟的企业为了更好地开展合作,用以激励或约束双方合作行为而设置的控制机制(赵昌平、葛卫华,2003)。治理机制一般包括两种类型,正式控制(契约治理)和非正式控制(关系治理)。所谓正式控制是指通过契约、成文的政策和规则以及程序等显性的方式进而实现双方所期望的行为,诸如契约、监督以及专用性投资。契约可以通过正式的规范和程序来详细地确定合作创新双方的权利与义务,以及约定对未来所发生事项的处理方式,所以这是组织间最常用的治理方式(刘文霞等,2014)。所谓非正式控制是指利用文化、社会规范、信任、价值观等隐性约束力的方式进而实现双方期望的行为,诸如关系规范、信任等(寿志钢等,2011)。Jap 和 Ganesan(2000)指出,关系规范指的是一系列的隐性规则,所体现的是合作创新中双方组织对行为的期望。张群洪等(2009)认为,在需求不确定性、任务复杂等情况下,关系规范能够对合作创新双方组织的行为起到一定的制约和调节作用,从而更好地处理企业环境适应性、协调性与保证交易等一系列问题。

尽管 Williamson 也将关系规范引入交易成本理论,指出关系规范适用于解决专用性投资所造成的签约之后发生的双方组织间的机会主义行为(Williamson,1985),但交易成本理论过于强调层级治理的重要性,侧重于正式的契约治理方式,未将一些社会性因素纳入交易过程之中(Heide,1994),关系契约理论的发展在一定程度上弥补了交易成本理论的不足。但人是有限理性的,法律制度不可能十分完备,这会给契约的具体执行造成一定的困难,同时契约的设计也无法预料所有合作后期可能出现的问题,所以诸多契约的具体执行需要依赖交易双方企业的合作性交易关系,以及法律之外的关系、声誉等保障机制。Macneil(1977)指出,关系契约事先不对交易过程中所有的内容条款进行详细、具体的约定,仅仅确定基本的目标和原则,合作组织间过去、现在以及未来的组织间关系在契约的长期安排过程中发挥着关键作用。Macneil(1980)认为,合作组织间的交易类型可以分为离散型和关系型,离散型交易类似于交易成本理论中市场治理下的交易关系,不受交易经历的影响,而关系型交易一般会受到以往交易经历以及其他社会因素的影响,使交易双方形成相应的关系规范。关系规范引导下,交易双方合作共赢,所带来的长期收益远远高于短期投机行为所产生的收益,这个时候企业就会自觉地抑制自身的机会主义行为。关系嵌入性是理解关系契约的根本出发点,这种关系指的是契约得以发生作用的情境,契约是用来服务交易的,然而每一项交易都嵌入在复杂的关系之中,因此,必须将契约与其适用的社会背景相结合,才能真正理解契约的本质(Macneil,1999)。Hadfield(1990)指出,关系契约中的双方组织并不是陌生人,双方组织的互动活动大多数情况下发生在合约之外,不需要法院按照法律条文、规章制度、合同条款等来执行,取而代之的是合作或威胁、交流或策略等特殊的平衡机制。由于人的有限理性以及较高的交易费用,契约双方组织对不确定的未来都希望保持适度的弹性与灵活性,进而不可能事前对那些影响商业关系或者有可能需要向第三方证实的所有相关消息——达成一致意见(孙元欣、于茂荐,2010)。

关系契约视角下,合作创新双方组织间的契约允许存在一定的漏洞,但这种漏洞却无法用法律条文、规章制度、合同条款来弥补,因此关系契约的具体执行过程必须依赖法律之外的某些保护机制。总体而言,有以下几种保护机制:未来合作价值、关系性规则、声誉(孙元欣、于茂荐,2010)。关系契约得以延续最重要的保障在于终止与交易对手的关系会给自身企业造成经济上的损失,即依赖未来合作价值来维系(Baker等,2002)。关系契约的治理不仅依赖对交易结构的事先规定、理性规则,还依赖关系性规则,关系性规则包括社会过程、社会规则等,与正式契约在一起,共同保障了关系契约的履行(Macneil,1977)。这些关系性规则可以有效地降低和解决企业在合作创新过程中面临的一些问题,比如专用性投资所带来的"敲竹杠"问题、绩效测量困难问题等。Dyer和Chu(2003)认为,关系性规则能降低机会主义行为的发生概率,使合作创新中双方企业更加注重长期合作价值,不会为了短期的价值而实施投机行为。因为机会主义行为所带来的利益不足以弥补当期合作终止所造成的损失,同时合作双方之间的信任也增加了双方共享信息的意愿,大大降低了信息的不对称性。关系契约的具体实施过程中,声誉发挥着关键性的作用,由于声誉作用的存在,即使正式契约不是很完备,合作的结果依然可以实现,主要是因为合作双方不仅需要考虑当前,还要考虑长远,不仅需要考虑对方的利益,还要考虑未来对自身可能产生的影响。所以,关系契约理论就认为关系规范是一种更为经济的、跨越组织边界的组织间合作行为的控制机制,企业使用关系规范来治理交易双方组织的行为被称为关系治理(周茵等,2015)。

由此可见,作为组织间合作治理机制的两个重要理论,交易成本理论偏向于契约治理机制,而关系契约理论则偏向于关系规范治理机制。综上所述,目前学术界关于组织间关系的治理研究,比较公认的是契约治理、关系治理两种组织间合作治理方式。

2.4.3 组织间关系及治理研究的述评

组织间通过长期的合作关系所形成的组织间的特定关系是组织获取竞争优势的关键性资源,而且这种关键性资源会跨越组织的边界,嵌入组织间的常规惯例与程序之中。组织间合作过程中所构建的这种网络资源,能够给企业带来非常有价值的信息,使合作创新中的企业比竞争对手做出更加迅速的反应,进而获得竞争优势。组织间这种网络资源的积累、获取以及运用,是企业开展服务创新成功的关键(Gulati,1995;Powell 等,1996;Khanna 等,1998;Gulati 和 Gargiulo,1999;Nooteboom,2000;Dyer 和 Nobeoka,2000;Zahra 和 George,2002;罗珉,2007)。企业规模的边界尽管是有限的,但是组织间良好的合作关系这种关键性资源所形成的能力边界可以延伸到整个组织间的关系网络或者战略联盟。然而,有些学者的研究认为合作创新中的互动行为会给合作双方组织间关系产生负面影响,甚至导致组织间合作关系的破裂(Ganesan,1994;Kumar 等,1995;Villena 等,2011;Fang 等,2015;任星耀等,2009)。因此,现有研究对企业与顾客互动合作创新中组织间关系的认识尚不够全面。

梳理文献发现,合作创新中组织间关系的合作治理机制基于两大理论基础:交易成本理论(Williamson,1975)和关系契约理论(Macneil,1977、1980、1999)。前者偏向于使用契约治理,后者偏向于使用关系治理,由此产生契约治理机制和关系治理机制两类组织间合作治理机制,这也是当今学术界比较公认的两种组织间合作治理方式（Macneil，1977、1980、1999；Williamson，1985；Hadfield，1990；Heide，1994；Jap 和 Ganesan，2000；Baker 等，2002；Dyer 和 Chu，2003；孙元欣、于茂荐，2010；刘文霞等，2014；周茵等，2015）。

2.5　本章小结

　　本章首先梳理了本书所关注的企业—顾客合作创新的主要理论基础：资源依赖理论、服务主导逻辑理论、知识基础观以及交易成本理论。回顾了企业—顾客合作创新研究范式的演进过程：顾客共同生产、顾客导向、顾客价值共创、顾客参与创新、企业—顾客互动创新。在此基础上，梳理了企业—顾客互动创新、组织间关系、组织间合作治理、服务创新研究的最新成果，分析了当前关于企业—顾客互动创新、组织间关系与服务创新绩效相关研究的热点和不足。接下来，对合作创新中企业—顾客互动的具体内涵、维度展开论述，理清了企业—顾客互动与其他几个类似概念之间的异同以及不同维度的特征，并基于知识转移视角和组织间关系构建视角，对企业—顾客互动与服务创新绩效之间的关系进行详细的文献对话和评述，同时对组织间合作治理类型进行文献梳理。由此，本章的研究内容为后续的研究奠定了重要的理论基础，同时也指明了研究方向。

3 企业—顾客互动与服务创新绩效关系:探索性案例研究

第二章详实的文献梳理和理论评述为本书顺利开展奠定了良好的基础。合作创新中企业—顾客互动对服务创新绩效的促进作用已经得到了理论上的支撑,但是,在 KIBS 企业服务创新领域企业—顾客互动的具体结构尚有待进一步明确,同时企业—顾客互动对服务创新绩效的作用机理尚未澄清,特别是企业—顾客互动的双刃剑作用效果有待进一步证实。本章将以此为基础,针对以上问题选择四类 KIBS 企业的四个服务创新项目展开深入的探索性案例分析,通过对案例进行详实的剖析,确定合作创新过程中 KIBS 企业与顾客互动"是什么","怎么样"影响服务创新绩效,以及深入剖析这种影响的"两面性"问题。

3.1 案例研究方法

案例研究方法早已被学术界公认为管理学领域非常重要的研究方法。Colquitt 和 Zapata-Phelan(2007)指出,国际管理学权威期刊 AMJ 在 1963—2007 年发表的学术论文中,案例研究论文的数量呈逐年递增的趋势。这一研究证据强有力地证明了国际期刊对以案例研究为主要代表的定性论文给予了相当大的重视和支持。

3.1.1 案例研究方法概述

研究方案的撰写者必须论述定性研究的特征,使学术界相信其研究的合理性(Kleinschmidt 等,2007)。案例研究方法是指在自然状态下,针对某一特定现象的一个审视过程,运用多种不同的资料收集方法,对一个或多个实体对象进行信息搜集(王家宝,2011)。如果所研究的对象很难从其所属的背景中完全抽象并分离出来,那么案例研究法就成为一种非常有效的研究方法,其真正的价值在于回答"是什么""怎么样",而不是回答"应该是什么"之类的问题。与其他社会学研究方法相比,案例研究方法通过详细地描述目标个案,揭示现象背后所蕴藏的深层次原因,给未来更加成熟、深入、精确化的研究提供一定的基础和条件。

Yin(2015)将案例研究定义为一种经验主义的探究,是一种研究生活背景中的暂时性现象,在案例研究中现象与其存在的背景间的界限不是非常明显,现象本身很难与其所存在的背景严格分离,所以需要运用大量的实体案例进行研究。林海芬和苏敬勤(2014)认为,需要回答"如何""为什么"之类的问题时,实证研究中只有案例研究方法最适用。问卷调研和实验方法只能回答"谁""什么""在哪里"以及"多少"之类的问题,所以当研究旨在回答构念背后深层次的机制问题时,只有案例研究方法才是最适合的(吴俊杰,2013)。

Eisenhardt 等(2016)认为,多案例研究是构建理论的有效方法,主要是因为多案例研究能够实现单案例之间的复制和扩展,对于好的理论,归根结底还是源自严谨的研究方法以及多案例的分析逻辑。李靖华和庞学卿(2011)、范志刚(2010)研究认为,多案例研究的特点是其包括了案例内分析与跨案例分析两个阶段,案例内分析把每一个案例当作独立的整体而进行全面、细致的分析,跨案例分析则更加强调理论的构建。也就是说,多案例研究这种跨案例的分析是在案例内分析基础上对所有的案例进行统一的抽象与归纳,从而得出更为精辟的描述以及更强有力的解释。

已有研究表明,多案例研究在理论构建、研究效度等方面具有一定的优势。第一,案例研究构建理论的核心在于案例研究的复制性逻辑。Yin(2015)、Eisenhardt 等(2016)指出,多案例研究像一系列相互关联的实验,这些不连续的实验可以对所产生的理论进行重复、对比、扩展。假如每一个案例都可以通过其他案例进行验证,则多案例就能很好地证明最初所提出的理论假设。总而言之,当研究者的目的是解释为什么不同的过程产生相同的结果,就需要采用多案例来进行研究(Cardinal 等,

2004)。第二,进行多案例研究时,为了保证此类方法的科学性和可复制性,必须遵循一定的信度、效度要求。陈晓萍等(2008)指出,案例研究者应该系统地搜集资料、谨慎研判、严谨分析,使研究设计与过程能够符合所探讨的问题与构念,进而满足信度、效度的要求。因此,随着分析案例数量的增加,案例研究的信度、效度也随着增加(见表 3-1)。

表 3-1　提高案例研究信度、效度的策略

检验标准	案例研究策略	策略运用步骤
构建的构念效度	使用多方来源的证据 建立证据链 让关键信息的提供者阅读案例研究报告初稿	资料搜集 资料搜集 资料分析
构建的内部效度	做类型匹配 做解释构建 做时间序列分析	资料分析 研究设计/资料分析 资料分析
构建的外部效度	分案例复制 分析类推	研究设计 资料分析
构建的信度	用案例研究计划 发展案例研究资料库	研究设计/资料搜集 资料搜集/资料分析

资料来源:吴俊杰(2013)。

根据案例研究任务的不同,案例研究可以分为四类:探索性案例研究、描述性案例研究、解释性案例研究、评价性案例研究(Bassey,1999)(见表 3-2)。

表 3-2　四类案例研究方法比较

案例研究类型	主要研究目的	研究重点
探索性案例研究	大多是在已有研究的基础之上,对现有理论进行补充、扩展,尝试用新观点去评价现象	侧重提出假设
描述性案例研究	对案例特性和研究问题具备一定的认识,对人、事件或者情景的情况做出准确的描述	侧重描述事例
解释性案例研究	案例分析之前已经运用已有理论构建若干竞争性理论假设,进而对现象或研究发现进行归纳,对相关性或因果性问题进行考察,适合进行因果分析	侧重理论检验

续　表

案例研究类型	主要研究目的	研究重点
评价性案例研究	针对所要研究的案例提出自己的意见	侧重就特定事例做出判断

资料来源:余菁(2004)。

　　本书以 KIBS 企业与顾客企业合作创新项目为样本,从组织间合作层面考察企业—顾客互动的特征,探讨企业—顾客互动与企业服务创新绩效之间的关系,以企业—顾客互动、组织间关系与服务创新绩效为研究焦点,即研究聚焦于这些关系的形成机制。此外,本书也期望基于案例企业的实地调研,从一手数据中总结、提炼能够反映以上几个变量间关系形成机制的理论框架。所以,需要通过多案例研究来具体回答本书所涉及的那些"如何""为什么"等问题,也就是回答"应该是什么"的客观价值判断问题。林海芬和苏敬勤(2014)、Eisenhardt 等(2016)都指出,研究构念背后深层次机制需要采用案例研究的方法才能够具体开展研究,通过多案例的研究,提出科学的理论假设,为后续的大样本问卷调研以及定量分析等研究方法的运用提供检验。因此,本书在理论预设的基础之上进行探索性案例研究,符合规范性案例研究的要求。

3.1.2　案例研究步骤

　　关于案例研究构建理论的具体步骤方面,Eisenhardt(1989)对运用案例研究构建理论的路径图进行了描述。此路径图整合了已有的定性研究方法、案例研究设计、扎根理论等,也拓展了预先确定构念、多角度调研的三角测量、案例内与案例间分析以及理论文献的作用,见表3-3。

表 3-3　案例研究构建理论的具体步骤

具体步骤	工作内容	缘由
启动	①定义研究问题 ②尝试使用事前推测的相关概念	①将工作聚焦起来 ②为构念测量提供更好的基础
案例选择	①不预设理论与假说 ②确定特定总体 ③理论抽样,而非随机抽样	①保留理论构建的灵活性 ②控制外部变化,强化外部效度聚焦 ③理论意义的案例,比如补充概念类别来复制与扩展理论的案例

续　表

具体步骤	工作内容	缘由
研究工具与程序设计	①采用多种数据收集方法 ②组合使用定性和定量数据 ③多位研究者参与	①透过三角证据来强化理论基础 ②运用综合性视角审视证据 ③采纳多元观点,集思广益
执行阶段		
进入现场	①数据收集和分析重叠进行,整理现场笔记 ②采用灵活、随机应变的数据收集方法	①加速分析过程,并发现对数据收集有益的调整 ②帮助研究者抓住涌现的主题与案例的特征
数据分析	①案例内分析 ②运用多种不同的方法,寻找跨案例的模式	①熟悉资料,初步构建理论 ②促使研究者摆脱最初印象,透过多种视角查看数据
形成假设	①运用证据迭代方式构建每个构念 ②跨案例复制逻辑,而非抽样逻辑寻找变量关系背后的"为什么"证据	①精炼构念定义、效度及测量可靠性 ②证实、拓展和精炼理论 ③建立内部效度
文献对话	①与矛盾文献比较 ②与类似文献比较	①建构内部效度、提升理论层次并精炼概念定义 ②提升普适性、改善构念定义及提高理论层次
结束研究	尽可能达到理论饱和	当边际改善变小时,结束研究

资料来源:Eisenhardt(1989)。

　　Yin(2003)认为,案例研究可以分为五个步骤:研究界定和设计、案例准备、数据收集、数据分析、研究报告撰写。项保华和张建东(2005)提出案例研究步骤可以分为六步:确定研究问题、理论抽象、收集资料、分析资料、研究结果比较、撰写研究报告。刘庆贤和肖洪钧(2009)认为,案例研究步骤可以分为五步:确定研究问题、设计研究方案、收集资料、分析资料、撰写研究报告。

　　为了保证研究的严谨性和科学性,本书借鉴 Eisenhardt(1989)和Yin(2003)的观点,确定本书的具体案例研究步骤。①通过详实的文献梳理与评述,形成本书初步的研究问题与研究构思。②由于本书研究对象是 KIBS 企业与顾客企业的合作创新项目,为了使选择的案例样本具有广泛的代表性,根据 KIBS 企业细分门类,信息与通信服务业选择一家,金融服务业选择一家,商务服务业选择一家,科技服务业选择一家,总共四家案例企业。③案例资料的收集。主要采用实地进入企业正式访谈的形式收集一手资料,当然在正式访谈之前浏览该案例企业的官方网站,同时编制开放式与半结构式访谈提纲,在面对面访谈时依据访谈提纲,使被访谈人员始终能够围绕预设的理论框架展开回答。④案例分析。首先,对四个案例进行单个案例内分析。其次,对四个案例进行跨案例间的比较分析。最后,将案例分析结论以书面形式反馈给被调研企业。⑤案例研究报告的撰写。根据案例内和案例间分析所得出的结论撰写案例研究报告,同时严格依据归纳式案例研究的逻辑思路对四家企业案例进行统一的抽象与归纳,从而得出本次研究的理论构建,如图 3-1 所示。

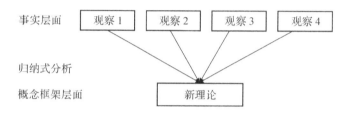

图 3-1 归纳式案例研究的逻辑思路

资料来源:De Vaus(2011)。

3.2　案例研究设计

3.2.1　研究问题与理论预设

自 Prahalad 和 Ramaswamy 提出"共同创造"创新模式以来(Prahalad 和 Ramaswamy,2000),企业在服务创新过程中充分意识到了顾客的重要性,不再将顾客视为服务创新价值的接受者,而是服务创新价值的创造者(Vargo 和 Lusch,2004)。正如 Muller 和 Zenker(2001)、范钧和聂津君(2016)指出的,KIBS 企业的服务创新活动早已突破传统的"以企业为中心"的单边创新范式,进入"企业—顾客互动"一个全新的价值共创范式。在服务创新领域,KIBS 企业的服务创新实践活动更是

"企业—顾客互动"范式的典型代表（Miles 等，1995；王琳等，2015）。作为专门向具有个性化需求顾客（本研究中指的是顾客企业）提供专业性知识设计以及知识定制化服务的服务供应商（Miles 等，1995），KIBS 企业在服务创新过程中积极展开与顾客的合作，发起与顾客积极、明晰、持续的互动，满足顾客个性化的需求，进而实现新产品的合作创造（Lundkvist 和 Yakhlef，2004）。因此，在 KIBS 企业服务创新过程中，如何与顾客企业有效地互动进而整合顾客资源、维系与顾客的关系，成为制约服务创新成功的关键环节。

KIBS 企业与顾客互动创新对服务创新绩效的影响越来越受到学者们的关注，服务企业与顾客企业互动创新可以提升新服务或新产品在市场上成功的可能性（Gustafsson 和 Kristensson，2012；高孟立，2016、2017），也可以提高企业的财务绩效、创新绩效（Ordanini 和 Parasuraman，2011；Fang 等，2015），更有利于维护企业间的长期合作关系（Athaide 和 Zhang，2011）。由于顾客往往拥有需求等方面的知识，作为服务供应商的 KIBS 企业拥有专业性的技术知识，KIBS 企业与顾客的互动能够有效地整合双方的知识、维护双方的组织间关系，进而实现服务创新价值的最大化（Prahalad 和 Ramaswamy，2000；Matthing 等，2004；Lundkvist 和 Yakhlef，2004；马双等，2015）。因此，KIBS 企业与顾客互动进行合作创新正成为服务创新制胜的关键。

但是，KIBS 企业合作创新中企业—顾客互动与服务创新绩效之间的关系，学术界尚未形成统一的观点，其中的原因主要有两点。第一，企业—顾客互动概念是由最初的"顾客共同生产"（Gersuny 和 Rosengren，1973；Bowen，1986；Mills 和 Morris，1986）、"顾客导向"（Ruekert，1992；Slater 和 Narver，1995；Atuahene-Gima，1996），到后来的"顾客价值共创"（Prahalad 和 Ramaswamy，2000、2004；Vargo 和 Luch，2006）、"顾客参与创新"（Claycomb 等，2001；Lloyd，2003；Hsieh 和 Yen，2005）、"企业—顾客互动创新"（Muller 和 Zenker，2001；Ramaswamy，2004；Flavián 和 Guinaliu，2005；Füller 等，2006；Kohlbacher，2008；范钧、聂津君，2016）等概念逐渐演变而来。学术界对"企业—顾客互动"的概念也存在很多混淆之处，比如很多文献中"顾客参与""顾客涉入"与"企业—顾客互动"三个概念并没有严格地加以区分（Pitta 和 Franzak，1996；

Alam 和 Perry,2002;Thomke,2003;Lundvall 和 Intarakumnerd,2006;Ramani 和 Kumar,2008),原因在于这几个概念本身就具有很大的共性。第二,学术界对企业—顾客互动的具体内涵还没有形成统一的定论(Matthing 等,2004;Carbonell 等,2009;王琳,2012)。

目前学术界无法深入探究企业—顾客互动与服务创新绩效两者之间的内在关系,自然也无法对企业—顾客互动与服务创新绩效内在作用机理给出定论。梳理文献发现,已经有学者开始对服务企业与顾客的合作创新过程中企业—顾客互动的内涵与本质进行解构,但大部分还带有传统技术创新思维的色彩,这在一定程度上弱化了与服务企业的合作创新过程中顾客的主观能动性。所以,KIBS 企业—顾客互动与服务创新绩效的内在作用机理研究的前提,是对合作创新过程中 KIBS 企业与顾客互动的内涵有一个明确的界定和清晰的认识。在第二章文献梳理以及 KIBS 企业服务创新实践基础之上,本书借鉴组织间关系理论,得出 KIBS 企业与顾客的合作创新是一种跨越组织边界的合作行为。企业—顾客互动是指在价值共创导向下,KIBS 企业与顾客(组织顾客)为完成复杂的创新任务,在跨越组织边界上形成的一个集体行动系统,不仅包括实际动态活动,也包括一定的结构形态。企业—顾客互动维度包括结构层面和过程层面,结构层面具体包括共同组织、共同决策两个维度,过程层面具体包括资源共享、任务协作两个维度。

接下来,需要探讨 KIBS 企业—顾客互动对服务创新绩效的作用机理问题。学术界从组织层面关于企业—顾客互动对服务创新绩效的作用机理研究,主要有以下两大视角:第一,知识转移视角(Vargo 和 Lusch,2004;Lundkvist 和 Yakhlef,2004;Matthing 等,2004;Fang 等,2008;Carbonell 等,2009;Qin 等,2011;Lusch 和 Nambisan,2015;张若勇等,2007;卢俊义、王永贵,2011)。该视角主要从知识的获取、整合、利用、吸收、转移等角度切入,认为合作创新中企业—顾客互动能够通过合作双方资源互补与能力重构,帮助服务企业更好地获取顾客的显性知识和隐性知识(Bonner,2010),对服务创新绩效产生促进作用(王永贵等,2011;Bharadwaj 等,2012;王琳等,2015),促进双方共同价值的创造(Fang,2008)。第二,组织间关系视角(Ganesan,1994;Galaskiewicz 和 Zaheer,1999;Gustafsson,2005;Fang 等,2008;Athaide 和 Klink,2009;

Athaide 和 Zhang,2011;马双等,2015)。该视角主要从组织间长期合作关系的建立(Athaide 和 Zhang,2011)、组织间关系网络的构建(Galaskiewicz 和 Zaheer,1999;Gulati 等,2000)、双方战略关系的构筑(Bonner,2010)等角度切入,认为合作创新过程中企业与顾客的互动行为会大大增加企业间的沟通机会,这有助于企业与顾客加深对彼此的了解,建立相互的信任,维持双方的长期合作关系。通过互动行为所构建的良好的组织间关系有利于组织间资源的融合,增进双方企业的战略伙伴关系,也有助于帮助服务企业构建良好的组织间关系网络资源,进而合作双方能创造更大的价值空间。

然而,最新的研究和企业实践发现,企业—顾客互动合作创新过程也会给服务企业的创新绩效带来负面消极的影响(Samaha 等,2011;Villena 等,2011;马双等,2015)。合作创新中企业—顾客互动行为虽然有利于维护长远关系,但 KIBS 企业为此需要增加专用性投资,一旦合作后期交易终止,企业将面临着高额的成本(Williamson,2010;高孟立,2017)。同时随着合作后期专业性知识所有权逐渐从企业一方转移到顾客一方,顾客除了参与价值共创,还参与价值攫取,进而引发利益冲突(Bogers,2010;高孟立,2017)。Villena 等(2011)、Fang 等(2015)通过企业实践的案例分析,也证实了顾客如果拥有更多话语权,在合作创新过程的后期会表现出谋求自身利益最大化的行为,这会导致 KIBS 企业合作创新过程中与顾客之间的冲突,引起组织间合作关系的破裂,最终影响企业的服务创新绩效水平。因此,企业—顾客互动合作创新进行价值共创活动给企业带来较多优势的同时,其所产生的负面消极影响也不容忽视,而且企业必须在利益与成本之间进行权衡,对合作创新过程中组织间关系进行有效管理。梳理文献发现,已有研究大多数从知识转移的视角嵌入,研究企业—顾客互动与服务创新绩效之间的作用机理,从组织间关系视角嵌入对企业—顾客互动与服务创新绩效之间的作用机理研究相对就少得多。而且仅有的一些研究,基本上都从正面的、积极的影响角度对其中的作用机理展开分析,从交易冲突这一负面的、消极的影响角度展开的分析则为数寥寥。

综上所述,本书以 KIBS 企业与顾客企业合作开展服务创新项目为情境,从"企业—顾客互动"切入,将"组织间关系"这一中介变量引入企业—顾客互动影响服务创新绩效的作用机制(见图 3-2),研究企业—顾客互动如何影响组织间关系(正面、负面),然后再通过组织间关系影响服务创新绩效。本书期望从一个新的视角来更加深入地剖析、理解KIBS 企业—顾客互动影响服务创新绩效的具体作用机制。

图 3-2　企业—顾客互动对服务创新绩效影响机理理论预设

3.2.2　案例选择

本章主要是探索性案例研究,而且研究的问题聚焦于"过程与机理",因此,适宜采用多案例研究方法(Eisenhardt,1989、2013)。本书的指导性问题是:KIBS 企业与顾客合作创新中企业—顾客互动如何作用于组织间关系,从而影响服务创新绩效?目标是寻找企业—顾客互动影响服务创新绩效机理的理论架构,采用多案例研究方法最为适合(Siggelkow,2007)。

多案例研究中,在案例的具体数量方面,Eisenhardt(1989)认为,案例数量如果能够达到 4～10 个,基本上可以提供一个良好的归纳分析基础,而且由此所推导出来的信度、效度也会得到改善。Eisenhardt 和Bourgeois(1988)指出,多案例的选择应当使用理论抽样,而不是统计抽样来决定案例数量,也就是说当个案无法提供更多新知识的时候,结束案例增加的数量,即增加案例数量导致边际效用不再变大时,就可以不再增加案例的数量。陈晓萍等(2008)认为,理论抽样是根据理论而不是统计上的概念来选择案例,同时也必须交代选择案例的理由(张霞、毛基业,2012),也就是说选择的案例必须与所要回答的问题相关。

基于上述分析,本书对八家企业的服务创新项目(四类 KIBS 企业,每一类选择两家企业)进行了深入的访谈,最终遵从 Eisenhardt(1989)的建议,通过比较之后再从每一类中选择其中一家,对总计四家代表性案例企业的服务创新项目进行多案例研究。通过对四家 KIBS 企业服务创新项目的案例分析来构建企业—顾客互动对服务创新绩效作用机制的初始假设,力争提高探索性案例分析的有效性。

在案例样本的选择上,本书主要考虑 KIBS 企业划分为信息与通信服务业、金融服务业、商务服务业、科技服务业四大类型,从每一种类型的 KIBS 企业中选择一家典型的案例企业服务创新项目,把四家案例企业服务创新项目作为探索性案例研究对象。为使所选择案例具有一定的代表性,且可以重复甚至拓展、丰富正在形成的理论,对理论反向验证,或者排除可能混淆的其他理论逻辑(Eisenhardt,1989;Yin,2013),本次案例选择标准如下:

①为了降低案例研究外部异质性的问题,本书选择了中国本土企业的案例项目。

②为了使所选取的案例企业服务创新项目符合本书的需要,本书严格依据 KIBS 企业四大类型,即信息与通信服务业、金融服务业、商务服务业、科技服务业的特征,筛选可以进入本书范畴的案例企业的服务创新项目,拓展、丰富本书的理论基础。

③为了保证案例企业服务创新项目的典型性和代表性,本书最终挑选了信息与通信服务业、金融服务业、商务服务业、科技服务业四大行业门类各一家,以求达到多重验证的效果,也尽量兼顾企业规模、地域分布的多样性。

④为了保证案例研究的信息丰裕度,兼顾在合理范围内尽量减少案例研究获取成本,本书所选择的案例企业服务创新项目并不是随机选择,兼顾了样本企业的可获得性、代表性。

除此之外,考虑到本书重点研究的是 KIBS 企业与顾客合作创新过程中企业—顾客互动对服务创新绩效的作用机制问题,所以在筛选案例企业服务创新项目的时候严格考虑以下三个方面的特征。第一,该服务创新项目必须是为特定的组织顾客所开发,而不是普通的个体消费者;第二,该服务创新项目开发过程表现出较高的定制化特征,需要顾客积极、持续地参与项目开发过程;第三,该服务创新项目已经开发完毕。

3.2.3 数据收集方法

本书中的探索性案例研究部分主要通过以下几种途径进行数据收集:企业实地访谈、档案资料、企业网站、媒体上发布的有关该企业的资料、访谈后电话追踪、电子邮件等。本次研究过程中数据的收集严格遵循 Yin(2013、2015)的建议,在以下两方面原则下进行,以此来增加案例研究的信度、效度:首先,多证据来源进行数据收集;其次,建立案例资料库;最后,形成专业的调查问卷。

首先,收集多来源证据数据,以提升案例研究的效度。本书从内外两个方面多渠道收集数据,内部数据来源包括:实地深度访谈、企业档案资料、访谈后电话追踪、电子邮件;外部数据来源包括:媒体上发布的该企业资料、企业网站。每个探索性案例的深度访谈之前,多渠道充分了解该企业的背景资料,以此来聚焦深度访谈的关键性问题。实地访谈中,召集负责创新项目的经理、销售部经理、新服务或新产品的开发人员等与服务创新密切相关的直接负责人。访谈采用半结构化方式进行,每次访谈时间持续 1.5~2 小时,具体见表 3-4。访谈过程尽量做到由我们来主导每一次的沟通与提问,尽量让被访谈者用他们自己的语言真实描绘动态的新服务项目开发过程。

其次,建立案例研究资料库,以确保案例研究的信度。本书所建立的案例研究资料库具体包括:案例研究笔记、访谈录音、关于案例企业的二手文件资料以及对案例企业的分析材料等。实地访谈前充分收集该企业的资料,且征求被访谈者同意后,对每次访谈内容进行录音,访谈结束后,24 小时之内完成对访谈记录的整理、汇总以及访谈录音的誊抄工作。每一次访谈结束资料整理过程中,尚有不清楚或不确定之处,及时通过电话、邮件、微信、QQ 等方式进行追踪,甚至再次登门会面,与被访谈人员进行深入的交流和确认,确保所获得信息的准确性和完整性。访谈结束后,还向被访谈人员索要案例企业以及服务创新项目的内部文档、宣传资料等,把这些资料全部归档到案例研究资料库,进行分类、编码,以备后续研究所用。

最后,形成专业性调查问卷,以确保调研的可靠性。本次调研问卷的设计过程严格遵循 Brislin(1970)、Sekaran 和 Bougic(2016)所建议的步骤,先把英文的调研问卷翻译成汉语,再将汉语的调研问卷译成英文,以此来保证一些相关问卷术语表达上的准确性。在此基础上形成的调研问卷再邀请行业内的专家检查回译的英文和原始的英文两个版本之间的差异,发现两者之间没有明显的不同。

表 3-4 案例项目访谈及其文档资料来源

案例项目	所属 KIBS 行业门类	访谈时间	参加人员	档案材料	观察方式
案例项目 A：商陆花服务创新项目	信息与通信服务业	2016.6.5 上午半天 2016.10.24 下午半天	徐董事长 沈副董事长 战略部王经理 研发部华经理 营销部孙副经理	A 项目所属公司企业网站、A 项目产品介绍手册、企业年度报告、企业内部资料	利用共建校企合作班级平台多次到企业调研、沟通
案例项目 B：企业"点金"财富管理项目	金融服务业	2016.6.26 上午半天 2016.7.20 下午半天	王行长 岑副行长 项目部余经理 营销部韩经理	B 项目所属银行网站、银行产品宣传册、银行年度报告、银行内部培训资料	利用亲戚担任该行副行长的便利，多次到银行实地调研
案例项目 C：专项审计服务项目	商务服务业	2016.5.22 上午半天 2016.8.2 上午半天	傅项目经理 岑项目经理 祝项目经理	C 项目所属会计师事务所网站、服务项目报告、事务所内部培训资料	利用同学关系多次到该会计师事务所访谈
案例项目 D：银马公寓勘测服务项目	科技服务业	2016.8.15 上午半天 2016.11.28 下午半天	勘测分院张主管 测绘分院刘主管	D 项目所属勘测研究院网站、项目勘测设计报告、研究院内部资料	利用朋友担任该研究院勘测分院项目开发主管角色，与项目主要设计人员多次非正式交流

资料来源：根据访谈资料整理而成。

3.2.4 数据分析方法

案例研究中的数据分析部分是构建理论的关键与核心，常常也是最难以表达的部分（Eisenhardt，1989）。Krippendorff（2012）、苏敬勤和崔淼（2011）指出案例研究中的一种常用的数据分析方法——内容分析法，这是一种用于解释研究问题、现象、事件的质化数据研究的方法，其通过对原始数据不断地浓缩、提炼，来实现对数据的精炼，从而构建相关理论对研究问题进行解答。本次研究依据学者对多案例研究中理论构建的建议(Eisenhardt 等,2016),采用内容分析方法,把多案例研究分为两个步骤:案例内分析、案例间分析。

案例内分析指的是把每一个案例作为独立的个体,对其进行全面的描述性分析。尽管这些描述比较简单,然而这一步可以有效地帮助研究人员处理好案例分析前所面临的大量数据信息,因此是产生洞察的关键。本书首先对每个案例企业的服务创新项目进行详细、完整的案例内分析,在此基础上对企业—顾客互动、组织间关系、服务创新绩效等关键性的变量进行编码,并将其制作成表格,从而可以有效地识别每个案例的变量特征,为接下来进行的案例间分析做好铺垫。

案例间分析是指在案例内分析基础之上对所有案例进行统一的比较、抽象、归纳,从而提炼出理论模型与研究假设(Eisenhardt,1989)。本书通过四个案例的案例间分析进行归纳、整理、总结,揭示企业—顾客互动、组织间关系、服务创新绩效三个关键变量间的关系。在前一步案例内分析、编码、制表基础上,将四个案例所包含的特征变量全部罗列在一起,反复进行比较与分析,探讨企业—顾客互动、组织间关系、服务创新绩效三个关键变量间的相关性、因果性,从而提出本书初始的命题。

3.3 案例项目介绍

本书中四个探索性案例项目及其所属企业的基本情况介绍如表3-5所示。

表 3-5 案例项目及其所属企业简介

	案例项目 A	案例项目 B	案例项目 C	案例项目 D
具体名称	商陆花服务创新项目	企业"点金"财富管理项目	专项审计服务项目	银马公寓勘测服务项目
所属企业	甲信息技术有限公司	乙银行宁波分行	丙会计师事务所	丁勘测设计研究院
所属行业门类	信息与通信服务业	金融服务业	商务服务业	科技服务业

续　表

	案例项目 A	案例项目 B	案例项目 C	案例项目 D
成立年份	2009	1999	2009	1984
企业规模	近 300 人	约 1000 人	近 200 人	约 200 人
企业主营业务	专注于移动应用系统的开发和部署,自主研发 IFrame 框架,开发服装行业商家管理软件。旗下有商陆花 iPad 版、商陆花手机版、商陆宝、店员助手等	现金管理业务:一网通"网上企业银行"、银关通"电子口岸网上支付业务";融资授信业务:融资授信、商票贴现;投资理财业务:贸易融资、企业理财、离岸业务	审计、验资、会计咨询、会计服务、证券审计、证券评估、工程造价、房地产评估等服务	岩土工程、测量工程、地理信息、工程监理、航测遥感、地图编制、灰线检测、地质灾害、工程咨询等
案例项目简介	商陆花项目是专门面向服装行业的移动应用整体解决方案,集移动供应链管理软件和 iPad 开单店铺管理软件于一体,将企业与后端供应商、前端顾客紧密联系在一起,帮助商家加强对服务行业供应链的即时管理,加快市场响应程度,更好地满足顾客需求	企业"点金"财富管理项目主要为企业提供现金管理、融资授信以及投资理财等综合性解决方案。该项目通过全球授信的方式帮助北京丁奎投资公司顺利完成了针对南孚电池的海外并购业务	丙会计师事务所承担专项审计服务项目。专门派出专项审计调查工作组进驻 J 局,针对 J 局历年来的档案资料、单位账册、单位报表中的会计和统计数据,展开与专项审计密切相关的工作。最终丙会计师事务所与 J 局合作破裂,产生巨大的损失	丁勘测设计研究院承担银马公寓勘测服务项目。最终勘测数据证实存在较大误差,丁勘测设计研究院不仅没有获得经济上的收益,其社会形象还受到严重损害

资料来源:根据访谈记录以及企业提供的资料整理而成。

　　本书严格遵循案例研究的惯例(Yan 和 Gray,1994),在具体阐述中隐去了四个服务创新项目以及所属企业的具体名字(分别以服务创新项目 A、所属公司为甲;服务创新项目 B、所属公司为乙;服务创新项目 C、所属公司为丙;服务创新项目 D、所属公司为丁表示),具体参与访谈人员也隐去其名字,只保留了姓氏和职务。以下对四个案例项目及其所属企业逐一进行概要介绍。

3.3.1　案例项目 A：商陆花服务创新项目

甲信息技术有限公司（以下简称甲公司）属于 KIBS 企业中的信息与通信服务业门类。公司成立于 2009 年，是一家专门从事移动应用系统开发、部署的移动互联网公司，现有员工近 300 人。公司主要针对苹果 IOS 系统自主研发了 IFrame 框架，开发出国内首个面向服装行业批发商以及中小型零售商的 O2O 移动应用整体解决方案——商陆花，目前服务国内 50 多个大中城市服装行业商家。

自推出移动智能平台以来，甲公司就意识到移动应用广阔的前景，在智能开发平台的逐步完善中，始终致力于相关平台的二次框架设计，并应用到企业系统的开发中。公司具有商陆花全线产品的自主知识产权，也与具有远见的服装品牌商家开展了广泛的合作，并取得了与传统信息化不一样的使用效果，得到了客户企业较高的评价和赞誉。甲公司的服务创新项目——商陆花系列软件产品，包括商陆花网络版（适合批发商与直销零售商）、商陆花零售版（适合分销或代理零售商）、商陆花手机版（适合小屏需求的商家）、商陆花订货会版（适合订货会客户）、商陆宝（适合零售客户与批发客户的合作）等。商陆花服务创新项目的主要功能如下：商陆花 iPad 版是帮助商家进行库存、账款、客户、店员等系统管理的专业服装软件；商陆花手机版配合 iPad 使用，随时随地掌控店铺动态；商陆宝用来帮助商家及时获取供应链上的信息；店员助手 APP 则用于开发店员的朋友圈资源。

3.3.2　案例项目 B：企业"点金"财富管理项目

乙银行宁波分行（以下简称乙银行）属于 KIBS 企业中的金融服务业门类。乙银行成立于 1999 年，秉承"因势而变，因您而变"的经营理念，凭借自身领先的管理模式以及科技平台，基础业务快速、稳健发展。乙银行以宁波市及周边地区的经济发展为重任，以创办独具特色的银行为目标，围绕推进经营战略调整、加快改革的方针政策，全面实行差异化发展战略，努力夯实基础，发展特色业务，提升基础管理水平，实现效益、质量、规模三者的协调发展，在宁波地方经济金融事业中做出积极的贡献。多年来,乙银行网点遍布各地,形成了比较完善的金融服务网络系统,为宁波及周边地区优质企业的发展提供了快速、便捷、优质的金融服务,坚持实施"双主双优"的客户发展战略,瞄准行业龙头,抓住优质企业和优质项目,开展分层次营销,借助一卡通、网上银行、银关通、现金管理、企业年金、国际业务等特色产品的品牌优势开展差异化营销,形成本外币联动、产品联动、公私联动,开展系统内联合贷款,形成资产负债业务联动,有效支持了一大批省市级重点企业。

乙银行针对企业用户,推出的企业"点金"财富管理项目,主要为企业提供现金管理、融资授信以及投资理财等综合性解决方案,属于一项综合性服务项目。其中最主要的一项内容就是融资授信服务,乙银行的融资授信,是指帮助客户企业进行资金筹集。客户根据自身的生产经营状况、资金拥有情况,结合公司未来经营发展的需要,通过科学的预测与决策,采用乙银行向客户企业提供资金,或者对客户企业在有关经济活动中可能产生的赔偿、支付责任做出保证的方式,实现资金的及时供应,充分保障公司的正常运营。乙银行的企业"点金"财富管理项目通过全球授信的方式成功帮助了北京丁奎投资公司顺利完成了针对南孚电池的海外并购业务。

3.3.3 案例项目 C:专项审计服务项目

丙会计师事务所由省内三家资深事务所实施全方位整合后于 2009 年成立,注册资本 200 万元。丙会计师事务所经营业绩逐年提升,合并后更是实现跳跃式发展,综合实力较为突出,2012 年已跃居全国百强、浙江省前十会计师事务所行列。目前丙会计师事务所从业人员近 200 名,其中:注册会计师 60 名,注册资产评估师 20 名,注册税务师 24 名,注册造价工程师 12 名,注册房地产估价师 15 名,占从业人数的 60%;本科以上学历占 90% 以上。丙会计师事务所拥有一支专业、敬业、年轻、上进、团结的从业人员队伍,不仅有学术造诣深厚、实践经验丰富的资深注册会计师、注册资产评估师、注册税务师,还有一大批毕业于知名高校的中青年骨干人才。很多员工具有国内知名会计师行多年执业经历,同时具备国内大型企事业单位丰富的管理经验,在审计项目、税务筹划及管理咨询等方面均具有丰富的实践经验。

丙会计师事务所与 J 局的专项审计服务,丙会计师事务所以最终 100 万元的服务价格与 J 局达成合作意向。先收取 J 局 10 万元,专门派出专项审计调查工作组进驻 J 局,针对 J 局历年来的档案资料、单位账册、单位报表中的会计和统计数据,展开与专项审计密切相关的工作。专项审计过程中,J 局专门找了第三方监理对丙会计师事务所的实际工作进行监督核查,由于双方先前获取信息的不充分以及进程中双方协作、沟通不畅,后期出现了很多的重复劳动和无效劳动。最终丙会计师事务所与 J 局的合作关系破裂,丙会计师事务所之前所有垫付的费用以及调查组的人工费等都无法收回,除去向 J 局预先收取的 10 万元,丙会计师事务所最后亏损 40 多万元。

3.3.4 案例项目 D:银马公寓勘测服务项目

丁勘测设计研究院成立于 1984 年,持有国家住房和城乡建设部颁发的综合类甲级工程勘测资质、国家测绘局颁发的甲级测绘资质、国家计委颁发的工程咨询乙级资质、自然资源部颁发的地质灾害防治工程乙级资质,2001 年 8 月通过 ISO-9000 质量体系认证。作为城市建设中重要的工程勘测及科研队伍,丁勘测设计研究院人才、技术优势明显,生产、科研装备先进,市场占有率高,竞争实力强,享有较高的社会知名度。该院拥有教授级高工 3 人,高级工程师 42 人,工程师 47 人,注册测绘、岩土、咨询、建造、监理工程师 34 人,专业技术人员占职工总数的 76% 以上;拥有岩土工程勘察、测绘、设计、监测、施工等高科技仪器设备及先进的计算机网络、各种计算机应用软件,岩土工程勘察、测绘、设计、监测成果实现 100% 计算机整理。成立 30 多年来,该院完成了数以万计的基础测绘、控制地形测量、工程测量、建设工程灰线检验、竣工测量任务,承担了数十项市级以上科研项目的研究开发工作,特别是 GIS (geographic information system,地理信息系统)、GPS(global fositioning system,全球定位系统)、RS(remote sensing,遥感)"3S"领域的研究应用处于全省领先地位。

丁勘测设计研究院与 L 房产公司之间有一项银马公寓勘测服务项目。L 房产公司由于不信任施工单位给出的勘测数据,让丁勘测设计研究院重新对银马公寓地产项目进行勘测,经过重新测算后的勘测结果与原施工单位给出的数据相差两三百个平方米,证明了原施工单位给出的勘测数据有较大误差。L 房产公司为此将丁勘测设计研究院的勘测结果递交给施工方以及土管局,土管局以丁勘测设计研究院不具备勘测资质为由驳回了勘测结果,最终还是以土管局所提供的红线点范围和数据为准。对于银马公寓勘测服务项目,丁勘测设计研究院不仅损失了经济利益,更重要的是其社会影响力受到了严重的损害。

3.4　案例内分析

本部分内容将对本书所调研的四家企业的案例项目数据进行逐一编码,并按照本书的变量进行归类整理,分别对各个案例中的企业—顾客互动、组织间关系、服务创新绩效进行详细描述、初步分析,得到结构化的数据信息,为下一步深入分析变量之间的关系奠定扎实的基础。

3.4.1　企业—顾客互动

本书中企业—顾客互动概念指的是在价值共创导向下,KIBS 企业与顾客(组织顾客)为完成复杂的创新任务,而在跨越组织边界上所形成的一个集体行动系统,包括结构维度和过程维度。结构维度表征的是KIBS 企业与顾客合作创新中双方所进行的结构安排,分为共同组织、共同决策两个要素;过程维度表征的是 KIBS 企业与顾客合作创新中双方的资源流动或行为活动,分为资源共享、任务协作两个要素。在四个案例项目的实地调研中发现,KIBS 企业与顾客合作创新实践中企业—顾客互动行为确实存在二维度的行动决策系统,形成了多种不同形式的互动行为,这在四个案例企业的服务项目中均有所体现。

(1)案例项目 A:商陆花服务创新项目

甲信息技术有限公司的商陆花服务创新项目是专门面向服装商家的移动应用整体解决方案,公司具有全线产品的自主知识产权,已成为移动式商务管理软件的引领者与行业标杆。

从企业与顾客的共同组织来看,甲信息技术有限公司所开发的商陆花产品主要对象是从事服装行业的批发商、零售商。甲公司在开发新用户的过程中会与其签订双方合作协议,就合同存续期间双方的权利、义务、责任等方面的条款进行一一约定。据甲公司的销售人员反映,公司在给他们的内部业务培训中也一再强调与顾客签订合同的重要性。2017 年 4 月,甲信息技术有限公司与国内某高校签订协议,合作组建虚拟班级,首批虚拟班级学生共计 15 人。2017 年 4 月 28 日,开始对首批虚拟班学生进行为期两个月的集中实训,人事部主管给学生介绍了商陆花项目在向客户企业宣传、销售过程中合同的一些详细条款,并一再强调按规则办事的重要性。研发部华经理告诉学生,公司研发部门将在产品开发过程中严格遵循他们所签订的合同进行技术开发。

从共同决策来看,甲信息技术有限公司的研发中心经常会派出人员对客户进行定期的拜访,了解顾客在商陆花产品使用过程中所遇到的以及需要解决的问题,研发中心还会通过电话、电子邮件、定期举行工作会议等形式征询客户的意见和建议。华经理介绍,公司研发中心和技术中心会经常邀请客户企业来公司,通过举办技术交流会的方式进行联合系统的诊断和开发,一起商讨商陆花项目客户在实际使用过程中的问题。研发中心的工程师也经常与客户进行正式或非正式的沟通,反复商讨、理解客户的具体需求,准确把握开发过程中所遇到的问题,提高项目开发的针对性和可接受性。

从资源共享来看,商陆花项目本身就是服装商家的管理系统,在开发过程中研发中心会向客户索要具体的库存服装信息、客户企业员工信息、客户企业运营信息等,以便技术开发人员及时地将这些信息导入商陆花项目软件。华经理介绍,客户企业一般也会比较积极、主动地响应研发中心的要求,及时地提供他们所需要的这些信息资源,因为这是双方互利共赢的合作方式。

从任务协作来看,甲信息技术有限公司沈副董事长谈到,在遇到较大问题的时候,公司会召集高层、研发中心、客户多方一起坐下来,将技术研发中所遇到的一些特殊问题进行集体商讨,明确各自的工作职责以及应该承担的责任。此时客户一般也是比较配合公司的活动,会秉着客观、信任的态度展开与公司的积极合作,共同应对项目开发中遇到的突发问题。即使服务项目已经交付了,如客户在使用过程中发现还有某些功能模块需要添加,甲信息技术有限公司一般也会积极地帮助客户及时地完善商陆花项目软件,以更好地适应顾客的差异化需求。

(2)案例项目 B:企业"点金"财富管理项目

乙银行推出的企业"点金"财富管理项目主要为客户企业提供现金管理、融资授信以及投资理财等综合性解决方案,其中一个案例就是乙银行借助该项目通过全球授信的方式成功帮助北京丁奎投资公司顺利完成了针对南孚电池的海外并购业务。

从企业—顾客间的共同组织来看,乙银行内部针对业务的具体开展有一系列严格的规章制度,并把处罚条款进行了非常细致的罗列,汇编成册,便于检索与查阅。更为重要的是,乙银行对这些合同文件、政策制度的严格执行,进一步加强了规章制度的权威性。比如,营销部门汇编成册的文件规定,在服务项目开发期间,客户经理与客户企业除了在服务项目上的往来之外,不得私自发生经济上的往来,否则一经发现将会遭到开除、降级等严肃处理。内控管理上,乙银行也十分强调"围绕人加强管理",规定所有业务用制度来覆盖,所有制度用检查来覆盖,所有检查用文化来覆盖。乙银行针对不同的服务项目,都有详细的服务流程规定,明确与顾客合作开发新服务过程中每一个阶段的合作内容。岑副行长介绍,这些合同文本几乎成了格式化的条款,需要调整的条款不是很多。

从共同决策来看,乙银行规定项目经理必须经常跑企业,用王行长的话来讲,他们制胜的法宝就是"跑跑跑",要让项目经理经常下企业,多去跑跑,通过与客户的主动沟通、联系,发现客户企业在新服务项目使用过程中遇到的难题并协助其解决,深入挖掘客户企业的附加服务需求并争取开拓新业务。因为银行就是给客户提供一整套的服务项目,而不仅仅是单一的服务项目,准确地说应该是服务项目的组合。

从资源共享来看,乙银行不断强化全行的风险管理意识,坚持"质量是第一发展主题"的理念,贯彻"质量维系生命,质量重于泰山"的风险管理精神,积极落实各级的风险管理和内控制度,严格执行"主审回访""双签""行长直查""派驻审单官""风险经理制"等制度,同时要求项目经理在与客户企业寻求合作前、合作中,必须充分了解对象企业的主营业务、近三年的经营业绩、信用情况、坏账情况、会计三张报表等信息,而且这些资料要求合作企业必须提供。正是强化了这种风险控制意识,乙银行的资产质量保持了良好的水平。

从任务协作方法来看,乙银行的企业"点金"财富管理项目通过全球授信的方式最终帮助北京丁奎投资公司顺利完成了针对南孚电池的海外并购业务。其中经过了四次反反复复的协商、沟通,合作过程中丁奎投资公司把在海外遇到的每一个阶段的问题都及时地反馈给乙银行,乙银行与丁奎投资公司互相协商、明确职责,先后经历股权期押、资金监管、全球授信等一次次方案调整,最终完成对南孚电池的海外并购事宜。

(3)案例项目C:专项审计服务项目

丙会计师事务所承担该专项审计服务项目,专门派出专项审计调查工作组进驻J局,针对J局历年的档案资料、单位账册、单位报表中的会计和统计数据,展开与专项审计密切相关的工作。

从共同组织来看,丙会计师事务所对每一个较大型的专项审计服务项目都有着严格的程序及步骤规定——前期沟通、听取委托单位审计意见、了解被审单位内部情况、研究行业动态、签订业务约定书、制订审计方案、确定审计组、布置审前工作、进驻现场审计、派出督导组指导、现场意见交流、出具征求意见稿、反馈意见、定稿、出具正式稿、提出管理建议、年度回访。这种严格的审计工作步骤安排,确保了丙会计师事务所与客户企业之间行动与运作的统一协调,也保障了专项审计服务工作的顺利进行。丙会计师事务所经常与客户就审计过程中所发现的问题进行口头、电话、邮件等方式的联系,同时会安排几次重要的阶段性意见反馈会。正如访谈中傅经理所说的,事务所有详细的合同文本,一些程序、合同、规则之类的情况基本都是格式化的条款,事务所一般告知客户企业,客户企业签字完事。

从共同决策来看,在财务审计、资产审计、税务审计、工程审计过程中,丙会计师事务所在关键性问题上会与客户代表进行商讨,双方发表各自的意见和建议,也积极吸纳对方不同的意见和建议,关于审核时间调整、审核范围、审核抽样比例等方面都可以进行磋商。

从资源共享来看,在针对J局的专项审计中,丙会计师事务所要求其提供历年的档案资料、单位账册、工作报表等,事务所则提供审计意见和相关工作报表等。在双方材料提供与配合方面,丙会计师事务所与J

局保持着积极的态度和行动,期待审计工作可以顺利开展。

从任务协作来看,由于专项审计工作具有较强的专业性,客户往往不具备这方面的专业知识,整个审计过程以及审计报告出具方面基本都是丙会计师事务所主导,J局主要负责明确专项审核目标,以及在审计过程中积极配合丙会计师事务所提供其所需要的材料和相关数据。当然,丙会计师事务所在专项审计完成后,也会选择适当的时机回访委托单位或被审单位,协助委托单位或被审单位积极落实审计整改、辅助被审单位积极完善管理制度等。总体来说,由于专业知识的不对等性,专项审计服务基本上还是由丙会计师事务所占主导地位。

(4)案例项目 D:银马公寓勘测服务项目

丁勘测设计研究院受 L 房地产公司委托承担银马公寓勘测服务项目,测量土管局所出具的红线范围内的房地产项目地界以及用地面积。而丁勘测设计研究院被质疑不具备此项目的勘测资质,勘测数据被土管局驳回,丁勘测设计研究院不仅没有获得经济上的收益,其社会形象也受到严重损害。

从共同组织来看,丁勘测设计研究院在给客户提供勘测服务的过程中,会依据《浙江省城乡规划条例》《杭州市城乡规划条例》《浙江省城镇建设工程竣工规划核实管理办法》《杭州市建设工程竣工规划核实办法》等政策性文件。但访谈中张经理提到,客户主要相信本设计院在城市规划设计中的专业度,一些条条框框的政策文件、合同规则等,一般是罗列比较粗的,合作后期双方还会根据实际情况调整和完善。

从共同决策来看,丁勘测设计研究院在接受委托项目之前,一般会召集测绘部、勘测部、管线部、信息部以及委托方开个小型会议,充分了解委托方的具体要求,通过设计院多部门"会诊"的方式,集体商讨委托方的委托项目,而后进行服务项目的具体部署、任务分解等工作。

从资源共享来看,勘测服务一般专业性较强,委托方基本上没有这方面的专业知识,所以仅仅是提出要求而已。访谈中张经理提到,在具体的勘测项目设计过程中,如果遇到问题基本上需要设计院自己去解决,但是对问题的"会诊",需要委托方在场,委托方仅仅充当旁听者的角色,告知遇到的问题,至于解决方案,还是需要设计院寻找相关单位予以解决,前提是征得委托方的同意,委托方一般对具体的解决方案起不到多大的帮助作用。

从任务协作来看，勘察设计服务项目一般要查明建设地区的工程地质条件，是为论证建设场地稳定性以及地基承载能力而进行的工作。主要内容有：工程地质测绘、勘探（钻探、触探、坑槽探等）、测试（荷载试验、地应力和剪力试验等）、物探（地震波、超声波等）、岩石和土质分类与鉴定、长期观测（建筑物沉降观测、滑坡位移观测等）及勘察资料整编、按规定要求绘制的其他图表和勘察报告。这方面的知识委托方不是很了解，勘测过程中委托方的帮助也是非常少的，最大的帮助就是委托方信任、同意找第三方机构提供相应的技术性服务。当然，访谈中张经理还提到，委托方之前如果有类似的勘测服务项目，将之前地块的勘测项目资料提供出来，也能给新地块的勘测服务提供不少帮助，至少勘测设计院可以理解需要哪些具体的勘测信息。

对四个案例项目的企业—顾客互动进行归纳和梳理，进一步验证了第二章所提出的 KIBS 企业与顾客合作创新过程中的互动行为具体可以刻画为四个要素：共同组织、共同决策、资源共享以及任务协作。当然，通过深入的案例分析，发现企业—顾客互动的四个要素在不同案例项目中的表现程度有所差异，有些案例项目在某几个要素上表现得比较突出，而某些案例项目则在另外几个要素上表现得比较突出。比如，在案例项目 C 中，由于专项审计项目的专业性，丙会计师事务所在与 J 局的合作过程中，基本上是事务所起主导作用，双方在任务协作方面表现得比较松散。这同样在丁勘测设计研究院与 L 房地产公司的 D 银马公寓勘测服务项目中得到了验证。而在案例 A 商陆花服务创新项目中，由于甲信息技术有限公司的项目属于计算机软件的开发，在开发过程中需要顾客介入的内容较多，与顾客之间就有较多的资源共享与任务协作活动发生。

3.4.2 组织间关系

组织间关系是指合作创新过程中 KIBS 企业与顾客企业双方的一种关系，包括长期合作关系、交易冲突关系两个要素。组织间长期合作是指合作双方对长期交易与合作的期望和意愿，是双方基于较好情感而产生的，是从情感角度对双方关系的考虑；组织间交易冲突是指 KIBS

企业与顾客在交易中对交易内容(诸如产品价格、质量等方面)看法的不一致而产生的利益上的冲突。

本书主要围绕组织间长期合作、交易冲突两个要素对 KIBS 企业与顾客合作创新过程中组织间关系维度进行数据信息的收集。组织间长期合作、交易冲突表征了组织间关系的双面性,探究的是企业—顾客互动影响作用的双刃剑效果,因此,在探索性案例分析阶段,本书对案例项目的选择也必须体现"两面性"的特点。案例项目 A 和案例项目 B 是合作成功的案例项目,体现的是合作双方友好的、长久的组织间合作关系;案例项目 C 和案例项目 D 是合作失败的案例项目,体现的是合作过程中产生分歧,发生利益上的冲突,最后导致双方合作关系破裂。以下是各案例项目的组织间关系两个要素的状况。

(1)组织间长期合作

①案例项目 A:商陆花服务创新项目

在甲信息技术有限公司的商陆花服务项目调研中,战略部王经理提到,他们公司每年业绩的 70% 基本上来自老客户,维护好这些老客户的需求就能给公司带来大部分的利润。徐董事长在谈到公司今后的发展问题时强调,公司之前的业务客户基本上都是一些服装行业的批发商,还有一块市场也比较庞大,那就是专门从事服装销售的零售商,公司接下来会将从事服装销售的零售商纳入自己的市场目标,重点开拓这一块市场。开拓零售商市场对甲公司而言相对比较有优势,从访谈中了解到,一个批发商拥有很多的下游零售商企业,甲公司经过这么多年的发展维系了很多忠诚的批发商客户,可以利用批发商这层关系,快速地开拓零售商市场,这方面甲公司非常有优势。甲公司在开拓零售商企业市场方面非常自信,从两方面可以体现出来。第一,甲公司 2017 年 4 月与国内某高校合作进行营销人才订单班的培养,为这部分定制化培养的人才出学费,学生毕业后到甲公司定点就业,甲公司将这批定点培养的人才重点用在开发零售商市场上。第二,甲信息技术有限公司专门在 2017 年 6 月隆重召开了以"一'陆'同行,随心而'Fa'"为主题的 2017 年商陆花新品发布会。在发布会上徐董事长亲自登台演讲,重点推出商陆花 8.1 版本,其拥有语音助手功能,而 8.1 版本的商陆花产品就是专门为服装行业中的零售商企业量身定做的。当谈到公司的顾客会不会流失,也就是会不会被其他技术公司挖走时,营销部孙副经理认为,甲信息技术有限公司赢得顾客和市场关键靠的不是软件技术的开发,最主要的是跟客户建立起来的合作关系牢牢地黏住了客户,用孙副经理的话来讲"我们公司比其他公司更懂得客户的需求,更了解客户,更有默契"。由此可见,甲信息技术有限公司在当今激烈的市场竞争环境中取胜的关键因素,就是先前与很大一批顾客建立了长期、稳定的合作关系。

②案例项目 B:企业"点金"财富管理项目

乙银行推出的企业"点金"财富管理项目主要为客户企业提供现金管理、融资授信以及投资理财等综合性的解决方案,其通过全球授信的方式帮助北京丁奎投资公司顺利完成了针对南孚电池的海外并购业务。整个项目先后经历股权期押、资金监管、全球授信等一次次方案调整,最终成功完成对南孚电池的海外并购事宜,项目历时一年多。访谈过程中从王行长那里了解到,乙银行之所以能够把这个项目拿下来,除了此项目的金额比较大之外,更重要的是丁奎投资公司跟乙银行之前就有很多的业务合作关系,在之前长期合作过程中双方建立了充分的信任。这种经过多次合作建立起来的信任,使得丁奎投资公司放心把股权抵押给乙银行,后又把资金监管权限也放给乙银行,而乙银行也充分相信丁奎投资公司的实力和诚信,在海外市场为其进行全球授信业务。乙银行非常重视与顾客之间的关系管理,相信银行与客户之间良好、健康、持久的长期合作关系才是开拓广阔市场、赢得竞争优势的关键。乙银行的客户服务也充分体现了这一点,在乙银行的大厅,只要有顾客进来,大厅中离顾客最近的银行员工都会第一时间主动、积极地上来打招呼并询问有什么需要帮助。乙银行针对白金信用卡持卡客户专门推出了贵宾登机服务项目,其中包括专属的贵宾通道、便捷的安检通道、舒适的贵宾休息厅等,此项服务的推出,表明乙银行专门瞄准了关键性的长期合作客户。为进一步深化与企业客户之间的关系,提高客户满意度,乙银行经常举办"缘聚多载,家业常青"精致下午茶活动,活动安排女性服饰搭配讲座、插花艺术培训等项目,维系乙银行与一些关键客户之间长期持久的合作关系。由此可见,乙银行非常重视与客户之间长期合作关系的维护,其内部管理制度规定,项目经理必须经常下去跑企业,与客户保持经常性的、密切的联系,乙银行在客户关系维护方面投入比较多。

(2)组织间交易冲突

案例项目 C 丙会计师事务所与 J 局的专项审计服务项目、案例项目 D 丁勘测设计研究院与 L 房地产公司的银马公寓勘测服务项目都属于失败的案例。由于失败案例的特殊性,对这两个案例项目的二手资料获取极其困难,基本上只能通过对访谈对象的深入访谈,因此从组织间交易冲突关系以及服务创新绩效维度对这两个案例项目的分析主要基于访谈资料。

①案例项目 C:专项审计服务项目

丙会计师事务所与 J 局的专项审计服务项目,由于双方前期信息了解得不全面以及合作过程中沟通不畅,最终合作破裂,导致重大经济损失。丙会计师事务所在与客户的合作过程中,一向比较重视事务所的风险监控,积极应对和破解合作过程中遇到的各种投机行为,以严谨的工作作风来有效控制合作中的风险,将损失降到最低。在与 J 局的专项审计服务项目合作过程中,傅项目经理提到,该项目谈下来以后,总服务金额 100 万元,前期先收取 10 万元,事务所专门成立了专项审计工作组并进驻 J 局,为此事务所购买了电脑、打印机、扫描设备等。但在梳理档案的过程中,J 局一开始没有讲清楚他们的要求,仅仅派了个监理来核查。因为所有审计档案都需要一份一份先扫描,再录入电脑,都是有严格要求的,J 局没有讲清楚具体要求,只说先录入 100 条,再复核,而过程中也不说清楚错误的原因,所以整体速度很慢。而只要中间有错误,前面的基本都要重来,相当于永远都在检查前面达不到工作要求的内容,最后双方关系闹僵了。这个项目总共损失了 50 多万元,扣除前期收取的 10 万元,事务所还亏了 40 多万元。从以上分析可以发现,丙会计师事务所在实际服务项目提供过程中,各种各样的原因导致合作关系的破裂,为此丙会计师事务所平常业务活动应加强风险控制管理,尽可能地降低组织间合作关系的破裂所带来的损失。

②案例项目 D:银马公寓勘测服务项目

丁勘测设计研究院承担 L 房地产公司委托的银马公寓勘测服务项目,不仅没有获得经济上的收益,其社会形象还受到严重损害。访谈中勘测分院张主管谈到,受 L 房地产公司委托,对银马公寓地块进行勘测,原先施工单位依据的是土管局出具的相关文件,L 房地产公司认为土管局所提供的红线范围内的平方数据存在误差,特意委托勘测设计研究院进行二次勘测。我们组织人员进场进行勘测后得出的数据与原先施工方所依据的数据少了两三百个平方米,但是土管局以勘测设计研究院不具备勘测银马公寓这块土地的资质为理由驳回了我们的勘测数据,还是参照土管局给出的测量数据进行施工作业,最后双方闹得不愉快,后期关系也很紧张,与 L 房地产公司的合作自然无法进行下去。这是勘测设计研究院比较惨痛的教训,给公司带来了巨大的利益损害,更重要的是对勘测设计研究院造成了很不好的社会影响。访谈中测绘分院的刘主管还提到,勘测设计研究院属于这个行业的皇家勘测队,主要这块牌子比较大,而且与规划局有着紧密的合作关系,所以合作的单位一般是不太会出现关系破裂的情况。但是曾经,我们也是受房地产公司委托,对一块用地进行测绘与勘测,由于前期没有衔接好,我们在勘测过程中涉及了军用设施,管这一块的负责部门直接阻止了我们的施工。尽管我们把多方召集在一起商讨解决方案,但这个时候合作关系其实已经破裂了,最终勘测任务给了另外一家勘测公司。从以上分析可以发现,丁勘测设计研究院尽管是行业内的一块好牌子,但与客户之间的勘测任务也存在多次失败的经历,造成了严重的损失。

3.4.3 服务创新绩效

本次研究中的服务创新绩效指的是 KIBS 企业对新开发的服务项目以及对现有服务项目所做的开发或改善活动,以满足企业自身、顾客、社会、员工等利益相关者的需求,维持企业竞争优势的能力和程度。服务创新绩效是服务创新领域中经常用到的重要变量,目前学术界尚未形成对该变量一致公认的测度体系,因此对其测度采用了不同的指标,但基本上一致认为这是一个多维度的测量指标(De Brentani 和 Cooper,1992;王琳,2012)。本次研究主要从服务项目是否达到客户的预期、是否按规定时间完成、客户对服务项目是否满意、客户对合作过程是否满意等四个方面进行评价(Cooper 和 Kleinschmidt,1987;Atuahene-Gima,1996;Blindenbach-Driessen 和 Ende,2006;Cooper,2006;魏江和胡胜蓉,2007;Lin 等,2010;王琳,2012;王琳等,2015)。现对四个探索性案例项目在服务创新绩效方面的表现情况分析如下。

(1)案例项目 A:商陆花服务创新项目

甲信息技术有限公司成立于 2009 年,是一家专门从事移动应用系统开发、部署的移动互联网公司,发展到如今有员工近 300 人,旗下主要的产品商陆花提供专门面向服装行业的移动应用整体解决方案。公司拥有商陆花全线产品的自主知识产权,包括商陆花 iPad 版、商陆花手机版、商陆宝、店员助手等系列产品,业务遍及国内 50 多个大中城市的服装行业。公司成立至今,得到了迅速的发展。2011 年 5 月,公司团队开始研发基于 IOS 系统的商陆花;2011 年 12 月,商陆花 iPad 版首次登陆苹果应用商店;2012 年 9 月,公司开始采用云部署解决方案,全面降低用户使用成本;2013 年 4 月,公司开始全国发展之路,在广州、上海、北京、郑州、株洲等开设了第一批城市办事处;2013 年 12 月,全国机房启用,部署了数据中心,性能再次得到大幅提升;2014 年 2 月,公司对产品进行细分,将商陆花产品细分为批发版、零售版、厂商版、手机版,以适应不同服装客户的需求;2014 年 6 月,商陆宝订货 APP 正式上线;2015 年 2 月,公司在全国 50 个城市开设了服务点;2015 年 4 月,公司累计满足 6000 多处用户需求,实现服装行业的深度定制;2015 年 10 月,公司第 58 次版本更新,用户数量突破 5 万;2016 年 5 月,公司首次召开商陆花新版本发布会,推出 7.0 版本;2017 年 3 月,商陆花新产品店员助手正式上线;2017 年 6 月,公司召开 8.1 版本发布会,推出语音助手功能。甲信息技术有限公司从成立到现在业务遍及全国,成为该行业领域的第一名,足见其深得用户的认可以及商陆花产品在市场上的成功。

(2)案例项目 B:企业"点金"财富管理项目

乙银行针对企业客户推出的企业"点金"财富管理项目隶属于乙银行专门针对企业客户的现金管理业务,该业务主要通过给企业客户提供全方位、多模式、综合化的现金管理服务,在开发和锁定优质客户、吸引和扩大低成本对公结算存款、交叉销售其他零售产品方面为乙银行做出了重要的贡献。2015 年 1 月,乙银行率先成立"交易银行部",定位为包括现金管理、对公支付结算、贸易融资、供应链金融、跨境金融以及互联网金融的金融产品部门。截至 2015 年末,乙银行现金管理企业客户总数突破 73.2 万家,2016 年在原有基础上新增了 18.3 万户,增长比率高达 33%,其中核心价值客户群超过 7.7 万,比 2016 年增加了 1.3 万,占到现金管理客户总数的 10.5%。乙银行此服务项目深入客户的资金链管控环节,可以全面了解、掌握客户实际经营的生态全貌,是乙银行开展关键企业客户群体经营的重要手段。2015 年,乙银行创新了适合中国本土企业的跨境本外币现金池产品体系,有效地利用"四位一体"优势,紧密联动一批境外平台,为跨国企业在全球范围内的资金集中运作提供保障,提供集境内外、本外币资金结算与集中运营管理的一体化全球交易银行服务。乙银行凭借强大的持续创新能力,通过为企业客户量身定制综合化的资金管理方案,将现金管理服务深植于客户企业财资管理最基本、最核心的资金运用和管理之中,为开拓、深度经营关键性客户企业提供强有力的支撑。通过持续的产品创新和服务升级,乙银行不断深化经营,优化客户质量,实现企业大客户群体价值的增长。

（3）案例项目 C:专项审计服务项目

丙会计师事务所与 J 局的专项审计服务项目,起初信息沟通不全面,合作过程中信任缺乏,最终导致合作关系破裂,给事务所造成直接经济损失 40 余万元。访谈中从祝项目经理那里得知,此次服务项目的失败、双方合作关系的破裂,给事务所带来一系列影响。首先为了这个服务项目,事务所专门成立了专项审计工作组进驻 J 局开展工作,这部分员工最终的项目绩效考核奖全部没有,为此事务所内部怨声载道,部分员工闹情绪,甚至有个别员工离职。其次,为这个专项审计服务项目事务所支付给专项审计工作组人员的工资,以及为这个项目购买的电脑、打印机、扫描设备等,对公司来讲也是一笔很大的损失。最后,由于合作关系破裂,在业内造成很不好的影响,丙会计师事务所的社会声誉受到极大的损害。傅项目经理说,这个项目的失败带给我们很大的教训,最直接的就是从那以后,凡是合作项目,在开始之前必须让对方先打项目服务总金额一半的钱过来,否则不开展相关工作。岑项目经理也提到,为了防止对方搞投机行为,我们在专项审计工作快结束的时候,明确告诉对方必须在限定时间之前把项目的服务费用打进事务所,否则不给审计报告。这个失败的专项审计服务项目,给丙会计师事务所造成很大的损失,不过也帮助丙会计师事务所修改、完善了很多工作制度和流程。

(4)案例项目 D:银马公寓勘测服务项目

丁勘测设计研究院与 L 房地产公司的失败项目银马公寓勘测服务项目,除了给丁勘测设计研究院带来经济上的损失,更为关键的是对其造成了很不好的社会影响。丁勘测设计研究院是城市建设勘测行业中的标杆,隶属于规划局,此次与 L 房地产公司的合作失败,尽管主要原因不在丁勘测设计研究院,但对其造成的社会负面影响非常严重,社会声誉受到极大损害,而且丁勘测设计研究院与土管局的关系也搞得很僵。用勘测分院张主管的话来讲,此次项目最大的失败不是经济利益上的损失,主要还是社会影响不好,从此以后,我们设计研究院对二次委托勘测服务项目基本上不接了。测绘分院的刘主管也认为,像这种二次勘测服务项目,如果最后勘测结果与先前的数据之间没有问题那倒还好,如果有出入,就会很尴尬,基本上委托方、先前受委托方、施工方以及我方都会有合作上的不愉快,往往得不偿失,所以从那之后,我们勘测设计研究院基本上拒接这种二次委托勘测服务项目。可见,丁勘测设计研究院与 L 房地产公司就银马公寓勘测服务项目的失败,除了给丁勘测设计研究院造成经济利益上的损失,更关键的是影响了其在勘测服务行业领域内的社会声誉。

3.4.4 案例数据信息编码

在上述案例内数据分析基础之上,本书对各个案例项目在企业—顾客互动、组织间关系以及服务创新绩效三个维度上的具体表现进行了打分,并请被采访人员、专家对结果进行审核和修正,用"很高""较高""一般""低""很低"五个等级依次从高到低表示案例项目在各项指标上的表现情况。为使结果更加直观明了,五个等级分别用"+"的多少来体现,五个"+"表示很高,四个"+"表示较高,三个"+"表示一般,二个"+"表示低,一个"+"表示很低,最终结果如表 3-6 所示。

表 3-6　案例项目的企业—顾客互动、组织间关系及服务创新绩效水平

维度	变量	案例项目 A	案例项目 B	案例项目 C	案例项目 D
企业—顾客互动	共同组织	＋＋＋＋＋	＋＋＋＋	＋＋	＋＋
	共同决策	＋＋＋＋＋	＋＋＋＋＋	＋＋	＋
	资源共享	＋＋＋＋＋	＋＋＋＋	＋＋＋	＋＋＋
	任务协作	＋＋＋＋＋	＋＋＋＋＋	＋＋＋	＋＋＋
组织间关系	长期合作	＋＋＋＋＋	＋＋＋＋＋	— — —	— — —
	交易冲突	— — —	— — —	＋＋＋＋	＋＋＋＋
服务创新绩效	服务创新绩效	＋＋＋＋＋	＋＋＋＋	＋	＋＋

注:很高:＋＋＋＋＋;较高:＋＋＋＋;一般:＋＋＋;低:＋＋;很低:＋。

3.5　案例间分析:进一步探讨和相关命题提出

本节将对四个案例项目的各个变量进行综合对比分析,从而归纳 KIBS 企业合作创新过程中企业—顾客互动、组织间关系以及服务创新绩效各个变量之间的关系,提出初始的研究命题假设。

3.5.1　企业—顾客互动与服务创新绩效

本书的预设模型,提出了 KIBS 企业与顾客合作创新过程中企业—顾客互动对服务创新绩效具有重要的影响作用,这在本次调研的案例项目中可以找到足够的证据支持。由表 3-6 中案例项目 A 和案例项目 B 以及前文的案例内分析可知,企业—顾客之间的共同组织、共同决策、资源共享、任务协作程度越高,越有利于服务创新绩效水平的提升。比如案例项目 A 企业—顾客互动程度很高,其服务创新绩效水平也很高;案例项目 B 企业—顾客互动程度较高,其服务创新绩效水平也较高。由案例项目 C 和案例项目 D 以及前文的案例内分析可知,企业—顾客之间的共同组织、共同决策、资源共享、任务协作程度相比案例项目 A 和 B 大大降低,其服务创新绩效水平也大大降低。案例项目 C 和案例项目 D

是失败的案例,但是在访谈中了解到,他们在谈及其他合作成功的项目时普遍认为服务项目开展过程中与客户之间的联系、配合、沟通、协作等活动均有助于服务创新项目的顺利进行和成功开展。所以企业—顾客互动程度越高,服务创新绩效也越高;互动程度越低,服务创新绩效就越低(如图3-3所示)。

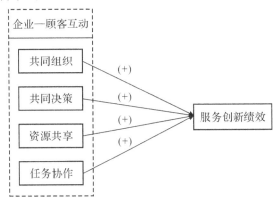

图3-3 企业—顾客互动与服务创新绩效关系

同时,本书对长三角地区的四个 KIBS 企业服务创新项目的实地访谈也有类似的结论,如表3-7、表3-8、表3-9、表3-10所示。

表3-7 企业—顾客互动中共同组织与服务创新绩效关系的访谈经典语句

案例项目	经典性语句内容	人员/职务
甲信息技术有限公司的案例项目A:商陆花服务创新项目	我们的销售人员在推广商陆花软件的时候,尽可能详细地给客户介绍商陆花项目的具体功能和操作过程,当然每个客户肯定存在一些特殊性,我们需要客户配合我们的软件开发工作。有关具体开发过程中双方的职责和义务都要在合同中明确下来,只有这样才能保证后期项目研发的顺利进行	营销部孙副经理
乙银行的案例项目B:企业"点金"财富管理项目	与客户合作过程中关于服务项目的规则、政策、协议一般都是由银行定的,基本上都是格式化的文本合同,除非有一点可能性,就是对比较强势的大企业会在一些细微的条款上有些改变,大部分是共性化的。……有一个个性化的东西就是客户出示给我们的承诺函会有一些不同,一般来讲这些合同条款是双方约定俗成的东西,每个服务项目都需要签订	王行长

续 表

案例项目	经典性语句内容	人员/职务
丙会计师事务所的案例项目 C:专项审计服务项目	我们一般都是签订备用的合同书,企业会有通用的一个版本,然后在此基础上修改。除非是特定的行政事业单位,他们可能会条条框框比较严格一点,一般主要就是关于服务项目的目的、价格等信息进行约定,比较简单的,至于后面的条条框框其实都是大致的模板。……要看公司大小,有些大一点的公司会比较严格,会有法律部门,要去细看一下这个合同有没有对自己不利的地方,一般双方都会按照合同约定的内容合作	傅项目经理
丁勘测设计研究院的案例项目 D:银马公寓勘测服务项目	针对甲方我们会有一个卡位,比如说甲方要拿报告,或者施工单位到我们单位盖章,我们会让其将项目服务费用先打过来。……严格按照之前双方签订的合同规范进行。我们遇到过一个香港房地产公司,其下属一个楼盘的土地勘测就是委托我们做的,这个公司非常严格地按照合同规范操作,合同里写的怎样就是怎样,一切按照合同的明细条款执行	勘测分院张主管

表 3-8　企业—顾客互动中共同决策与服务创新绩效关系的访谈经典语句

案例项目	经典性语句内容	人员/职务
甲信息技术有限公司的案例项目 A:商陆花服务创新项目	现在科技这么发达,我们公司取胜的关键绝对不是技术研发,如果仅仅是研发技术的话,那太容易了,比我们强的公司有的是,我们公司为什么能够做到行业第一,而其他公司做不到?我们主要靠初期积累的大批客户,针对这些客户,要充分理解他们的需求,客户企业在实际运营过程当中遇到了问题,我们公司及时与其一起解决。这样才得以增强客户企业对我们的黏性,客户也愿意把业务交给我们公司来做……简单地讲,就是我们比其他企业更"懂"客户要求,这是关键所在	沈副董事长
乙银行的案例项目 B:企业"点金"财富管理项目	银行目前就是从客户企业那边了解他们的需求,然后根据其需求研发新的服务产品,这个产品不会仅针对一个客户,而是服务一个行业的客户。因为银行肯定是客户到了一定的量之后才会去研发产品,针对特定的客户进行银行产品的组合来帮助其解决一些问题。……关键就是客户企业需要与我们密切协作,详细地告诉我们确切的需求,这样我们的产品开发才能够做到快捷、有效。……银行现在的产品都是综合金融服务,就是各种产品组合的叠加,有可能一个客户可以用到我们这里三四十个产品,用这样的产品组合叠加来解决他们的各种需求	岑副行长

续　表

案例项目	经典性语句内容	人员/职务
丙会计师事务所的案例项目C:专项审计服务项目	新三板的一些公司如果需要审核,就会在具体业务上打电话向我们咨询,只要我们能够解决的我们就会去解决,毕竟具体业务上我们会计师事务所还是相对比较专业的。平时企业在与我们沟通的时候,即使我们组不会或者不熟悉,也还是会帮对方企业去解决,毕竟我们所各个业务都有,可以咨询其他同事,答案肯定找得到,我们一般都会积极地帮助对方去解决问题	傅项目经理
丁勘测设计研究院的案例项目D:银马公寓勘测服务项目	在项目的推进过程中,用双方集体协商这种方式来解决遇到的问题还是蛮多的,比如某一个工地比较特殊,可能跟事先制定的勘察方案有点不太一样,双方就需要坐下来探讨一下……甲方充当旁听的角色,我们沟通的对象往往是设计和施工单位,甲方可能看不懂勘察报告,但是具体的施工队他们看得懂。……经过甲方同意,根据施工要求我们会进行补充勘察,这样就有利于勘测项目的顺利进行	勘测分院张主管

表 3-9　企业—顾客互动中资源共享与服务创新绩效关系的访谈经典语句

案例项目	经典性语句内容	人员/职务
甲信息技术有限公司的案例项目A:商陆花服务创新项目	我们的业务部门比一般的企业更能捕捉客户的实际需求,这一点就是我们最宝贵的资源,这是一个长期合作的历史积累问题,并非一朝一夕就能达到。所以像我们这个行业砸钱根本解决不了问题,关键看时间和客户资源的积累,我们在这个行业早中期开拓市场时所积累的客户资源成为先发优势。……所以我们的客户企业更愿意把需求信息等资源与我们企业共享,我们的研发部门所开发的新服务项目更加具有针对性	研发部华经理
乙银行的案例项目B:企业"点金"财富管理项目	银行的新产品项目一般都是在供应链、贸易链上产生的,这就要求银行做足前期规划、介入客户企业的功课。……银行的产品研发有这么几点,主要就是从客户的报表出发,从存、贷、收三方面入手。其实银行也在做大数据,通过大数据可以获取客户企业的一些信息资源,这对于我们进行更加有针对性的服务项目拓展很有帮助,其实银行最核心的业务就是信贷业务	王行长

续　表

案例项目	经典性语句内容	人员/职务
丙会计师事务所的案例项目C：专项审计服务项目	我们在专项审计的时候,有些项目需要调看对方企业内部的人事合同、近几年的会计报表等资料。如果这家单位主动让你去审计的话,那么这些资料一般情况下肯定会主动提供。我们知道出具哪些材料,就怕客户企业之前在历年储备的时候没有储备全,比如与别人合作的名下公司,客户企业可能没有足够的话语权,我们去审计的时候,很显然对方就爱理不理,愿给就给,不愿给就不给,这样专项审计项目的推进就相对比较困难一些	祝项目经理
丁勘测设计研究院的案例项目D：银马公寓勘测服务项目	当我们遇到一个不是非常熟悉的地块时,比如之前A地块是别的公司勘测的,客户让我们做类似的B地块,那我们可能会让甲方把A地块原先的勘测材料拿出来做一些参考,客户也乐意把A地块其他公司做的勘测方案拿过来给我们参考一下。……这样我们可以更加省时省力,对方一般也是比较乐意的,因为这个并不会影响我们的施工质量,反而有助于我们控制成本。如果没有参考,不清楚具体情况的话,桩我们可能要打很深才能够探明,如果事先有个基本的了解,后续的工作进展会顺利很多,也方便我们更加精确地为委托公司开展服务项目的勘测	测绘分院刘主管

表 3-10　企业—顾客互动中任务协作与服务创新绩效关系的访谈经典语句

案例项目	经典性语句内容	人员/职务
甲信息技术有限公司的案例项目A：商陆花服务创新项目	我们的研发部门在给客户企业开发商陆花软件的时候,需要企业和我们分工协作,因为有些内容只能客户自己去完成。比如数据导入的时候,就要求客户企业严格按照格式来准备基础性数据,以便我们可以顺利地导入设备后台的数据中心,一般情况下客户会积极去完成。……因为,一来这个任务只能由客户自己去完成,二来客户也希望软件尽早研发出来,可以尽快投入门店的运营管理	战略部王经理
乙银行的案例项目B：企业"点金"财富管理项目	北京丁奎投资有限公司专门搞资本运作,七年前把南孚卖给美国某公司,后又从美国某公司手上买回来,36亿美元,用新三板收的壳把南孚装进去,在新三板市场完成上市。这是那时候我们银行最大的一笔订单,开户落在宁波。……该项目的服务过程一波三折,先后经历了股权期押、资金监管、全球授信等一次次方案的调整,最终完成对南孚电池的海外并购事宜,其中丁奎公司与我们银行保持及时的沟通。合作开发过程中丁奎投资公司把海外遇到的每一个阶段的问题都及时反馈给我们银行,我们之间密切合作、共担责任、明确分工,最终花了一年多的时间才顺利完成	王行长

案例项目	经典性语句内容	人员/职务
丙会计师事务所的案例项目C:专项审计服务项目	项目审计过程中,客户企业有积极配合的,也有不积极配合的,遇到积极配合的,我们的审计过程顺利一点;遇到不积极配合的,整个过程可能会拖的时间长一点,有时候我们解决不了,还需要领导出面协商解决。比如这次对J局的专项审计,需要调出对方历年档案资料、单位账册、单位报表材料以及统计数据等,对方不是很配合。因为审计工作很多都是审查前几年的账目,时间跨度一般会比较长,这就更加需要客户企业与我们积极、有效地协作,这一点很重要	傅项目经理
丁勘测设计研究院的案例项目D:银马公寓勘测服务项目	实际勘测过程中遇到一些困难、问题的时候,我们一般都会请客户企业出面来协商加以解决,对方一般也会积极地配合。比如需要勘测的土地上种有蔬菜,需要处理掉,那农民种这个菜也是辛苦的,不会让你直接处理掉。此时就涉及一些赔偿问题,如果价值不是很大,那我们公司出钱处理掉,假如是地铁施工那么长一条线路,沿线都是一些植被,这种情况我们就要和客户沟通,让客户自己解决这个赔偿问题,否则后续勘测工作无法进行下去	测绘分院刘主管

基于上述分析,本书提出以下初始研究命题:

命题1:企业—顾客互动中共同组织对服务创新绩效有显著的正向影响;

命题2:企业—顾客互动中共同决策对服务创新绩效有显著的正向影响;

命题3:企业—顾客互动中资源共享对服务创新绩效有显著的正向影响;

命题4:企业—顾客互动中任务协作对服务创新绩效有显著的正向影响。

3.5.2　组织间关系与服务创新绩效

(1)长期合作与服务创新绩效

本书的预设模型提出了组织间长期合作关系对服务创新绩效有着重要的影响作用,案例项目A和案例项目B的探索性案例分析支持了这一理论预设(如图3-4所示)。已有研究中大量证据表明,组织间长期合作关系有利于增进服务创新绩效水平,这在案例项目A和案例项目B中也得到了有力的支持。案例项目A商陆花服务创新项目是甲信息技术有限公司主要的一个产品,访谈中了解到该公司与客户之间保持着长期、稳定的合作关系,70%的业务来源于老客户,说明组织间长期合作关系越好,服务创新绩效也就越好。案例项目B企业"点金"财富管理项目是乙银行与关键性大客户北京丁奎投资有限公司合作的服务项目,历时一年多的时间,先后经历股权质押、资金监管、全球授信等一次次方案调整,最终完成对南孚电池的海外并购事宜。这得益于双方长期合作过程中所建立的信任、友好的组织间关系,才能拥有较高的服务创新绩效水平。由此可见,组织间长期合作关系越好,服务创新绩效水平也就越高。

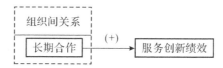

图 3-4　组织间长期合作与服务创新绩效关系

本书在对甲信息技术有限公司的案例项目 A 商陆花服务创新项目和乙银行的案例项目 B 企业"点金"财富管理项目的访谈中也发现类似的结论,如表 3-11 所示。

表 3-11　组织间长期合作与服务创新绩效关系的访谈经典语句

案例项目	经典性语句内容	人员/职务
甲信息技术有限公司的案例项目A:商陆花服务创新项目	我们这个行业取胜的关键并非技术研发,我们公司 2009 年成立,是国内比较早的一家专门从事移动应用系统开发、部署的移动互联网公司,开发出了国内首个面向服装行业批发商以及中小型零售商的 O2O 移动应用整体解决方案——商陆花项目。我们公司直到现在超过一半的经营业绩依旧来自先前的那批老客户,他们与我们公司在多年的合作过程中建立起了相互信任、友善的关系,所以我们公司也比一般的公司更能捕捉客户的真正需求,他们也放心把业务交给我们去做	徐董事长
乙银行的案例项目 B:企业"点金"财富管理项目	对于我们银行来讲,在新业务开拓的时候,如果 A 企业是老客户,那他会比较熟悉我们的项目流程,且会比较认可我们的品牌,这样新服务项目开拓效率往往就会比较高。有些企业不会很明确地发现自己的需求,但由于是我们的老客户,我们比较清楚他们的具体需求。……银行对企业的帮助无非扩大产值、优化报表、降低财务费用,有些业务需求需要我们与客户长期合作过程中慢慢去发掘,同样客户对银行产品的认知也需要一个过程	营销部韩经理

基于上述分析,本书提出以下初始研究命题:

命题5:组织间长期合作关系对服务创新绩效具有显著的正向影响。

(2)交易冲突与服务创新绩效

本书的预设模型提出了组织间交易冲突关系对服务创新绩效有着重要的影响作用,案例项目C和案例项目D的探索性案例分析支持了这一理论预设(见图3-5)。已有研究中大量证据表明,组织间交易冲突关系会大大降低服务创新绩效,这在案例项目C和案例项目D中也得到了有力的支持。丙会计师事务所与J局的专项审计服务项目合作过程中双方的冲突水平较高,导致合作关系破裂,最终带来很低的服务创新绩效,直接造成40多万元的损失。丁勘测设计研究院与L房地产公司的银马公寓勘测服务项目由于是二次委托勘测项目,各方彼此不信任,最终合作关系破裂,造成低的服务创新绩效。对项目C和D的实地访谈也有类似的结论(见表3-12)。由此可见,组织间交易冲突关系越明显,服务创新绩效水平就越低。

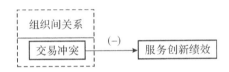

图3-5 组织间交易冲突与服务创新绩效关系

表3-12 组织间交易冲突与服务创新绩效关系的访谈经典语句

案例项目	经典性语句内容	人员/职务
丙会计师事务所的案例项目C:专项审计服务项目	就拿我们事务所与J局的那一次专项审计服务来讲,前期收取了对方10万元定金,我们就派出专项审计调查工作组进驻对方单位展开审计工作。……审计过程中,对方专门找了第三方监理对我们事务所的工作进行监督核查。在具体操作过程中由于先前所获得的信息不充分以及进程中协作、沟通不畅,后期出现很多的重复劳动和无效劳动,双方合作关系破裂。我们事务所之前所有垫付的电脑、扫描设备购置费以及调查组的人工费等无法收回,除去之前收的10万元定金,我们还亏损了40多万元,产生巨大的损失。……从此以后,我们所有的服务项目开始前都收取一半的服务经费作为定金	傅项目经理

续　表

案例项目	经典性语句内容	人员/职务
丁勘测设计研究院的案例项目 D：银马公寓勘测服务项目	银马公寓勘测服务项目中,我们就吃了哑巴亏。L 房产公司不信任施工单位给出的勘测数据,让我们重新对银马公寓地产项目进行勘测,最终经过重新测算后的勘测结果与原施工单位给出的数据相差两三百个平方米。……客户公司将我们勘测的结果递交给施工方以及土管局,土管局最后驳回了我们的勘测结果,还是以土管局提供的红线点范围和数据为准。……银马公寓勘测服务项目,不仅给我们造成了经济利益上的损失,更重要的是严重损害了我们的社会形象,毕竟我们勘测院在勘测领域处于标杆地位,从那以后我们对类似这种二次勘测的服务项目非常慎重,原则上不接二次勘测服务项目	勘测分院张主管

基于上述分析,本书提出以下初始研究命题:

命题 6:组织间交易冲突关系对服务创新绩效具有显著的负向影响。

3.5.3　企业—顾客互动与组织间关系

本书的预设模型提出了 KIBS 企业与顾客合作创新中企业—顾客互动对组织间关系(长期合作、交易冲突)的重要影响作用,这在对四个案例项目的探索性分析中均得到了支持和验证(见图 3-6、图 3-7)。企业—顾客互动与组织间长期合作关系的验证主要基于案例项目 A 和案例项目 B,企业—顾客互动与组织间交易冲突关系的验证主要基于案例项目 C 和案例项目 D。

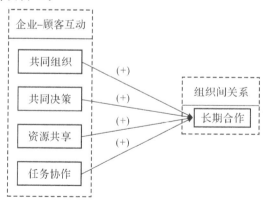

图 3-6　企业—顾客互动与组织间长期合作关系

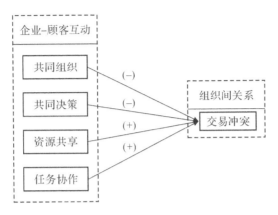

图 3-7　企业—顾客互动与组织间交易冲突关系

（1）企业—顾客互动要素与长期合作

第一,企业与顾客间的共同组织表现出与组织间长期合作关系的正相关。例如案例项目 A 中,甲信息技术有限公司与国内某高校合作联合培养的首批 15 名学生于 2017 年 5 月开始到公司进行业务拓展实习。实习之初的培训会上,公司花了较长时间对公司合同的内容条款进行了重点培训,这些合同保证了客户与公司相对持久的合作关系。同时,乙银行内部文件规定,在服务项目开发期间,客户经理与客户企业除了在服务项目上的往来,不得私自发生经济上的往来,否则一经发现将会被严格以开除、降级等方式处理,保障公司的客户资源不会被员工通过私人关系挖走。

第二,企业与顾客间的共同决策表现出与组织间长期合作关系的正相关。案例项目 A 商陆花主要是帮助从事服装行业的批发、零售企业进行管理的软件项目,合作开发过程需要双方经常反馈、沟通,甚至调适、修改、完善等,因此双方的共同决策程度相对较高,该项目的最终绩效水平也非常高。案例项目 B 的企业"点金"财富管理项目是乙银行针对大客户北京丁奎投资有限公司所推出的现金管理综合业务,帮助客户完成对南孚电池的海外并购事宜,过程一波三折,双方反复沟通、共同商讨、集体决策,经历股权期押、资金监管、全球授信等一次次方案的调整,最终项目顺利完成。

第三,企业与顾客间的资源共享表现出与组织间长期合作关系的正相关。案例项目 A 商陆花属于计算机软件开发项目,甲公司在帮助客户开发过程中,势必需要导入客户企业已有的数据作为后台数据,这就需要调动客户企业的许多资源,才能保证"定制化"软件商陆花的顺利研发。在案例项目 B 的访谈中,王行长也提到当时针对北京丁奎投资有限公司的企业"点金"财富管理项目,调用了对方很多的信息,根据对方提供的信息资源,乙银行才能找到更有针对性的解决方案,最终历时一年多顺利完成了这个项目。

第四,企业与顾客间的任务协作表现出与组织间长期合作关系的正相关。案例项目 A 访谈中,在谈到客户的商陆花项目开发周期时,研发部华经理认为,周期的长短很大程度上取决于客户的配合程度,具体技术方面的问题公司员工可以加班加点完成,但由于软件开发需要导入客户原有的很多基础性数据,就需要客户积极的协作、配合,有些客户比较配合,开发周期就短,有些客户不太配合,开发周期就相对较长。案例项目 B 访谈中,项目部余经理和营销部韩经理也一致认为银行的服务项目其实质是银行在帮助客户企业解决实际运营中所遇到的难题,这就需要双方的密切配合,在遇到困难、解决难题的时候需要双方共同面对,才能顺利地将问题予以解决。

本书在对 KIBS 企业实际样本服务项目 A 和项目 B 的调研过程中,也得出了类似的结论,如表 3-13、表 3-14、表 3-15、表 3-16 所示。

表 3-13　企业—顾客互动中共同组织与长期合作的访谈经典语句

案例项目	经典性语句内容	人员/职务
甲信息技术有限公司的案例项目 A:商陆花服务创新项目	我们公司跟客户企业会签订有关的合同与协议,特别是新客户,我们给业务人员培训的时候就强调合同的重要性,以方便后续商陆花软件合作开发事宜。……但这个也是相对的,比如对于老客户,合同条款都是非常熟悉的,所以在签订的时候一般相互比较信任,有时候签订合同可能也就是走个形式,合作关系已经建立在那里了	战略部王经理
乙银行的案例项目 B:企业"点金"财富管理项目	我们银行在与客户企业进行新产品的开发过程中,合同文本是有的,开始前会签订合同。这些合同对于老客户而言也仅仅是流程而已,大家主要凭借的是互相的信任,而且也是很多年合作下来了。……但是对于新客户,此时合同的作用就是约束其在合作过程中的行为,一般情况下,客户都会按照合同的规定进行合作	项目部余经理

表 3-14   企业—顾客互动中共同决策与长期合作的访谈经典语句

案例项目	经典性语句内容	人员/职务
甲信息技术有限公司的案例项目A:商陆花服务创新项目	我们公司没有产品经理,之前没有,后面公司内部也坚持不设产品经理职位。因为我们的产品就是帮助服装批发商和零售商进行库存、人员等方面的管理,他们只要提出需求,我们的研发人员就会开发出满足其需求的产品模块。所以我认为公司运营过程中,重要的不是产品经理这个角色,而是客户与我们之间的合作。遇到问题集体协商解决,这样才能更准确地捕捉客户的确切需求,才能更好地维护长期的合作关系,这是最为关键的地方,何必要多一个产品经理这样的中间环节呢?	沈副董事长
乙银行的案例项目B:企业"点金"财富管理项目	为了开发出更加适合客户企业需求的新产品,银行一般会与企业坐下来沟通、交换意见,以便更好地了解企业的实际需求。比如个性化的信息管理系统,一般也是客户需求给我们,在主要的框架下面再搭一些细的服务模块,加一些新的功能上去,然后上线。……我们行长对我们的要求就是多去企业跑一跑,只要深入企业内部,多与企业人员交流,就会发现他们的需求。新产品上线以后,运行过程中,特别是试运行过程中,我们还需要经常与客户协作,这样有助于维系双方的关系,当然最终还是为了使我们提供的新产品更加有效果	岑副行长

表 3-15   企业—顾客互动中资源共享与长期合作的访谈经典语句

案例项目	经典性语句内容	人员/职务
甲信息技术有限公司的案例项目A:商陆花服务创新项目	我前面说过了,我们这个行业靠的绝对不是技术,因为商陆花项目本身也不是什么高科技,一般的科技公司都能够研发。我们在这个领域之所以能够保持领先的地位,主要靠的是前期积累的长期合作的一些老客户,这些老客户愿意把他们的需求信息详细地告诉我们,这对我们来讲是最大的资源	徐董事长
丙会计师事务所的案例项目C:专项审计服务项目	我们在专项审计服务过程中,有时候需要调看对方历年的报表等信息,对方公司的会计部门可能会不太愿意,认为这样会曝光他们公司内部的隐私,进而不配合我们的工作。……有些公司我们合作了十多年,他们的详细信息有时候我们比他们自己都清楚,这样一来他们哪些项目合理,哪些项目不是很合规,我们就非常了解	祝项目经理

表 3-16　企业—顾客互动中任务协作与长期合作的访谈经典语句

案例项目	经典性语句内容	人员/职务
甲信息技术有限公司的案例项目A:商陆花服务创新项目	商陆花项目开发过程中,需要导入的后台数据,每一家客户是不一样的,而且这些也只能由客户提供。……在软件的开发过程中,我们要经常与客户联系,及时告知对方需要提供哪些材料和数据,否则整个软件的研发就会进行不下去。其实,这种联系与沟通也是维护双方关系的渠道和手段,特别对于维护与老客户的感情非常有帮助	研发部华经理
乙银行的案例项目B:企业"点金"财富管理项目	银行的新服务项目主要是我们根据客户企业的需求来开发的,……说到我们与客户企业的协作问题,主要在两个方面存在协作:一是,了解对方实际运营过程中的需求信息;二是,当新服务项目研发好了以后,调试阶段就需要对方及时把运行过程中的问题反馈给我们。……这些都有助于我们与客户关系质量的提升	项目部余经理

基于上述分析,本次研究提出以下初始研究命题:

命题 7:企业—顾客互动中共同组织对组织间长期合作关系有显著正向影响;

命题 8:企业—顾客互动中共同决策对组织间长期合作关系有显著正向影响;

命题 9:企业—顾客互动中资源共享对组织间长期合作关系有显著正向影响;

命题 10:企业—顾客互动中任务协作对组织间长期合作关系有显著正向影响。

(2)企业—顾客互动要素与交易冲突

第一,企业与顾客间的共同组织表现出与组织间交易冲突关系的负相关。案例项目 C 专项审计服务项目访谈中,傅项目经理提到,事务所已有的合同基本上都是格式化的条款,双方在签订的过程中也只是走走程序,但是如果后期发生利益冲突的话,当时签订的合同就会发挥很重要的作用。当时与 J 局的服务项目,因为考虑到其是政府单位,公信力还是可以的,所以专项审计小组在进驻前没有刻意去签订一些条条框框的东西,确实疏忽了,这才导致最后合作关系的破裂、利益的损失。案例项目 D 银马公寓勘测服务项目访谈中,张经理也提到由于 L 房地产公司之前与丁勘测设计研究院关系比较好，受其委托进行二次勘测服务，也没有特别去强调合同、按章办事的必要性，所以才会导致丁勘测设计研究院处境的尴尬。

第二，企业与顾客间的共同决策表现出与组织间交易冲突关系的负相关。案例项目C中丙会计师事务所与J局在专项审计工作中，傅经理提到遇到了问题一般无法及时商讨，J局仅仅委派了监理人员监督整个审计过程，对于过程中出现的问题、矛盾起不到实质性的作用，这在很大程度上阻碍了审计工作的顺利进行，导致丙会计师事务所的专项审计工作组做了很多重复的无效工作。如果这些问题能够得到协商解决的话，后面的重复性工作完全可以避免，也不至于项目合作失败。案例项目D所在的丁勘测设计研究院也认为L房地产公司仅仅起到了一个牵头的作用，至于具体解决问题还是靠自己与专业技术人员的协商与配合，如果L房地产公司能够对产生的问题积极地去解决，在多方之间斡旋，勘测工作会顺利很多。

第三，企业与顾客间的资源共享表现出与组织间交易冲突关系的正相关。案例项目C访谈中，岑项目经理认为，事务所平时在帮助客户完成审计任务之后，一般还会有后续的一些工作，比如咨询之类的。特别是建立长期合作关系的客户，由于一直以来都是我们事务所在帮其处理账务，所以对公司账目非常清楚，甚至比他们老板还清楚。但是这样一来也会出现问题，他们对我们会提出过高的要求，导致遇到问题随手一甩让我们出面去应对，有时候事务所纯粹是出于朋友关系帮忙，但如果处理不好反而会造成更大的怨言，事务所往往得不偿失，也是挺无奈的。案例项目D所在的丁勘测设计研究院的刘主管也认为，勘测设计现在不好做，勘测设计研究院帮助客户企业了解勘测的用途、所在土地的红线范围、是否存在不能移动的管线等信息，但客户认为这个任务给了勘测队，所有相关的信息我们自己去搜寻，有时候沟通次数多了对方还嫌烦，也挺尴尬的。

第四，企业与顾客间的任务协作表现出与组织间交易冲突关系的正相关。案例项目C访谈中傅经理认为有时候在审计过程中出于好心给对方指出具体的问题，但对方企业的会计不乐意了，认为这是在挑他的错误，搞得也是挺尴尬的。案例项目D与L房地产公司的勘测服务项目,属于丁勘测设计研究院出于帮忙进行的二次勘测,结果被土管局认为干涉了他们正常的工作,造成了很不好的社会影响。张主管提到,银马公寓的勘测服务项目本身也是出于好心帮忙勘测,结果出力不讨好,吃了哑巴亏。

本书在对 KIBS 企业实际样本服务项目 C 和项目 D 的调研过程中,也得出了类似的结论,如表 3-17、表 3-18、表 3-19、表 3-20 所示。

表 3-17　企业—顾客互动中共同组织与交易冲突的访谈经典语句

案例项目	经典性语句内容	人员/职务
丙会计师事务所的案例项目 C:专项审计服务项目	在对 J 局的专项审计服务项目中,由于一开始签订了合同,对方也付了 10 万元的定金,这在一定程度上弥补了一点我们的损失,否则我们会亏得更多。从这个事情以后,我们也吸取了教训,所有项目开始之初必须签订合同,而且先收一半的定金。……这样至少对双方来讲,有了一定的约束,没有意外情况的发生一般都会按照合同的约定进行下去	傅项目经理
丁勘测设计研究院的案例项目 D:银马公寓勘测服务项目	我们单位属于规划局的下属单位,一般的房地产公司不太会跟我们单位发生冲突,因为他们会权衡利害关系,如果和我们单位发生冲突了,那么在规划局那里就会有点尴尬。如果有冲突,也就是在具体的施工过程中可能会遇到一些意外的情况,比如地块下面发现文物、沼气、军用设施等,所以我们一般会在合同签订的时候留有余地,特别说明遇到意外情况,双方必须协商解决,这对防止冲突有一定的作用,避免了后期合作过程中的尴尬气氛。……比如上次一个项目,勘测过程涉及了军用设施,由于合同缺少明确约定,后来双方没有沟通好,最终直接把我们的项目拿掉了,让别的单位来接管我们的工作	勘测分院张主管

表 3-18　企业—顾客互动中共同决策与交易冲突的访谈经典语句

案例项目	经典性语句内容	人员/职务
丙会计师事务所的案例项目 C:专项审计服务项目	合作过程中遇到问题很正常,如果客户企业能够与我们一起坐下来,商量解决,当然是最有效的方法,可以排除服务项目开发过程中的矛盾和困难。但是有时候客户不一定愿意跟我们一起来解决难题,比如 J 局的专项审计项目,对方就委派了几个监理人员负责,从头到尾都找不到他们人,有问题也没法及时沟通解决,致使最后重复了很多无效的劳动,自然这个项目中途也就搁浅了	祝项目经理

案例项目	经典性语句内容	人员/职务
丁勘测设计研究院的案例项目 D:银马公寓勘测服务项目	我们在提供测绘服务的过程中,也会遇到坏账的情况,这种情况的发生和客户有很大的关系。……如果整个项目周期跟对方接触得多一些,遇到问题商量着办,对方也就会明白哪些情况是超出我们能力范围的,后面发生坏账的可能性会小很多。如果从始至终都没有与对方接触,或者接触不多,由于对方对我们也不是很熟悉,遇到问题的时候他就会把责任往我们这边推,这会激发合作后期双方的矛盾……所以,遇到困难大家商量着解决,总是能够扫除一些困难	测绘分院刘主管

表 3-19　企业—顾客互动中资源共享与交易冲突的访谈经典语句

案例项目	经典性语句内容	人员/职务
丙会计师事务所的案例项目 C:专项审计服务项目	我们在专项审计服务过程中,需要调看对方历年的报表等信息,有时候对方公司的会计部门会不太愿意,认为这样会曝光他们公司内部的隐私,进而不配合我们的工作。……有些公司我们合作了十多年,他们的详细信息有时候我们比他们自己都清楚,这样一来他们哪些项目合理,哪些项目不是很合规,我们就会非常了解	祝项目经理

表 3-20　企业—顾客互动中任务协作与交易冲突的访谈经典语句

案例项目	经典性语句内容	人员/职务
丙会计师事务所的案例项目 C:专项审计服务项目	一般情况下,我们签好的合同就是出报告,那么我们就围绕报告做,那是客户最主要的需求。但是如果对方想要了解额外的信息,哪怕项目完成了,他们还有事情需要向我们咨询,QQ 上留言什么的,我们一般也会乐意解决。……但是有一次关于公司合并的项目审计,对方公司代账的是一个 70 多岁的老会计,他认为自己做的账没有问题,我们也是出于好心,给对方指出来存在哪些问题,后来那个老会计火起来了,一直坚持自己做的账没有问题,像这种情况我们就没有办法跟他再解释下去了	傅项目经理
丁勘测设计研究院的案例项目 D:银马公寓勘测服务项目	这次银马公寓勘测服务项目的失败,主要还是怪我们太好心了,毕竟这是二次勘测的性质。因为对方单位是我们长期合作下来的老客户,所以当对方提出这个请求时,我们也是本着帮帮忙的态度,帮助他们进行二次勘测。……谁知道,他们最后跟土管局关系闹僵了,拿出我们的勘测报告作为依据,这样土管局就直接把矛头指向我们勘测院	勘测分院张主管

基于上述分析,本次研究提出以下初始研究命题:

命题 11:企业—顾客互动中共同组织对组织间交易冲突关系有显著负向影响;

命题 12:企业—顾客互动中共同决策对组织间交易冲突关系有显著负向影响;

命题 13:企业—顾客互动中资源共享对组织间交易冲突关系有显著正向影响;

命题 14:企业—顾客互动中任务协作对组织间交易冲突关系有显著正向影响。

3.6 本章小结

本章通过对四个案例项目的探索性案例分析,探讨了 KIBS 企业与顾客企业合作创新过程中企业—顾客互动对服务创新绩效的双刃剑影响机制,这种影响是通过作用于组织间长期合作、交易冲突两个中介变量进而影响服务创新绩效的。

本书认为企业—顾客互动可以通过提升组织间长期合作关系进而促进服务创新绩效的提升,这是企业—顾客互动积极影响效应的体现;然而,企业—顾客互动也存在消极的负面影响效应,体现为企业—顾客互动还会导致组织间交易冲突的发生,进而抑制服务创新绩效水平,这种负面效应的程度在企业—顾客互动的结构维度和过程维度之间有所不同。

通过探索性案例的推导论证,本章共提出了 14 个初始研究命题(见表 3-21)。本章所提出的初始研究命题初步勾勒了 KIBS 企业与顾客合作创新中企业—顾客互动对服务创新绩效的作用机制与过程模型,也得到了本章案例数据的支持。然而考虑到研究问题的复杂性,必须对初始研究命题假设进行细化,同时对概念模型进行构建与实证,以此来加强研究结论的有效性,这将在下一章进行。

表 3-21　企业—顾客互动对服务创新绩效影响机制的初始研究命题

命题序号	命题具体内容描述
命题 1	企业—顾客互动中共同组织对服务创新绩效有显著的正向影响
命题 2	企业—顾客互动中共同决策对服务创新绩效有显著的正向影响
命题 3	企业—顾客互动中资源共享对服务创新绩效有显著的正向影响
命题 4	企业—顾客互动中任务协作对服务创新绩效有显著的正向影响
命题 5	组织间长期合作关系对服务创新绩效具有显著的正向影响
命题 6	组织间交易冲突关系对服务创新绩效具有显著的负向影响
命题 7	企业—顾客互动中共同组织对组织间长期合作关系有显著正向影响
命题 8	企业—顾客互动中共同决策对组织间长期合作关系有显著正向影响
命题 9	企业—顾客互动中资源共享对组织间长期合作关系有显著正向影响
命题 10	企业—顾客互动中任务协作对组织间长期合作关系有显著正向影响
命题 11	企业—顾客互动中共同组织对组织间交易冲突关系有显著负向影响
命题 12	企业—顾客互动中共同决策对组织间交易冲突关系有显著负向影响
命题 13	企业—顾客互动中资源共享对组织间交易冲突关系有显著正向影响
命题 14	企业—顾客互动中任务协作对组织间交易冲突关系有显著正向影响

4 企业—顾客互动对服务
创新绩效作用机理的模型构建

通过第 3 章探索性案例研究,本书提出了企业—顾客互动、组织间关系与服务创新绩效之间关系的命题,初步厘清了企业—顾客互动的四个维度对服务创新绩效的影响以及组织间关系与服务创新绩效的关系。本章将进一步沿着第 3 章的逻辑思路和所得出的几个命题,详细梳理文献,进而从更深层面进行理论上的探讨,进一步提出细化后的假设,从而构建本书的实证模型。

4.1 企业—顾客互动与服务创新绩效

相对制造企业而言,KIBS 企业与顾客企业的合作关系更加密切,因为顾客企业的需求、体验等信息都可以被 KIBS 企业用作进行服务创新的资源(高孟立,2016、2017)。KIBS 企业与顾客合作创新中蕴含着一种"共生关系"(Muller 和 Zenker,2001),企业—顾客互动的界面就是企业与顾客合作创新进行价值共创的新场所(范钧、聂津君,2016),显然顾客无疑是 KIBS 企业开发新服务重要的"合作创造者"。KIBS 企业与顾客互动进行合作创新,不仅可以有效降低 KIBS 企业新服务开发过程中的不确定性,及时获取顾客的知识、信息等异质性资源(Alam,2002、2006;王琳等,2015),还可以帮助 KIBS 企业与顾客增进合作,维持长期、友好的合作关系(Athaide 和 Zhang,2011),促进双方组织间战略关系的建立(Fang 等,2008、2015;Athaide 和 Klink,2009)。所以,KIBS 企业与顾客互动成为一种促进合作创新双方组织间资源互补与能力重构的有效途径,是 KIBS 企业开展服务创新的重要途径。

4.1.1　企业—顾客共同组织与服务创新绩效

作为服务供应商的 KIBS 企业与顾客就如何进行双方交换与合作活动共同制定并遵循规则、政策与程序的程度,集中体现了双方行动与运作规则等方面的共同考虑与安排。

KIBS 企业的服务创新过程存在着很多的不确定性因素(Prahalad和 Ramaswamy,2000;Nijssen 等,2006;Poppo 和 Zhou,2014)。KIBS企业与顾客互动开发新服务或新产品的过程,可能会遇到各式各样的不确定性以及信息的高度不对称性等问题,这会影响合作创新双方的服务创新绩效。特别是 KIBS 企业服务创新过程具有高度知识密集型特征,灵活地处理互动过程中与顾客之间的关系,对 KIBS 企业而言就显得非常重要(Gopal 和 Koka,2012)。KIBS 企业的服务创新活动是一个极其复杂的过程,是跨越组织边界的集体行动系统(Gruner 和 Homburg,2000;Matthing 等,2004;Lundkvist 和 Yakhlef,2004),涉及多个职能部门的合作(Van de Ven,1976),需要双方进行广泛的、频繁的沟通与协作。同时,顾客企业本身需求的多样性,以及顾客企业在与 KIBS 企业合作创新过程中提供知识、信息、资源的程度差异性(王琳,2012),导致顾客与 KIBS 企业合作创新活动具有投入上的不确定性(Martin 等,1999),而这种互动过程中顾客投入上的不确定性又加剧了 KIBS 企业服务创新过程的复杂性。

基于 KIBS 企业服务创新中存在着很多不确定因素,KIBS 企业与顾客合作创新活动需要设立协作的规则、程序、政策、流程,甚至具体问题的解决方法等,对企业—顾客互动界面构建一定的秩序(Van de Ven,1976),尽量减少互动过程中的不确定性、复杂性和模糊性。为 KIBS 企业与顾客互动创新过程建立起来的协作规则、流程等,都将为合作双方的资源共享、任务协作等具体活动提供有益的、利于控制与协调的机制和渠道。Galbraith(1973)指出,KIBS 企业与顾客之间规划的规则、流程等可以通过"提供处理常规问题的记忆"发挥积极的协调作用,同时这些规则、流程,因为"删除了将每一个情景都视作全新的必要性",从而减少了具体决策的数量。同时 KIBS 企业与顾客企业之间约定的这些规则、流程,已经界定了互动过程中哪些行为是恰当的,哪些行为又是不恰当的(Walsh 和 Dewar,1987),因此可以大大降低互动创新过程中的不确定性,使得服务创新过程更加有效率。

企业—顾客互动中的共同组织有效地构建了 KIBS 企业与顾客合作创新中的互动机制,这些规则、程序、流程等可以帮助合作双方高效地跨越组织边界进而获取、整合资源,从而提高服务创新的质量,提升服务创新的绩效水平。市场瞬息万变,如何第一时间准确地捕捉到来自客户、市场的信息,成为 KIBS 企业获取竞争优势的关键。KIBS 企业新服务或新产品的开发速度与协作程度密切相关(Fang,2008;Fang 等,2015)。KIBS 企业与顾客互动创新过程建立相应的规则、程度、流程等,将会极大地提高双方信息沟通、反馈的效率。同时,企业—顾客互动中建立的一些具体问题解决流程或方案,可以有效地保障双方协调解决突发问题,进而增加组织间效率,降低组织间噪音,减少新服务开发的时间,从而促进服务创新绩效的提升。

企业—顾客互动中的共同组织还有助于 KIBS 企业与顾客互动过程中双方的协调、配合,进而提高服务创新绩效的水平。新服务项目或者新产品研发需要经历多个不同的环节,从服务需求的分析、服务概念的提出,到服务概念的开发、服务项目的测试等,每一个环节都需要 KIBS 企业与顾客企业进行密切的协作、配合,要求合作双方及时提供研发过程中所需要的创新资源,分享或反馈意见、建议。企业—顾客互动中的共同组织就从制度上为双方提供了互相协调、沟通、反馈的机制或者渠道,进而保障服务创新过程的顺利进行。

基于上述推理分析,本书提出如下假设:

假设 H1a:企业—顾客互动中共同组织对服务创新绩效具有显著的正向影响,即共同组织程度越高,服务创新绩效越高。

4.1.2　企业—顾客共同决策与服务创新绩效

作为服务供应商的 KIBS 企业与顾客,在合作创新过程中通过集体协商的方式来解决不同意见与观点。

当前顾客需求迅速变化、科学技术突飞猛进以及市场环境竞争激烈,这都使得 KIBS 企业与顾客之间的合作创新过程始终在一个高度不确定的环境下进行(Prahalad 和 Ramaswamy,2004;王琳,2012)。在这种情况之下,合作创新的互动过程中双方企业所做出的一些决策自然也就充满着高度的不确定性。然而,指导 KIBS 企业与顾客互动创新活动的一些决策又必须是具体的、明确的以及切实可行的(Van Riel 等,2004)。所以,企业—顾客互动过程中高质量的决策对 KIBS 企业与顾客通过互动行为开展服务创新活动具有非常重要的影响。

Matting 等(2004)指出,KIBS 企业与顾客互动创新的过程中,作为服务供应商的 KIBS 企业代表着拥有技术信息的一方,而顾客企业则代表着拥有市场信息的一方,双方企业拥有不同的专业知识背景、专业技能背景,自然对待同一问题的看法和观点也存在差异,这些都有可能导致互动创新中双方达成一致性观点的难度增大。此时,双方通过集体协商的方式解决不同意见和观点的决策机制能够有效地解决双方观点上的分歧,有助于合作双方的沟通、交流聚焦于具体问题的解决上,提高决策的质量,推进创新过程的有效进行。

合作创新情境下,KIBS 企业新服务项目的开发更是一个复杂的过程,需要与顾客企业的需求、创意、观念进行碰撞,因此需要多个团队或部门的共同行动来完成(张同建等,2014),也就意味着合作双方必须共享各自的知识,共同解决互动创新过程遇到的难题。KIBS 企业与顾客互动过程中,双方企业共同主导创新决策,如果合作双方出现分歧意见,各自都能够带着开放、包容的心态来看待、商讨、处理,就非常有利于来自不同专业领域信息、想法、创意的碰撞,从而最大程度地发挥互动双方企业的创新思维,最终达到集体协商、决策的目的(Stevens 和 Dimitriadis,2005)。

首先,对于顾客而言,积极展开与 KIBS 企业的互动活动,让对方开发出专属于自己的新服务或新产品,有利于自己个性化需求的满足(Martin 等,1999;Lundlcvist 和 Yakhlef,2004)。因此,顾客一方在合作创新中会表现出协作的积极性,这对 KIBS 企业能够开发出迎合顾客需求的新服务或新产品至关重要。同时,互动过程中顾客自身投入很多的时间和精力,表达自身的特定需求,发挥自身的主观能动性(Alam 和 Perry,2002),会使顾客相信自己可以亲自参与新服务或新产品的开发过程,而且自身的一些建议、意见对有效地推进合作创新活动是有帮助的,进而产生一定的成就感和自豪感,会极大地提升最终服务创新产出产品的接受度和满意度。

其次,KIBS 企业与顾客的共同决策活动,有助于合作创新后续执行力的提升。合作创新中双方企业亲自参与决策的制定过程使得 KIBS 企业与顾客之间的分歧意见有了一个可以充分考虑、商讨的机会或平台,从而使合作双方均表现出强烈实施决策的动机(Nightingale,1981)。同时,KIBS 企业与顾客都参与了决策的过程,因此各自对于决策的具体实施以及如何配合、协助对方会有更深层次的理解,合作过程中遇到难题或困难的时候一方主动承担责任的意愿也会更加强烈(Locke 和 Schweiger,1979)。决策被顺利执行的可能性就会大大提高,最终有助于服务创新绩效的提升。

基于上述推理分析,本书提出如下假设:

假设 H1b:企业—顾客互动中共同决策对服务创新绩效具有显著的正向影响,即共同决策程度越高,服务创新绩效越高。

4.1.3 企业—顾客资源共享与服务创新绩效

作为服务供应商的 KIBS 企业与顾客企业在信息、技术甚至社会资本等方面的共享活动,体现了合作创新过程中双方可以接触并调用对方资源的程度。

资源依赖理论的观点将 KIBS 企业看作异质性资源与能力的集合体,认为 KIBS 企业的服务创新活动需要从外部获取诸如资金、信息、人才等资源,特别是从顾客处获得有益于服务创新的异质性资源。Lengnick-Hall(1996)指出,KIBS 企业不可能拥有服务创新所需的全部资源,特别是在市场竞争压力日益激烈的当下,其不得不扩展自身的生产性资源,跳出传统的企业边界,将顾客视作潜在的、重要的合作伙伴。这就意味着 KIBS 企业与顾客合作创新过程中,KIBS 企业必须与顾客积极合作,整合、交换相互的资源,以完成价值的共创活动。KIBS 企业与顾客间合作创新,通过双方积极的互动,一方面顾客会以信息、知识等方式积极地向 KIBS 企业提供其所拥有的资源、能力,而这些资源与能力往往会成为 KIBS 企业成功开展服务创新的关键性资源(Gruner 和 Homburg,2000;Alam 和 Perry,2002;Prahalad 和 Ramaswamy,2004;

Matthing 等,2004;Fang 等,2008、2015;高孟立,2016);另一方面 KIBS 企业可以更好地深入了解顾客现实、潜在的需求,尤其是隐性的需求,进而减少新服务开发过程中的盲目性和不确定性,这将会更有利于增加企业服务创新成果的市场接受程度(Djellal 和 Gallouj,2001;Bharadwaj 等,2012;王永贵等,2011)。

由此可见,KIBS 企业代表着拥有技术的一方,顾客代表着拥有市场需求的一方,合作双方拥有异质的、互补的创新资源,KIBS 企业与顾客合作创新过程双方资源共享活动越频繁,越有可能接近、获取、应用对方异质性的创新资源,这将会极大地拓宽企业—顾客互动作为行动系统可以获取、利用资源的渠道,对 KIBS 企业的服务创新绩效将会产生积极的影响。

第一,KIBS 企业与顾客合作创新过程中的创意、想法等不仅来源于 KIBS 企业,也来源于顾客,双方互动过程中资源共享程度越深,越有可能及时、准确地捕获跨越组织边界的信息、知识,越会加深双方的合作关系,有效地推动服务创新活动的顺利进行。Carbonell 等(2009)研究证实,合作创新过程中 KIBS 企业与顾客企业交流的深度、见面的频率等因素都会极大地促进 KIBS 企业新服务或新产品的开发绩效。Lagrosen(2005)也认为,顾客企业的深度互动、有效协作有利于 KIBS 企业价值的创造,这在强调顾客价值重要性的同时,也增进了 KIBS 企业自身服务创新的程度。由此可见,合作创新过程中积极鼓励顾客企业参与 KIBS 企业新服务或新产品的开发、推广,促进双方的资源共享行为,有助于 KIBS 企业及时、准确地获取顾客企业的信息,维护与顾客企业的良好合作关系,提高新服务开发的绩效水平。

第二,KIBS 企业与顾客的互动过程,资源共享活动越深入,就越能够发现互动过程中双方所存在的问题,也越能够促使双方加强沟通、反馈、调整,这可以进一步增加新服务或新产品开发的针对性和有效性。KIBS 企业与顾客进行资源共享活动,意味着双方多元化的信息聚集在一起,双方可以更加快捷、更多视角地去掌握新服务或新产品的开发过程,也就越容易发现服务创新过程中存在的问题和不足,更加有利于合作双方在创意、想法、观点等方面的交流,这对双方合作开展服务创新活动非常有帮助(Alam 和 Perry,2002;Alam,2002、2006)。此外,更加深入的资源共享活动,有利于发掘双方隐性的知识以及增进双方合作创新过程中的友谊,进一步推动服务创新活动的开展。

基于上述推理分析,本书提出如下假设:

假设 H1c:企业—顾客互动中资源共享对服务创新绩效具有显著的正向影响,即资源共享活动越深入,服务创新绩效越高。

4.1.4 企业—顾客任务协作与服务创新绩效

合作创新具体环节中,作为服务供应商的 KIBS 企业与顾客企业分别承担相关的工作与职责,并相互帮助以解决问题与攻克难关,反映了 KIBS 企业与顾客为了创新任务的实现所做出的适应性调整。

KIBS 企业与顾客的合作创新是一个不断发现问题,进而不断解决问题的过程,互动过程涉及大量、复杂、关联的协作任务。鼓励顾客提出、评价、讨论甚至票选新服务改进思路,可以帮助 KIBS 企业及时发现、理解、满足顾客的潜在需求,获取更多的新产品开发创意(范钧和聂津君,2016)。Witell 等(2011)发现,KIBS 企业与顾客之间的任务协作可以使顾客更加有效地参与服务创新的相关任务,为 KIBS 企业提供更多的满足顾客潜在需求的创新性问题解决方案。可见,KIBS 企业与顾客间的任务协作,为合作双方构建了一个交流、合作的平台,通过这个平台,不同专业知识背景的不同组织成员可以展开积极的沟通、协作、反馈(Hertog,2000),解决互动过程中遇到的难题,提高 KIBS 企业与顾客跨越组织边界的合作效率,从而促进服务创新绩效水平的提升。

首先,KIBS 企业与顾客之间的任务协作可以有效地帮助 KIBS 企业缩短服务创新的时间,提高新服务或新产品开发的效率。KIBS 企业与顾客互动过程中对创新任务的分工与协作,促使 KIBS 企业与顾客互相协调、配合,共同来解决问题。而且互动中双方的任务协作也说明了双方愿意对创新问题进行积极的协调、配合,并作出一定的调整,进而极大地提升组织间合作的效率,减少新服务开发的时间,促进服务创新绩效水平的提升。

其次,KIBS 企业与顾客之间的任务协作还可以有效地帮助 KIBS 企业提高服务创新成果的质量。任务协作意味着互动过程中,KIBS 企业与顾客各自承担着特定的创新任务并且肩负着相应的责任,这种责任感会驱使 KIBS 企业和顾客不再仅仅关注自身的利益、眼前的利益,而是更关注长远的、双方的利益,于是双方积极协作,共同面对,谋求完成所遇到的创新任务(Neale 和 Corkindale,1998;Foss 等,2011)。同时,由于互动过程中的积极协作,KIBS 企业与顾客对不同的创意、观点、想法等会持有一种更加宽容的心态,这就会大大增加合作双方对服务创新成果的可接受性。

基于上述推理分析,本书提出如下假设:

假设 H1d:企业—顾客互动中任务协作对服务创新绩效具有显著的正向影响,即任务协作活动越有效,服务创新绩效越高。

4.2　组织间关系与服务创新绩效

学术界在组织层面关于企业—顾客互动对服务创新的作用机理研究,主要基于两大视角:知识转移视角(Vargo 和 Lusch,2004;Lundkvist 和 Yakhlef,2004;Matthing 等,2004;Fang 等,2008;Carbonell 等,2009;Qin 等,2011;Lusch 和 Nambisan,2015;张若勇等,2007;卢俊义、王永贵,2011)和组织间关系视角(Ganesan,1994;Galaskiewicz 和 Zaheer,1999;Gustafsson,2005;Fang 等,2008;Athaide 和 Klink,2009;Athaide 和 Zhang,2011;马双等,2015)。

基于知识转移视角对企业—顾客互动与服务创新绩效关系的研究已经相对成熟,而从组织间关系视角出发对两者之间作用机理的研究,日前学术界还相对较少。即使已有的一些从组织间关系视角出发的研究,大多也是从积极的影响方面对其进行研究。最新研究和企业实践发现,企业—顾客互动也会给企业的服务创新绩效带来负面消极的影响(Samaha 等,2011;Villena 等,2011;马双等,2015)。鉴于此,本书试图从组织间关系视角嵌入,关注组织间长期合作的积极影响,也关注组织间交易冲突的消极影响,剖析企业—顾客互动双刃剑的影响效应。

4.2.1　长期合作与服务创新绩效

基于关系观视角的组织间关系认为组织间在长期合作过程中所形

成的特定关系是组织获取竞争优势的关键性资源,且这种关键性资源会跨越组织边界,嵌入组织间常规惯例与程序之中,从而产生关系租金。Dyer(1997)指出,组织间长期合作所产生的错综复杂的交互关系会导致资源的私有性以及合作对象的稀缺性,形成更加维系关系租金的模仿障碍。Dyer 和 Nobeoka(2000)对组织间关系网络演进过程进行研究,其结论为组织间关系的关系观视角提供了实证支持:组织间关系网络比单个组织更有利于提高服务创新成果质量。罗珉(2007)指出,组织间共享彼此独特的能力要素以及资源,可以创造出竞争优势,而且可以产生更多的合作利益,这就说明合作创新中组织间的关系相互依赖、相互影响。Gulati 等(2000)认为,如果资源不能有效地通过市场进行交易或者经过并购而获得,企业可以发展组织间关系来获得这些资源,构建组织间关系网络可以帮助企业与其他企业共享或者交换有价值的创新资源,即通过构建良好的组织间关系,企业可以进行资源融合,进而创造更大的价值空间。

KIBS 企业与顾客企业保持较好的长期关系,不仅有利于顾客企业对新服务或新产品传播口碑,更有利于巩固 KIBS 企业新服务或新产品在市场上的地位优势(Ganesan,1994),提升服务供应商 KIBS 企业的服务创新绩效,使得 KIBS 企业的服务创新成果在市场上更加有竞争优势,并给企业带来更多的销售额和利润(Lin 等,2010)。Ryals 和 Humphries(2007)认为,KIBS 企业与顾客企业之间保持长期的合作意向,是合作双方关系质量的充分体现。这种良好的关系质量使得 KIBS 企业的服务创新产品有了可靠的市场保障,更加有利于新服务或新产品的销售。

由此可见,KIBS 企业与顾客合作创新过程,促进了合作双方组织间关系的建立(Athaide 和 Zhang,2011)、组织间关系网络的构建(Galaskiewicz 和 Zaheer,1999;Gulati 等,2000)、双方战略关系的构筑(Bonner,2010)等。这些都有助于 KIBS 企业与顾客企业长期合作意愿的形成和发展,增加企业间的沟通机会,加深彼此的了解,建立相互的信任,维持双方良好的长期合作关系。而通过互动行为构建的良好的组织间关系可以进一步融合相互间的创新资源,进一步增进双方企业的战略伙伴关系,进一步构建更多的组织间关系网络资源,创造出更大的价值空间,提升 KIBS 企业的服务创新绩效。

基于上述推理分析,本书提出如下假设:

假设 H4a:组织间关系中的长期合作对服务创新绩效有显著的正向影响。

4.2.2　交易冲突与服务创新绩效

交易冲突指的是顾客与服务供应商在交易过程中对具体交易内容,诸如最终成交的价格、交易产品或服务的质量等等,看法上的不一致所导致的冲突行为(Samaha 等,2011)。KIBS 企业与顾客企业产生交易冲突,那就意味着 KIBS 企业与顾客企业合作开发的新服务或新产品得不到顾客企业的完全支持或认同。

首先,如果作为服务供应商的 KIBS 企业与顾客产生较大的分歧,KIBS 企业内部员工可能会怀疑自身企业开发出来的新服务或新产品。也就是说交易冲突不仅仅是企业外部与顾客的事情,还会传递到企业内部,极大地影响企业内部,特别是企业内部服务创新项目的开发人员,会影响他们的服务创新积极性。Pruden(1969)就明确地指出,企业—顾客互动创新中如果顾客与企业产生较大的分歧,那么服务供应商内部的员工也有可能会怀疑自家企业所研发的新产品或新服务,即合作后期组织间关系的冲突会严重损害服务供应商的内部创新动力,从而不利于服务供应商进行服务创新活动。

其次,如果顾客不愿意接受 KIBS 企业所提出的价格、质量等方面的条款,这将损害 KIBS 企业所开发出来的新服务或新产品在市场上的地位(Stern 等,1973;Samaha 等,2011)。KIBS 企业服务创新活动的特殊性,导致其所开发的新服务或新产品在未交付之前,都是专用性投资,一旦顾客放弃购买,意味着 KIBS 企业的服务创新项目前期所有的投资都将无法收回,面临着高昂的费用损失。Williamson(2010)指出,合作创新过程中,作为服务供应商的 KIBS 企业必须为此投入专门的人力和物力,这些资源是专门针对组织顾客的专用性投资,在合作后期一旦组织顾客终止交易,企业将会面临高额的费用。

最后,交易冲突行为还会引发 KIBS 企业与顾客之间的机会主义行为,导致合作关系的破裂。Chan 等(2010)指出,顾客参与合作创新,不仅能够分享有用的信息,还总是可以有效地获取与服务或产品密切相关的各种信息,这样就会使得专业性知识所有权从原本属于作为服务供应商的 KIBS 企业方转移到顾客方,导致合作后期顾客机会主义行为的发生。Cramton(2001)认为,企业—顾客互动创新过程中,随着专业性知识所有权从服务供应商一方逐渐转移到顾客一方,相对处于优势地位的顾客会产生一种特权感,感到自己更重要,进而诱发其合作后期更多的机会主义行为。KIBS 企业与顾客之间的机会主义行为会极大地损害双方的合作关系,甚至导致组织间合作关系的破裂,严重影响服务创新绩效水平。

因此,交易冲突会导致 KIBS 企业内部创新动力的降低、服务创新成果市场上的冲击以及由于专用性投资与专业性知识所有权转移所埋下的机会主义行为的爆发,最终严重影响 KIBS 企业服务创新的绩效水平。

基于上述推理分析,本书提出如下假设:

假设 H4b:组织间关系中的交易冲突对服务创新绩效有显著的负向影响。

4.3　组织间关系的中介作用

本章的前两节论证了企业—顾客互动对服务创新绩效的提升具有明显的促进作用以及组织间关系对服务创新绩效的影响,同时在第3章的探索性案例分析也得出,企业—顾客互动与组织间关系、组织间关系与服务创新绩效之间存在明显的相关性。也就是说,企业—顾客互动对于服务创新绩效的影响,很有可能是通过组织间关系这个中介变量的间接作用而实现的。卢谢峰和韩立敏(2007)指出,如果研究仅仅考虑两个变量间简单的线性关系,这样往往会掩盖事物本来的、真实的、复杂的面目,有可能会误读所要研究对象的本质。因此,本节将论述组织间关系在企业—顾客互动与服务创新绩效之间的中介作用机制,也就是 KIBS 企业合作创新中企业—顾客互动如何通过作用于组织间关系进而影响服务创新绩效。

　　中介作用考察的是自变量影响因变量的具体方式,即如果自变量 X 对因变量 Y 存在影响作用,而且自变量 X 通过影响变量 M 进而影响因变量 Y,那么称变量 M 为中介变量(温忠麟等,2004、2006)。中介变量的分析具体可以通过图 4-1 中的三个步骤来实现。

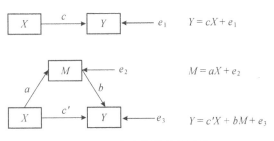

图 4-1　中介变量的分析过程

4.3.1　企业—顾客共同组织与组织间关系

　　首先,KIBS 企业与顾客合作创新中的共同组织为 KIBS 企业与顾客企业构建了交换与合作活动所应共同遵循的规则、政策、程序等一系列的保障措施。Grant(1996)强调,合作创新双方遵循的规则可以被认为是用来规范组织间互动行为的标准,进而有助于促进双方组织间关系长期、稳定地发展,以及增进组织间的互动行为。由于 KIBS 企业与顾客合作开展服务创新项目具有持续性、互动性、复杂性等特征,所以互动中双方共同组织所建立起来的规则、政策、程序等将成为重要的保障机制,推动双方合作关系顺利、持续、健康地发展。双方所建立的规则、程序、政策等具有一定的法律效力,互动创新过程中一旦有一方违反或未按照先前共同组织的约定去履行,那么,不管其是有意还是无意,都将会受到一定的制裁,承担一定的经济和法律后果(Jap 和 Ganesan,2000)。所以,共同组织中的规则、程序、政策等越是详细,越有助于 KIBS 企业与顾客企业在互动创新过程中明确各自的角色,认清各自的职责,也越有助于互动过程中双方的互相监督与制约,减少合作后期的机会主义行为,维护组织间关系的健康发展,推动服务创新过程的顺利进行。可见,KIBS 企业与顾客合作创新过程中所构建的规则、政策、程序等越是丰富、详细,越有利于组织间关系长期、持续、健康地发展。

其次,KIBS 企业与顾客的共同组织所构建的规则、程序、政策等,可以规范合作中双方行为,降低投机取巧、机会主义行为发生的概率。由于 KIBS 企业服务创新活动的特殊性,其新服务或新产品的开发先前必须为特定顾客投入专用性投资,而这也就增加了顾客合作后期算计行为发生的可能性,一旦合作后期顾客企业发生机会主义行为,KIBS 企业将会面临高昂的费用,甚至无法收回前期所有的投资成本(Williamson,2010;王节祥等,2015)。同时,由于 KIBS 企业与顾客合作创新是一个持续时间较长、充分互动的过程,在互动过程中拥有技术知识的 KIBS 企业的专业性知识会逐渐转移到顾客企业一方,那么在合作后期顾客会倍加感觉到自身地位的优越性,产生一种特权感,这会进一步加剧顾客机会主义行为发生的可能性(Prahalad 和 Ramaswamy,2000;Cramton,2001;Chan 等,2010)。

由此可见,KIBS 企业与顾客互动过程中,专用性投资的存在以及专业性知识的逐渐转移会诱发顾客的机会主义行为,而机会主义行为的发生直接导致组织间交易冲突行为的发生,甚至合作关系的破裂。然而,基于交易成本理论,KIBS 企业与顾客企业之间共同组织所构建的规则、政策、程序等,可以明确组织间的合作、交易条件,构建双方合作行为的约束机制。如果这些约束条件以显性的书面文字方式加以确认,则可以弱化由顾客在互动中所产生的特权感而引起的利益冲突行为(Li等,2010),因此可以有力地制衡合作过程中双方的行为,大大减少双方的机会主义行为,最终减少合作后期双方交易冲突发生的可能性。

基于上述推理分析,本书提出如下假设:

假设 H2a:企业—顾客互动中共同组织对组织间长期合作有显著的正向影响,即共同组织程度越高,组织间长期合作意向越强。

假设 H3a:企业—顾客互动中共同组织对组织间交易冲突有显著的负向影响,即共同组织程度越高,组织间交易冲突可能性越低。

4.3.2 企业—顾客共同决策与组织间关系

首先,KIBS 企业与顾客间的共同决策活动为合作创新过程中双方组织互相交流、互相探讨、沟通反馈,以集体协商的方式解决意见分歧提供了一个平台。与制造业的产品创新不同,KIBS 企业的服务创新产出不仅无法事先进行准确的界定,而且创新过程还需要顾客企业全程、持续互动,同时合作创新过程中 KIBS 企业与顾客企业有各自的预期和评判标准,因此,服务创新活动中对诸多问题极有可能持有不同的、甚至截然相反的观点或意见,双方会经历一个明显的认知冲突过程(王琳,2012)。当遇到问题的时候,如果双方不通过集体协商的方式来解决,而仅仅凭借单方的主观决策加以确定,那么另一方的意见无法得到倾听和解决,同时也无法贡献自己的观点与建议。所以,当服务创新实践中遇到分歧意见的时候,如果 KIBS 企业与顾客企业积极协商,双方组织就有机会将各自的想法、创意、观点甚至分歧意见进行充分的表述、交流、沟通,这不仅仅可以引导双方组织将注意力聚焦于整合双方现有的知识、技能以实现服务创新目标,更有利于双方组织创造一个共享的情境,减少意见的分歧,维护合作双方组织的长期合作关系,促进服务创新绩效水平的提升(Mehta,2006)。

其次,KIBS 企业与顾客之间共同决策能够让双方组织意识到各自的意见和观点会被对方倾听和考虑,这会让一方感受到对方的坦诚,减少合作创新过程中的算计、投机行为。由于顾客在与 KIBS 企业互动创新过程中,会利用自己在新服务或新产品开发中所占据的优势地位以及所获得的信息来最大化自身的利益(Williamson,2010;马双等,2015;高孟立,2017),所以在 KIBS 企业与顾客企业合作的后期,顾客往往会表现出各种自私自利的行为,诸如顾客对 KIBS 企业的算计行为(Gustafsson 等,2005)、对新服务或新产品提出更高的质量要求、最大限度地压低之前商定的价格(Samaha 等,2011),这些都会导致合作双方组织间的冲突行为。KIBS 企业与顾客之间的共同决策机制,让双方互动过程中遇到难题、分歧的时候,更加清楚地了解对方的需求,试图通过协商的方式来化解矛盾、减少冲突、增强合作,由此组织间的机会主义行为会得到极大的遏制,组织间的长期合作关系会得到极大的增强。

由此可见,KIBS 企业合作创新过程中与顾客企业间的集体决策程度越高,越保障了合作双方自由地表达自己的观点与意见。为了支持自己的观点,成员就会努力寻求更多的信息、资源来支持自己的观点,积极拓展、维护与对方企业的长期合作关系,有效降低合作过程中的算计、投机等机会主义行为的发生。

基于上述推理分析,本研究提出如下假设:

假设 H2b:企业—顾客互动中共同决策对组织间长期合作有显著的正向影响,即共同决策程度越高,组织间长期合作意向越强。

假设 H3b:企业—顾客互动中共同决策对组织间交易冲突有显著的负向影响,即共同决策程度越高,组织间交易冲突可能性越低。

4.3.3 企业—顾客资源共享与组织间关系

首先,KIBS 企业与顾客之间资源共享活动有利于增进双方知识、信息、创新资源的互补与流动,通过双方资源的共享促进长期、稳定的组织间关系发展。KIBS 企业的服务创新过程中,企业方或者顾客方不可能拥有创新所需要的全部资源(Gallouj 和 Weinstein,1997),双方互动过程中势必要不断地搜寻对方异质化或者互补性的创新资源,从而实现跨越组织边界的资源共享活动。作为服务供应商的 KIBS 企业拥有专业性的知识和技能,而顾客企业则拥有代表着目标市场的市场知识、需求知识等,双方通常需要通过资源共享活动进行交流、沟通,促进信息、知识转移,进而实现价值共创、增进组织间合作关系(Fang 等,2008)。特别是在创新任务高度复杂的环境下,或者完全个性化的产品创新中,以往标准化的产品或服务已经难以满足关键顾客特有的需求,通过资源共享活动 KIBS 企业可以跨界深度介入顾客所拥有的资源领域,及时获取所需信息,促使合作创新顺利开展与推进,强化 KIBS 企业与顾客企业之间长期的合作关系(Fang 等,2015)。而且,KIBS 企业如果能够在新服务或新产品的开发过程中积极展开与顾客的互动,通过双方资源共享活动,聆听顾客的声音,就可以在合作互动创新过程中充分地学习、了解顾客的需求,也就是"干中学",这有助于开发出来的新服务或新产品更好地满足顾客、市场的需求,最终赢得顾客、市场的认可,维持与顾客之间长期、稳定的合作关系(Bharadwaj 等,2012;王永贵等,2011)。可见,KIBS 企业与顾客之间的资源共享活动是促进合作双方跨界展开创新资源互动的有力手段,可以增进双方组织间合作关系的长期稳定发展,最终促进服务创新绩效水平的提升。

其次,KIBS 企业与顾客之间资源共享活动越频繁,越可以增加彼此接触的机会,有利于双方信息的披露,增进双方的忠诚度,进而提升组织间的合作关系。随着 KIBS 企业与顾客互动的深入,双方共享资源的领域和范围加深,可接触到对方的异质性资源也就越广,双方信息的披露也就越多,KIBS 企业与顾客之间作为一个行动系统的集合体也就越透明,这样可以激发合作双方坦诚相待的态度(Starbuck,1992),促进组织间关系长期稳定发展。KIBS 企业与顾客互动创新过程中,积极的资源共享活动将会改变合作双方的竞争格局,作为服务供应商的 KIBS 企业邀请顾客一起互动,通过资源共享促进价值的创造。双方充分共享资源进而有效沟通与互动,增进双方情感,可以提升双方组织间关系的质量以及促进双方长期合作的意愿(Athaide 和 Klink,2009)。互动创新过程中随着资源共享活动的深入,KIBS 企业与顾客之间越是认知、熟悉对方的背景,越可能促使双方发展出共同的语言、共同的理解,有效地推动双方丰富多彩的对话与沟通(Tiwana 和 Mclean,2005),进而激发合作双方的忠诚(Starbuck,1992),最终促进双方长期合作战略关系的建立(Fang 等,2015)。由此可见,KIBS 企业与顾客之间频繁的资源共享活动可以增加双方交流、沟通的机会,增进双方的忠诚,有利于组织间长期战略合作关系的建立。

然而,KIBS 企业与顾客之间资源共享活动越多,本属于 KIBS 企业的专业性知识所有权就越会逐渐转移到顾客一方,导致合作后期冲突行为发生的可能性增加。顾客企业与 KIBS 企业资源共享活动中,不仅可以分享有用的专业性知识,还可以有效地获取与新服务或新产品开发密切相关的各种信息,这就会使得专业性知识所有权从本属于作为服务供应商的 KIBS 企业方转移到顾客一方,导致合作后期顾客机会主义行为的发生(Chan 等,2010)。顾客企业除了参与价值创造,还参与价值攫取,企业—顾客互动创新过程中顾客会利用资源共享过程所获取的信息来最大化自身的价值,诸如压低价格、要求服务供应商改进服务质量等(Samaha 等,2011),这些行为会引起顾客和 KIBS 企业之间多种利益的冲突(Bogers 等,2010)。所以,Fang 等(2015)指出,企业—顾客互动中资源共享活动越深入,顾客就会拥有越多的话语权,导致合作后期谋求自身利益最大化的可能性增大。同时,KIBS 企业与顾客互动中随着资源共享活动的频繁,专业性知识所有权从 KIBS 企业逐渐转移到顾客一方,顾客就会由于处于相对的优势地位而产生一种特权感(Cramton,

2001),逐渐提高合作后期自身的期望(Prahalad 和 Ramaswamy,2000),进而诱发更多的不确定性行为,最终导致组织间机会主义行为发生概率增大,产生交易冲突,甚至组织间合作关系的破裂。

基于上述推理分析,本书提出如下假设:

假设 H2c:企业—顾客互动中资源共享对组织间长期合作有显著的正向影响,即资源共享程度越高,组织间长期合作意向越强。

假设 H3c:企业—顾客互动中资源共享对组织间交易冲突有显著的正向影响,即资源共享程度越高,组织间交易冲突可能性越高。

4.3.4 企业—顾客任务协作与组织间关系

企业—顾客任务协作反映的是作为服务供应商的 KIBS 企业与顾客企业各自承担互动创新过程中相关的工作与职责,并互相协作以解决问题、攻克难关,其所体现的是 KIBS 企业与顾客企业为了创新任务的实现所做出的适应性调整。

首先,KIBS 企业与顾客之间的任务协作有助于合作双方成员明确合作创新过程中各自所承担的职责,准确地理解各自的任务。王琳等(2015)指出,KIBS 企业与顾客之间的任务协作活动能够促进拥有不同知识、信息、技能的成员展开沟通、协作、配合,解决、克服服务创新过程中所遇到的困难,提升服务创新组织的效率,从而维护组织间良好的合作关系,提升服务创新的绩效水平。作为服务供应商的 KIBS 企业拥有专业的技术知识,顾客拥有具体的需求知识,双方通过交流、沟通促进共同价值的创造,特别是双方企业的深入沟通与任务协作行为可以极大地促进组织间战略关系的建立(Fang 等,2015)。

其次,如果顾客对服务创新成功的资源拥有判断和处理权力,那么,企业—顾客互动中的任务协作活动实质上为作为服务供应商的 KIBS 企业接近、获取顾客方资源提供了一定的"桥梁机制"(Gruner 和 Homburg,2000)。通过任务协作这一桥梁作用,KIBS 企业得以将顾客纳入自身服务创新整体的行动系统,积极展开协作,共同面对创新问题,解决、克服遇到的难题,增进合作双方的情感交流,巩固感情,进而建立战略合作联盟关系。当 KIBS 企业与顾客之间在服务创新项目上协作程度较高的时候,双方就会更加准确地理解合作的任务,更加全方位地考虑对方的观点与意见,搜集更多与合作任务密切相关的知识、信息等资源,并且进行协作分析。此过程能够进一步增进合作双方的情感交流,有利于维护组织间长期合作关系。

然而,KIBS企业与顾客之间频繁的任务协作活动,也会诱发顾客产生优越感和特权感,这将会导致合作后期的投机行为,致使组织间交易冲突行为的发生。顾客的优越感或特权感将会使顾客在合作创新后期攫取更多的价值,引发后期交易中顾客企业与KIBS企业的利益冲突。Prahalad和Ramaswamy(2000)研究得出,企业与顾客在任务协作的过程中,顾客的要求与期望会逐渐提高,这会使得KIBS企业更加难以预测顾客的行为,也就是在企业与顾客任务协作共创价值的过程中产生了顾客行为上的不确定性。他们对福特汽车公司案例的研究发现,曾经企业新产品开发过程中邀请顾客进行任务协作活动,但是顾客在后期利用自己的优势地位最大限度地压低新产品价格以谋求利益。

因此,KIBS企业与顾客互动中顾客不仅参与价值共创,也参与价值攫取,顾客的特权感将会使得顾客在价值攫取中要求更多的利益分配,这会大大地引起合作后期交易中KIBS企业和顾客的利益冲突行为,导致合作双方组织间关系破裂。同时,在与顾客的任务协作过程中,对于KIBS企业来说存在着专用性投资(Williamson,2010),这也会使得顾客拥有更多所谓的话语权,产生更大的优越感,诱发其在合作创新后期谋求自身利益的最大化,实施投机行为,进而导致组织间交易的冲突,甚至组织间合作关系的破裂(Fang等,2015)。此外,顾客企业和KIBS企业来自不同的企业,各自有着不同的文化、语言、组织结构、领导体系等,这些都决定了他们有着不同的目标(De Brentani和Ragot,1996)。这就决定了合作后期顾客的自利行为,顾客企业总会不惜牺牲KIBS企业的利益来最大化自身利益,这将造成互动创新过程中顾客和KIBS企业合作目标上的冲突(Goes和Park,1997)。

由此可见,KIBS企业合作创新过程中与顾客的任务协作活动,顾客由于获得了额外的信息,产生了心理上所谓的优越感和特权感,致使合作后期顾客就会利用这些信息来谋取最优的产品质量、最低的市场价格以及最全的产品担保政策等等,进而表现出一定的逐利行为、投机行为,造成合作组织间的交易冲突。

基于上述推理分析,本书提出如下假设:

假设 H2d:企业—顾客互动中任务协作对组织间长期合作有显著的正向影响,即任务协作程度越高,组织间长期合作意向越强。

假设 H3d:企业—顾客互动中任务协作对组织间交易冲突有显著的正向影响,即任务协作程度越高,组织间交易冲突可能性越高。

4.4　组织间合作治理方式的调节作用

本章前几节的论述逐渐打开了企业—顾客互动对服务创新绩效作用机制的黑箱,也就是说 KIBS 企业与顾客企业的合作创新过程中企业—顾客互动可以通过影响组织间关系进而作用于服务创新绩效。本节将聚焦于企业—顾客互动与组织间关系,进一步探讨在不同的组织间合作治理方式的调节作用下企业—顾客互动对组织间关系的影响机制问题。

尽管很多学者认为 KIBS 企业与顾客之间积极互动开展合作创新,有助于维护合作双方组织间的长期合作关系,进而促进服务创新绩效的提升(Starbuck,1992;Grant,1996;Gallouj 和 Weinstein,1997;Gruner 和 Homburg,2000;Tiwana 和 Mclean,2005;Mehta,2006;Athaide 和 Klink,2009;Fang 等,2015;王琳等,2015;高孟立,2016、2017),然而,KIBS 企业与顾客之间的互动活动也会诱发机会主义行为,导致合作双方交易冲突行为的发生,进而诱发组织间关系的破裂(De Brentani 和 Ragot,1996;Goes 和 Park,1997;Prahalad 和 Ramaswamy,2000;Cramton,2001;Gustafsson 等,2005;Williamson,2010;Chan 等,2010;Bogers 等,2010;Li 等,2010;Samaha 等,2011;Fang 等,2015;马双等,2015;高孟立,2017)。

KIBS 企业与顾客之间互动创新在增进组织间长期合作关系的同时,也有可能造成组织间交易冲突行为,也就是说企业—顾客互动在给 KIBS 企业服务创新带来收益和优势的同时,也会带来一定的成本和弊端。在企业服务创新的实践中,确实也存在一些企业与顾客企业合作开发新服务或新产品,反而导致组织间交易冲突行为的发生,最终组织间合作关系破裂。比如,一些生物科技企业邀请下游的制药顾客企业共同开发新药品,但最终导致合作关系的中断(Fang 等,2015)。约翰逊控制器公司在合作创新中邀请了顾客日本丰田公司深入参与其新产品的开发过程,然而在合作过程中尽管丰田公司为新产品的研发提供了新的设计思路,但是在合作后期丰田公司也利用自己在合作中所获取的信息故意压低产品的价格,最终导致双方交易冲突的结果(Villena 等,2011)。File 等(1992)对 23 家法律机构的财务服务项目中顾客互动和满意度之间的关系进行实证研究,发现顾客互动与满意度间的关系并不显著正相关。在本次四家企业探索性案例研究中也发现了类似现象的存在。

综上所述,无论是学术界,还是企业实践界,都预示着企业—顾客互动对组织间关系具有双刃剑的作用效果,因此,KIBS 企业在与顾客合作创新过程中有必要在收益和成本之间做出一定的权衡,并且对双方互动过程进行有效的管理,降低交易冲突行为,增进长期合作关系。于是,本书将引入组织间最常用的合作治理方式——契约治理和关系治理,重点讨论其对企业—顾客互动与组织间关系的影响作用。针对上述关系的解释,将有助于 KIBS 企业更好地管控合作创新中与顾客的互动活动。

4.4.1　契约治理的调节作用

组织间关系的治理机制一般指的是合作创新中结盟的企业为了更好地指导双方顺利开展合作,用以激励或约束双方合作行为而设置的控制机制(赵昌平、葛卫华,2003)。治理机制一般包括两种类型,契约治理(正式控制)和关系治理(非正式控制)。所谓契约治理是指通过契约、成文的政策和规则以及程序等显性的方式进而实现双方所期望的行为,诸如契约、监督以及专用性投资(Williamson,1975;刘文霞等,2014)。契约可以通过正式的规范和程序来详细地确定合作创新双方的权利与义务,以及约定对未来所发生事项的处理方式,这是组织间最常用的治理方式(刘文霞等,2014)。然而,契约治理是否完全适用于企业—顾客互动创新活动,这还值得商榷。

(1)契约治理对企业—顾客互动与长期合作关系的调节作用

首先,KIBS 企业与顾客互动过程中所建立起来的相互信任的情感与契约精神不一致。企业—顾客互动可以加强组织间的沟通与协作,构建双方和谐、友好的合作氛围,企业与顾客之间逐渐建立起相互信任的关系。在这种相互信任的关系下,合作创新过程中 KIBS 企业与顾客企业都希望能够通过自我调整的方式来适应对方,抑制一些不利于合作关系的算计、投机等消极行为的发生,营造良好的合作共赢环境。Poppo和 Zhou(2014)指出,契约治理反映了一方企业对另一方企业的不信任与担忧,会破坏组织间的信任关系。如果 KIBS 企业与顾客之间已经构建起了良好的合作关系,此时 KIBS 企业对顾客的合作管理中再使用契约治理则会显得多余,而且几乎没有效果。KIBS 企业在服务创新活动中与顾客开展合作创新,通过互动过程中相互间的共同决策、资源共享、任务协作等活动,建立起与顾客持续、友好的对话,相互之间也慢慢培养起了信任、忠诚的情感,而契约治理需要通过严格的规则、政策、程序等来明确互动过程中双方的具体行为,这会给双方营造出一种不信任、不放心的氛围,与互动所建立起来的相互信任的感情背道而驰,可能会淡化甚至破坏 KIBS 企业与顾客相互信任的感情。所以此时的契约治理可能反而会抑制 KIBS 企业—顾客互动与组织间长期合作关系,不利于双方组织间合作关系的发展。Yang 等(2011)也指出,合作创新过程中企业与顾客遵守契约,就意味着顾客必须按照先前拟定的合同行事,这可能会阻碍合作创新中互动的内在动机,大大降低其对服务供应商企业的信任。Puranam 和 Vanneste(2009)认为,契约治理(正式控制)可能会在组织间传递一种相互间不信任的信号,这种不信任的信号对组织间的信息、知识分享,以及组织间关系的发展会产生不同程度的负面影响。

其次,KIBS 企业与顾客互动创新过程具有高度的互动性、复杂性、持续性特点,这与契约本质相悖。一份完备的契约,以书面文字的形式详细规定、细化了 KIBS 企业与顾客互动过程中双方行为直接相关的条目、条款内容,以及互动过程中可能会出现的意外情况及其相应的处理原则,包括合作双方互动过程中承担的职责、义务、交易的数量与质量、价格条款等具体内容(Williamson,1996)。而 KIBS 企业与顾客互动创新活动具有高度复杂性、高度互动性、相对持久性的特点,因此完备的契约不一定适合这种充满高度互动性的合作活动。Fidler 和 Johnson

(1984)研究发现,契约治理所体现出的正式沟通方式不利于组织间成员互动效率的提高,其不仅限制了合作双方隐性知识的分享、转移,而且不利于组织间情感的建立和关系的维护。由此可见,契约治理对于 KIBS 企业与顾客这样具有高度互动性特点的合作创新行为,是很难进行提前完全规定的(刘文霞等,2014)。

本书在对甲信息技术有限公司的案例项目 A 商陆花服务创新项目和乙银行的案例项目 B 企业"点金"财富管理项目的访谈中也发现存在类似的结论,如表 4-1 所示。

表 4-1　契约治理对企业—顾客互动与长期合作间调节作用的访谈经典语句

案例项目	经典性语句内容	人员/职务
甲信息技术有限公司的案例项目A:商陆花服务创新项目	合同、条约这些东西对新客户而言可能需要,但是对于老客户来讲基本上作用不大。我们跟客户企业长期合作下来,最主要的是多年合作中发展起来的相互间的诚信,签订合同之类的事情,至少我认为对他们(公司的一批老客户)来讲作用不是很大。有时候对方还会反问"签什么合同,难道还不相信我们单位?"……所以有时候确实也是挺尴尬的	战略部王经理
乙银行的案例项目B:企业"点金"财富管理项目	对于银行来讲,企业的需求大部分都是共性的,所用的合同文本也都是格式化的合同文本,流程基本上也都是一样的。除非有些关键客户或者大客户,可能一些条款上会发生改变,但大部分还是共性的。客户只要在范本上签个名字、盖个章就行了,一般也不会特意地去一条一条审查条款,与北京丁奎投资公司合作的企业"点金"财富管理项目就是这样。……上次去一家乡镇的民营企业,老板怕我们算计,把合同交给他的法律顾问,逐条逐条地审查。……我当时就觉得挺别扭的,既然这么不相信,下次换个银行就是喽	王行长

基于上述推理和实地访谈信息,本书提出如下假设:

假设 H5a:契约治理可能会抑制企业—顾客互动中共同决策与组织间长期合作之间的关系,即契约治理程度越高,共同决策对组织间长期合作的正向影响越不显著。

假设 H5b:契约治理可能会抑制企业—顾客互动中资源共享与组织间长期合作之间的关系,即契约治理程度越高,资源共享对组织间长期合作的正向影响越不显著。

假设 H5c：契约治理可能会抑制企业—顾客互动中任务协作与组织间长期合作之间的关系，即契约治理程度越高，任务协作对组织间长期合作的正向影响越不显著。

(2)契约治理对企业—顾客互动与交易冲突关系的调节作用

首先，KIBS 企业可以用契约治理来降低合作双方由于认知上的不一致所带来的利益冲突问题。企业与顾客之间的共同决策、资源共享、任务协作，其实质是双方组织间一种互动式的知识、资源、能力等要素的交换过程。然而作为服务供应商的 KIBS 企业拥有专业性的技术知识，顾客并不总是具备十分专业的相关知识，在合作创新过程中双方企业会产生认知上的不一致，进而诱发合作过程中双方利益上的冲突，最终影响组织间价值共创的效果。Zhou 等(2014)认为，如果将合作过程中双方企业的权利、义务、流程等内容以明确的条款加以确定，将有助于组织顾客在互动中获得显性知识，极大地缓解组织顾客在资源共享中与作为服务供应商的企业在目标上所产生的冲突行为。Li 等(2010)指出，契约治理往往是正式的、客观的，以合同条款的形式对任务协作过程中双方的行为加以具体化和明确化，可以降低由于顾客产生的所谓特权感而引起的利益上的冲突行为。因此，契约治理可能会弱化 KIBS 企业和顾客的互动行为与交易冲突之间的关系。

其次，KIBS 企业需要用契约治理来规避由专用性投资所带来的合作后期顾客的毁约、算计等行为。KIBS 企业的服务创新活动自身独有的特征决定了其必须为新服务或新产品的开发投入专用性投资，也就说为了开发新的服务项目，前期的投资都是针对特定顾客的，一旦合作后期顾客发生算计、毁约等行为，KIBS 企业前期为此的所有投资都将无法收回，必将付出惨重的成本代价(Williamson，1979、1985；彭正银，2003；王节祥等，2015；高孟立，2016、2017)。Williamson(2010)再次强调，企业—顾客互动合作创新中，对于作为服务供应商的 KIBS 企业来说，与顾客积极互动，一起合作进行价值共创，尽管有利于维护企业间的长远关系，提升创新绩效水平，但是 KIBS 企业必须为此投入专门的人力和物力，这些资源是针对特定顾客的专用性投资，合作后期一旦组织顾客终止交易，企业将会面临高额的费用。而 KIBS 企业为了防范顾客合作后期的毁约行为，可以利用契约将双方的权利和义务用规则的形式加以明确，减少后期顾客投机的机会，从而保障自己专用性投资的安全。

最后，KIBS 企业需要用契约治理来降低与顾客互动过程中由于专业性知识所有权的转移所诱发的顾客特权感，从而防范投机行为的发生。Chan 等（2010）指出，顾客与 KIBS 企业在服务创新过程中的充分互动行为，顾客不仅能够分享有用的信息，还总是可以有效地获取与新服务或新产品开发密切相关的各种信息，这会使得专业性知识所有权从本属于作为服务供应商的 KIBS 企业一方转移到顾客这一方，导致合作后期顾客机会主义行为的发生。KIBS 企业与顾客之间的共同决策、资源共享、任务协作都会使得顾客有机会接触 KIBS 企业方的信息、知识与资源，随着合作创新过程中互动程度的深入，顾客所接触到的这些资源就会越来越多，合作创新对顾客而言也就会变得越来越透明，会让顾客产生一种特权感（Cramton，2001），觉得自己对于合作创新非常重要。Prahalad 和 Ramaswamy（2000）指出，随着企业—顾客互动程度的深入，专业性知识所有权逐渐转移，顾客产生一种优越感，进而自身的要求与期望也会逐渐提高，这会使得服务供应商难以预测顾客的行为，即企业与顾客互动共创价值的过程产生了顾客行为上的不确定性。如福特汽车公司曾经邀请顾客参与服务供应商的新产品开发，但是发现顾客在后期利用自己的优势地位来最大限度地压低新产品的价格以谋求利益。KIBS 企业可以利用契约，将双方各自应履行的职责、承担的任务、对应的权益等条件事先一一加以明确，降低由于专业性知识所有权的逐渐转移所诱发的顾客优越性和特权感，防范其合作后期投机行为所带来的弊端。

综上分析，KIBS 企业与顾客互动创新过程中，双方企业认知上的不一致、KIBS 企业专用性投资的存在以及专业性知识所有权的逐渐转移，容易诱发顾客在合作后期的机会主义行为，导致组织间交易冲突，甚至双方合作关系的破裂，而契约治理则可以有效地降低甚至抑制企业—顾客互动所带来的组织间的交易冲突行为。

本书在对丙会计师事务所的案例项目 C 专项审计服务项目和丁勘测设计研究院的案例项目 D 银马公寓勘测服务项目两个失败的 KIBS 企业服务项目的访谈中也发现类似的结论，如表 4-2 所示。

表 4-2 契约治理对企业—顾客互动与交易冲突间调节作用的访谈经典语句

案例项目	经典性语句内容	人员/职务
丙会计师事务所的案例项目 C：专项审计服务项目	我认为,像合同文本之类的东西在我们开展审计工作的过程中作用不大,但签是必须要签的。……大部分企业还是守信用的,企业与企业之间的合作主要靠的还是信任对方,所以这种情况下合同就起不了十分明显的约束作用,因为大家都是讲诚信的。但是,如果后期合作要终止的时候,合同就非常有必要了,比如这次专项审计服务项目就是因为签订了协议,所以至少弥补了 10 万元的损失。……像上次另外一个单位,款项迟迟不打进来,我们审计报告就是不发过去,因为合同写得很清楚,打完款才给他们审计报告,后来对方实在没办法,把款打进来了,我们在下班前就发给他们了,实际上那个审计报告我们早就做好了	傅项目经理
丁勘测设计研究院的案例项目 D：银马公寓勘测服务项目	勘测项目实施过程中,涉及很多细化的项目,比如工程测量中控制点的选点和埋石、线型工程测量、地下工程施工测量、水利工程测量、地质测量,以及专项测量中的观测、记簿、工程地形图的测绘、检验测量成果资料、提供测量数据和测量图件等等。如果先前的合同约定得细一点,那可以明确工作的内容和各自应该承担的职责,有利于项目的顺利推进。……特别是合同中如果规定遭遇突发意外情况的处理方式,这样后期出现问题的时候,大家就会"有章可循",否则互相推卸责任的情况真会发生	勘测分院张主管

基于上述推理和实地访谈信息,本书提出如下假设:

假设 H5d:契约治理可能会促进企业—顾客互动中共同决策与组织间交易冲突之间的关系,即契约治理程度越高,共同决策对组织间交易冲突的负向影响越显著。

假设 H5e:契约治理可能会抑制企业—顾客互动中资源共享与组织间交易冲突之间的关系,即契约治理程度越高,资源共享对组织间交易冲突的正向影响越不显著。

假设 H5f:契约治理可能会抑制企业—顾客互动中任务协作与组织间交易冲突之间的关系,即契约治理程度越高,任务协作对组织间交易冲突的正向影响越不显著。

4.4.2 关系治理的调节作用

组织间的治理机制除了契约治理,还有一种常用的治理机制——关系治理（非正式控制）。所谓关系治理是指利用文化、社会规范、信任、价值观等隐性约束力的方式进而实现双方所期望的行为，诸如关系规范、信任等（Macneil，1977；寿志钢等，2011；刘文霞等，2014；周茵等，2015）。Heide（1994）认为，关系治理强调双方组织在应对外部环境变化的时候可以灵活处理双方的关系，这是一种事后的关系调控，有助于双方在特殊情况下缓解矛盾，减少组织间冲突行为，增进组织间长期合作关系。

（1）关系治理对企业—顾客互动与长期合作关系的调节作用

首先，KIBS 企业与顾客互动创新过程中双方行为的不确定性，使得合作双方更需要用关系治理来规避一些互动过程中所发生的不合作甚至损人利己的行为，维护组织间关系长期、持续的发展。KIBS 企业与顾客合作开发服务项目，是一个高度互动、高度不确定的过程，因此，事先双方签订的契约再详细、再完备，也不可能预见后期合作过程中遇到的种种问题。此时，KIBS 企业与顾客之间就需要凭借双方在长期合作的过程中建立起来的信任、规范、共同的价值观等，来共同面对所遇到的特殊问题。KIBS 企业与顾客合作创新本身就是遇见问题、解决问题、磨合双方关系的过程，合作双方互动过程中的共同组织、共同决策、资源共享以及任务协作等活动，势必会遇到无法预见的情况，所以，KIBS 企业的服务创新过程具有高度的不确定性，合作双方在互动过程中会面临很多非结构化的问题，这些问题本身及其解决问题的可行性方案将会是复杂多变的（王琳，2012）。这就迫切需要合作创新双方使用关系治理来弥补先前所签订合同的不足，增加问题处理上的灵活性和协调性。

其次，KIBS 企业与顾客合作开发服务创新项目，外部环境充满了较大的不可控性，需要合作双方用关系治理来应对外界的这种风险，保障合作双方的正当利益。如果作为服务供应商的 KIBS 企业可以根据外部环境的变化来不断调整之前所签订的合同，并与顾客保持及时、有效的沟通，那么顾客就会感到自己被重视，也就会更加认同 KIBS 企业在合作过程中的行为（Gopal 和 Koka，2012）。Heide（1994）曾经指出，关系治理是一种有别于契约治理的非正式的事后控制，可以帮助双方合作企业及时调整各自的期望、义务等内容，更好地适应外部环境所发生的变化。由此可见，作为非正式控制的关系治理将会更加有效地降低由于外部环境的不可控性所带来的各种协调成本，促进 KIBS 企业与顾客一致性目标的形成(Poppo 和 Zenger,2002)。因此,关系治理可以有效地降低双方合作创新过程中外部环境的不可控性,减少双方由此发生的机会主义行为,促进双方合作目标上的一致性,维护双方的正常利益。

本书在对甲信息技术有限公司的案例项目 A 商陆花服务创新项目和乙银行的案例项目 B 企业"点金"财富管理项目的访谈,以及查阅企业内部资料过程中也发现类似的结论,如表 4-3 所示。

表 4-3　关系治理对企业—顾客互动与长期合作间调节作用的访谈经典语句

案例项目	经典性语句内容	人员/职务
甲信息技术有限公司的案例项目 A:商陆花服务创新项目	我们公司最近几年在营销中心下面专门设立了一个"客户关系部"。经过近十年的发展,我们逐渐感觉到与老客户之间维系合作关系真是越来越重要。长期合作的顾客往往熟悉我们的业务流程,多年下来也建立了良好的合作关系,没有特殊情况他们一般也不会更换单位,所以我们新产品推出的时候,老客户往往会成为我们新产品的率先使用者。我们注意到了这一点,所以最近我们特意成立了客户关系部,专门用来维护与长期合作的关键性客户的关系,当然适当也负责开拓新客户和新业务市场	徐董事长
乙银行的案例项目 B:企业"点金"财富管理项目	1.我行曾携手宁波新东方学校在分行大楼成功举办"如何走进世界名校"留学规划讲座。2.私人银行中心曾举办"缘聚五载,家业常青"精致下午茶活动,总行特邀了国内知名造型师吕选明先生为我们的高端客户整体造型提供建议。3.下属一个支行,曾在行长的带领下集体赶赴我行的大客户北仑奇美电子公司,举行"欢度中秋,喜迎国庆"答谢享礼活动。4.我们每年暑假针对高端大客户的子女,举行"非常夏令营"活动……此类的活动,我们银行经常举办,这些活动的开展很好地维护、促进了我们银行与大客户、高端客户之间的长期合作关系	内部资料

基于上述推理和实地访谈信息,本书提出如下假设:

假设 H6a:关系治理可能会促进企业—顾客互动中共同组织与组织间长期合作之间的关系,即关系治理程度越高,共同组织对组织间长期合作的正向影响越显著。

假设 H6b:关系治理可能会促进企业—顾客互动中共同决策与组织间长期合作之间的关系,即关系治理程度越高,共同决策对组织间长期合作的正向影响越显著。

假设 H6c:关系治理可能会促进企业—顾客互动中资源共享与组织间长期合作之间的关系,即关系治理程度越高,资源共享对组织间长期合作的正向影响越显著。

假设 H6d:关系治理可能会促进企业—顾客互动中任务协作与组织间长期合作之间的关系,即关系治理程度越高,任务协作对组织间长期合作的正向影响越显著。

(2)关系治理对企业—顾客互动与交易冲突关系的调节作用

首先,企业—顾客的共同组织,意味着合作创新过程中双方企业就如何进行交换与合作活动共同制定、遵循规则、政策与程序,体现了对双方行动与运作规则等方面的共同考虑与安排。KIBS 企业与顾客合作创新过程中事先对有关双方合作关系的任何详细说明、政策制度等的书面化、合同化,甚至是操作化,都有助于减少后期合作过程中的一些机会主义行为,降低交易冲突的可能性(Gruner 和 Homburg,2000;Matthing 等,2004;Lundkvist 和 Yakhlef,2004)。但是,KIBS 企业的服务创新活动充满了高度的不确定性,在新服务或新产品的开发过程中可能会遇到各种不确定性以及信息不对称的问题,这就会影响企业—顾客互动的价值共创效果(Gopal 和 Koka,2012)。所以在复杂多变的环境中需要双方的信任、规范、共同的价值观等来灵活处理组织间的关系,有效地降低组织间交易冲突行为的发生概率(周茵等,2015)。

其次,企业—顾客的共同决策,表征了合作创新过程中双方通过集体协商的方式共同解决不同意见和观点的程度。KIBS 企业与顾客之间集体协商的程度越高,越能够化解合作过程中遇到的矛盾和分歧(Gustafsson 等,2005)。服务创新过程有很多的不确定性,当一些突发情况出现的时候,合作双方可以坐下来协商解决,如果双方本着长期合作过程中建立起来的信任、规范来处事的话,会更加有助于问题的解决与矛盾的化解(Baker 等,2002;Dyer 和 Chu,2003)。可见,双方合作过程中所建立起来的关系规范可以作为遇到突发情况时双方的处事原则,多站在对方的角度去看待问题,将会更加有助于减少双方企业利益上的冲突。

再者,KIBS 企业—顾客的资源共享活动,表征了合作创新过程中双方可以接触并调用对方资源的程度。KIBS 企业与顾客分别来自不同的企业,具有不同的知识、文化背景,甚至价值观也有很大的差异,合作过程中双方往往基于自身利益的角度来思考问题,难免会存在利益上的冲突行为(Villena 等,2011;马双等,2015)。同时在资源共享的过程中,专业性知识的所有权会从本属于 KIBS 企业的一方逐渐转移到顾客一方,由此顾客在合作后期会产生一定的优越性,进而更加诱发顾客的投机行为(Cramton,2001)。此时,合作双方如果秉承长期合作过程中的信任、规范,自然会大大降低对对方企业的算计、投机行为,减少合作后期双方利益上的冲突(Heide,1994)。

最后,KIBS 企业—顾客的任务协作活动,表征着合作双方各自承担相应的职责,且相互帮助以共同解决问题与攻克难关的过程,反映了 KIBS 企业与顾客为了创新的实现所做出的适应性调整。企业—顾客互动是各方拥有不同技能,且执行着复杂、不确定任务的一个有机系统,双方拥有异质化资源或知识,通过任务协作活动,达成高度沟通、协作与配合(Tuli 等,2007)。而随着任务协作程度的深入,顾客一方逐渐会感觉到自身的价值和重要性,进而产生特权感(Prahalad 和 Ramaswamy,2000;Cramton,2001),大大增加了后期机会主义行为发生的可能性。此时双方如果运用规范、信任等来灵活处理组织间的关系,将有助于组织间形成一致的目标,进而降低双方企业的冲突行为(Wathne 和 Heide,2004)。可见,关系治理可以降低 KIBS 企业与顾客任务协作活动所引起的交易冲突行为。

本书在对丙会计师事务所的案例项目 C 专项审计服务项目和丁勘测设计研究院的案例项目 D 银马公寓勘测服务项目的访谈中也发现类似的结论,如表4-4 所示。

表 4-4　关系治理对企业—顾客互动与交易冲突间调节作用的访谈经典语句

案例项目	经典性语句内容	人员/职务
丙会计师事务所的案例项目 C:专项审计服务项目	平时我们在审计过程中,一般跟对方单位发生冲突的情况还是蛮少的。有时候的情况是,我们事务所的业务大部分是跟对方会计部门直接发生接触,对方单位的会计可能是新来的,或者自恃资格比较老,在与我们的合作过程中有冲突、摩擦的情况。这个时候我们一般请对方的领导出面,毕竟是长期的合作客户,双方都建立起了一定的信任和友情,这种障碍也基本上能够消除	祝项目经理

案例项目	经典性语句内容	人员/职务
丁勘测设计研究院的案例项目 D:银马公寓勘测服务项目	测绘、勘测项目本身就具有很大的不确定性,合同再详细也难免有事先没有预测到的情况。……所以一般合同制定的时候,都会留有一定的弹性条款,这些弹性条款就是处理后期勘测过程中所遇到的突发情况。当出现意外情况时,双方就需要秉着换位思考、坦诚相待的合作态度一起商量着办事,这样可以大大减少矛盾发生的可能性。……每当出现意外情况的时候,大部分单位还是能够积极地与我们协商解决问题的	测绘分院刘主管

基于上述推理和实地访谈信息,本书提出如下假设:

假设 H6e:关系治理可能会促进企业—顾客互动中共同组织与组织间交易冲突之间的关系,即关系治理程度越高,共同组织对组织间交易冲突的负向影响越显著。

假设 H6f:关系治理可能会促进企业—顾客互动中共同决策与组织间交易冲突之间的关系,即关系治理程度越高,共同决策对组织间交易冲突的负向影响越显著。

假设 H6g:关系治理可能会抑制企业—顾客互动中资源共享与组织间交易冲突之间的关系,即关系治理程度越高,资源共享对组织间交易冲突的正向影响越不显著。

假设 H6h:关系治理可能会抑制企业—顾客互动中任务协作与组织间交易冲突之间的关系,即关系治理程度越高,任务协作对组织间交易冲突的正向影响越不显著。

4.5　本章小结

综合上述推理和分析,针对 KIBS 企业与顾客合作创新情境,本书提出如图 4-2 所示的企业—顾客互动与服务创新绩效关系的概念模型。组织间关系在企业—顾客互动与服务创新绩效之间起到中介作用,也就是企业—顾客互动通过作用于组织间关系进而影响服务创新绩效,而契约治理与关系治理对企业—顾客互动与组织间关系也起到了调节作用。

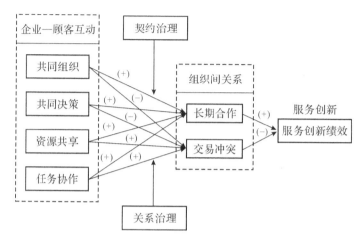

图 4-2　企业—顾客互动对服务创新绩效作用机制的概念模型

　　本章在第 3 章探索性案例研究得到的企业—顾客互动对服务创新绩效作用机制的初步研究命题的基础之上,结合现有国内外最新文献研究,进行了深入的理论推演。从结构维度(共同组织、共同决策)、过程维度(资源共享、任务协作)对企业—顾客互动这一构念进行表征,同时从长期合作、交易冲突两个双刃要素来刻画组织间关系,深入剖析企业—顾客互动通过作用于组织间关系进而影响服务创新绩效的作用机制。此外,本书通过理论演绎的方式,引入组织间治理常用的契约治理和关系治理两种方式,提出对企业—顾客互动与组织间关系的调节作用。

　　通过详实的理论论证,本章提出如表 4-5 所示的六组研究假设。

表 4-5　企业—顾客互动、组织间关系与服务创新绩效的研究假设

假设组	具体假设内容
第一组假设: 企业—顾客互动与服务创新绩效关系	假设 H1a:企业—顾客互动中共同组织对服务创新绩效具有显著的正向影响,即共同组织程度越高,服务创新绩效越高
	假设 H1b:企业—顾客互动中共同决策对服务创新绩效具有显著的正向影响,即共同决策程度越高,服务创新绩效越高
	假设 H1c:企业—顾客互动中资源共享对服务创新绩效具有显著的正向影响,即资源共享活动越深入,服务创新绩效越高
	假设 H1d:企业—顾客互动中任务协作对服务创新绩效具有显著的正向影响,即任务协作活动越有效,服务创新绩效越高

假设组	具体假设内容
第二组假设：企业—顾客互动与组织间长期合作关系	假设 H2a：企业—顾客互动中共同组织对组织间长期合作有显著的正向影响，即共同组织程度越高，组织间长期合作意向越强
	假设 H2b：企业—顾客互动中共同决策对组织间长期合作有显著的正向影响，即共同决策程度越高，组织间长期合作意向越强
	假设 H2c：企业—顾客互动中资源共享对组织间长期合作有显著的正向影响，即资源共享程度越高，组织间长期合作意向越强
	假设 H2d：企业—顾客互动中任务协作对组织间长期合作有显著的正向影响，即任务协作程度越高，组织间长期合作意向越强
第三组假设：企业—顾客互动与组织间交易冲突关系	假设 H3a：企业—顾客互动中共同组织对组织间交易冲突有显著的负向影响，即共同组织程度越高，组织间交易冲突可能性越低
	假设 H3b：企业—顾客互动中共同决策对组织间交易冲突有显著的负向影响，即共同决策程度越高，组织间交易冲突可能性越低
	假设 H3c：企业—顾客互动中资源共享对组织间交易冲突有显著的正向影响，即资源共享程度越高，组织间交易冲突可能性越高
	假设 H3d：企业—顾客互动中任务协作对组织间交易冲突有显著的正向影响，即任务协作程度越高，组织间交易冲突可能性越高
第四组假设：组织间关系与服务创新绩效关系	假设 H4a：组织间关系中的长期合作对服务创新绩效有显著的正向影响
	假设 H4b：组织间关系中的交易冲突对服务创新绩效有显著的负向影响
第五组假设：契约治理对企业—顾客互动与组织间关系的调节	假设 H5a：契约治理可能会抑制企业—顾客互动中共同决策与组织间长期合作之间的关系，即契约治理程度越高，共同决策对组织间长期合作的正向影响越不显著
	假设 H5b：契约治理可能会抑制企业—顾客互动中资源共享与组织间长期合作之间的关系，即契约治理程度越高，资源共享对组织间长期合作的正向影响越不显著
	假设 H5c：契约治理可能会抑制企业—顾客互动中任务协作与组织间长期合作之间的关系，即契约治理程度越高，任务协作对组织间长期合作的正向影响越不显著
	假设 H5d：契约治理可能会促进企业—顾客互动中共同决策与组织间交易冲突之间的关系，即契约治理程度越高，共同决策对组织间交易冲突的负向影响越显著
	假设 H5e：契约治理可能会抑制企业—顾客互动中资源共享与组织间交易冲突之间的关系，即契约治理程度越高，资源共享对组织间交易冲突的正向影响越不显著
	假设 H5f：契约治理可能会抑制企业—顾客互动中任务协作与组织间交易冲突之间的关系，即契约治理程度越高，任务协作对组织间交易冲突的正向影响越不显著

续　表

假设组	具体假设内容
第六组假设：关系治理对企业—顾客互动与组织间关系的调节	假设 H6a：关系治理可能会促进企业—顾客互动中共同组织与组织间长期合作之间的关系，即关系治理程度越高，共同组织对组织间长期合作的正向影响越显著
	假设 H6b：关系治理可能会促进企业—顾客互动中共同决策与组织间长期合作之间的关系，即关系治理程度越高，共同决策对组织间长期合作的正向影响越显著
	假设 H6c：关系治理可能会促进企业—顾客互动中资源共享与组织间长期合作之间的关系，即关系治理程度越高，资源共享对组织间长期合作的正向影响越显著
	假设 H6d：关系治理可能会促进企业—顾客互动中任务协作与组织间长期合作之间的关系，即关系治理程度越高，任务协作对组织间长期合作的正向影响越显著
	假设 H6e：关系治理可能会促进企业—顾客互动中共同组织与组织间交易冲突之间的关系，即关系治理程度越高，共同组织对组织间交易冲突的负向影响越显著
	假设 H6f：关系治理可能会促进企业—顾客互动中共同决策与组织间交易冲突之间的关系，即关系治理程度越高，共同决策对组织间交易冲突的负向影响越显著
	假设 H6g：关系治理可能会抑制企业—顾客互动中资源共享与组织间交易冲突之间的关系，即关系治理程度越高，资源共享对组织间交易冲突的正向影响越不显著
	假设 H6h：关系治理可能会抑制企业—顾客互动中任务协作与组织间交易冲突之间的关系，即关系治理程度越高，任务协作对组织间交易冲突的正向影响越不显著

5 企业—顾客互动、组织间关系与服务创新绩效的实证研究

前一章提出了企业—顾客互动通过作用于组织间关系进而影响服务创新绩效的概念模型,本章将对这一概念模型进行精确测量以及实证检验。本章主要针对概念模型中的企业—顾客互动、组织间关系与服务创新绩效三者之间的研究假设进行实证检验,并对实证结果进行深入分析,关于契约治理和关系治理对企业—顾客互动与组织间关系的调节效应将在第6章介绍。

5.1 研究方法

学术论文研究质量的重要保障就是研究方法的规范性、科学性。本书是关于 KIBS 企业具体的服务创新项目层面的研究,KIBS 企业与顾客合作开展服务创新效率测量的相关数据很少,有些甚至无法在企业内部公开,同时企业—顾客互动、组织间关系等方面的数据也不太可能从网站等公开资料中获取,因此,本书采取针对具体服务创新项目实施大样本问卷调查方式来收集数据。

5.1.1 问卷设计

(1)问卷基本结构

问卷设计应该注意以下几方面的问题:问卷所要体现的理论构思与研究目的、问卷的基本格式、问卷的具体测量问项以及问卷的语言(吴明隆,2010)。在问卷设计过程中,研究目的直接决定了问卷的内容构思以

及子量表的构成。问卷设计应该尽量避免语句唐突、词不达意、诱导色彩问题的出现,其中具体的测量问项应该语义明确,避免用词抽象、多重含义等问题,尽量防止被调查者出现反应定势,同时也要控制反应偏差。

本书主要围绕企业—顾客互动、组织间关系与服务创新绩效三者之间的关系及其作用机制问题展开问卷设计工作,因此问卷设计应给本书提供全面、有效的数据支持。本书运用 SPSS 19.0(statistics package for social science)和 AMOS 21.0(analysis of moment structures)统计软件对概念模型进行相关变量的因子分析、相关分析、多元回归分析等。基于第 4 章理论推演中所确定的研究模型,问卷的量表需要测量以下几个变量:企业—顾客互动(共同组织、共同决策、资源共享、任务协作)、组织间关系(长期合作、交易冲突)、服务创新绩效、合作治理方式(契约治理、关系治理)、企业基本信息、服务创新项目信息等。本次调研问卷的设计主要涉及如下几个部分(具体参见附录2):

①企业基本情况:企业名称、成立年限、所在地、年销售收入、所属行业门类、企业规模等;

②服务创新项目信息:创新项目名称、类型、开发周期等;

③问卷填写者的基本信息:职位、教育程度等;

④企业—顾客互动:包括共同组织、共同决策、资源共享、任务协作等四个变量;

⑤组织间关系:包括长期合作与交易冲突两个变量;

⑥服务创新绩效;

⑦合作治理方式:包括契约治理与关系治理两个变量。

(2)问卷设计过程

保障数据信度、效度的重要前提是规范化、合理化的问卷设计。本次研究依据 Dunn 等(1994)、Hinkin(1998)、彭新敏(2009)、王琳(2012)、吴俊杰(2013)等学者的建议,采取以下步骤对问卷进行设计。

①企业实地访谈与文献梳理相结合形成调研问卷的测量问项。在对国内外顾客合作创新、组织间关系、服务创新研究、组织间合作治理等领域文献阅读的基础之上,借鉴经典文献的理论构思以及已经被众多文献广为引用的实证量表,形成访谈大纲,再深入金融服务企业、信息服务企业、科技服务企业、商务服务企业等多家 KIBS 企业展开为期三个月

的实地调研,与企业高层进行广泛的沟通。所以,本书对测量问项的设计主要基于已有文献中已经被证实了的,且具有较高信效度的量表,同时结合本书前期的实地调研结论,最终确定了本书调研问卷的初稿。

②与本专业相关领域的专家进行讨论,对问卷测量问项进行相应修改。问卷初稿形成之后,广泛听取、征求笔者所在的科研团队中各位老师的意见和建议,主要就涉及变量之间的逻辑关系以及测量问项设计,向科研团队的教授、博士等寻求建议。笔者根据这些意见和建议对调研问卷的部分内容进行了针对性的调整。有些测量问项关于本书中的一些措辞方面,科研团队的同门提出了不少的建议,大大降低了问卷发放中可能出现的歧义。此外,本人还与浙江树人大学、浙江大学的多位博士、副教授、教授进行深入交流,根据他们对调研问卷所提的建议对个别测量问项进行适当修改和完善。经过调整,调研问卷的测量问项基本上可以涵盖所要研究的理论构面,由此形成了本书调研问卷的第二稿。

③对调研问卷的测量问项广泛听取、征求企业界人士的意见。与多位具有丰富实践管理知识的 KIBS 企业服务创新项目经理进行深入的沟通与交流,征求其对本书涉及重要问题的建议。首先,关于企业—顾客互动、组织间关系、合作治理方式、服务创新绩效等变量的理解问题。其次,各变量间的逻辑关系是否能够真实反映企业实践中服务创新项目研发的真实情况。最后,关于测量问项的可理解性等方面的问题进行沟通与交流。尽量保证测量问项不含专业性的学术用语,同时根据相关建议,在调研问卷中特意增加了一个部分,那就是每一个变量的测量问项前对该变量的解释,以帮助被调查者更好地理解、把握变量的内涵。本轮的调整使得调研问卷能够被企业界人士准确把握,由此形成本书调研问卷的第三稿。

④通过预测试方式净化问卷的测量问项,形成问卷的终稿。笔者在进行探索性案例调研阶段,在企业实地调研过程中,有针对性地选择了15位曾经作为主要成员参与过服务创新项目研发的项目经理进行预测试,根据反馈结果再对量表进行检验分析,在此基础之上进一步对调研问卷进行修改和完善,以规避问卷设计过程中还可能存在的问题,最终形成本书调研问卷的终稿,具体见附录2。

（3）问卷的防偏措施

本次调研问卷采用通用的 Likert-5 级量表，数据主要由被调查者的主观评价而得。Fowler(2013)指出，导致被调查者对测量问项作出不准确回答的四大原因如下：问项答案被调查者不知道、问项涉及的相关信息被调查者无法回忆、相关问项被调查者不愿意回答、问项被调查者无法理解。因此，本书在参考彭新敏(2009)、王琳(2012)等学者研究的基础上，采取以下几个方面的具体措施来降低对最终获取准确答案的负面影响。

①针对问项答案被调查者不知道而造成的负面影响。本书选择项目经理或核心研发人员来填写问卷，要求其在该企业曾经参与过服务创新项目开发，而且对该服务创新项目的整体运作情况非常熟悉。

②针对所问问题涉及的相关信息被调查者无法回忆而带来的负面影响。本书所调研的服务创新项目是被调查者刚刚参加完开发，或者尽管已经研发完毕但是作为主要负责人还在后期运营跟进中，或者至少是近三年所开发的服务创新项目，以此来尽可能降低由于被调查者的无法回忆而引起的答题偏差。

③针对所问问题被调查者不想回答而造成的负面影响。本书在调研问卷的开头就说明了本次问卷调查仅仅用于科学研究，不涉及商业机密，所获信息将会受到严格保密，不会用于任何商业用途，也不会向对方单位反馈，以此来消除被调查者不愿意回答的顾虑。

④针对问项被调查者无法理解而造成的负面影响。本书在调研问卷的具体设计过程中就广泛听取学术界、企业界相关专家、高管、项目经理的意见，尽量减少词不达意、表述含糊、措辞唐突的测量问项，并且在问卷中每一个变量前增加对该变量的详细解释，以帮助被调查者更好地理解问卷中的测量问项。

5.1.2　变量测量

本书所涉及的变量主要包括：企业—顾客互动四个特征维度、组织间关系两个维度、服务创新绩效、合作治理两个维度以及相关的控制变量。首先，这些变量大都很难定量测量。其次，即使有些指标可能会存在一些定量化的答案，但出于对商业机密保护的考虑，被调查者不一定愿意真实作答,甚至即使作答了也得不到真实的信息。综合以上几点,本书对变量的测度采用常规的 Likert-5 级量表。数字 1 表示非常不同意,数字 5 表示非常同意,1~5 逐级递增,3 为中性指标。之所以选择 Likert-5 级量表,而没有选择 7 级量表,是 Berdie 等(1986)认为 7 分度量表尽管可以增加变量之间的变异量,同时也可以提高变量之间的区分度,但由于被调查者很难具备足够的辨别力,实际调研中 5 分度量表是最可靠的,也是最有效的。因此,本次调研问卷选用 Likert-5 级量表进行测度。

(1)被解释变量

本书以服务创新绩效作为被解释变量,又称为因变量。研究中的服务创新绩效是指 KIBS 企业对新开发的服务以及对现有服务所做的开发或改善活动,以满足企业自身、顾客、社会、员工等利益相关者的需求,维持企业竞争优势的能力和程度。服务创新绩效是服务创新研究领域中常用的重要变量,然而,目前学术界尚未形成对该变量一致公认的测度体系。

Cooper 和 Kleinschmidt(1987)提出了十个测量指标对服务创新绩效进行测度,并将这十个指标归为财务绩效、机会窗、市场效应三个维度。Voss(1992)对服务创新绩效的测量提出了 16 个指标,并通过因子分子法将其归为财务指标、竞争性指标、质量指标三个维度。Jaw 等(2010)的研究对服务创新绩效的测量则采用了以下指标:新服务达到先前目标的程度、新服务的市场份额、新服务创造的利润率、新服务的销售量以及新服务超过竞争者的总数。Griffin 和 Page(1993)通过对已有文献的梳理研究,识别出了 75 个绩效指标,同时通过专家意见法与因子分析法最终提出了五大类绩效指标:企业整体收益维度、项目收益维度、产品收益维度、财务收益维度、顾客收益维度。此外,Atuahene-Gima(1996)使用 12 个具体指标来对服务创新绩效进行测度,Avlonitis 等(2001)采用 11 个指标对服务创新绩效进行测量,并将其分为两大类——财务指标和非财务指标。Cooper 等(2006)提出从财务绩效、关系增强以及市场发展三个方面来具体测量服务创新绩效水平。

借鉴国外学者对服务创新绩效测量指标的内涵,国内学者对该变量的评价指标主要有——蔺雷、吴贵生(2007)从产品效益方面提出的包括销售额、收益率等绩效指标,企业效益方面包括吸引新顾客、提高顾客忠诚度、改善企业形象、提升竞争力等。张若勇等(2007)从创新过程提出的包括创新过程花费的成本、开发周期长短以及有效性等,创新结果包括财务绩效、顾客关系、市场地位。刘顺忠(2009)提出的利润、投资回报期、投资回报率和销售量等指标。王琳和魏江(2009)基于提供商视角提出的包括新服务开发进度控制、预算控制等指标,基于顾客视角则包括顾客再次合作意向、顾客对新服务质量满意度等指标。魏江等(2009)从项目标准性绩效和成员获得性绩效两个方面展开测量。朱兵等(2010)提出的包括企业新产品或新服务得到顾客认可、企业竞争优势的建立、与竞争对手相比企业盈利水平较好等指标。

由此可见,目前学术界对服务创新绩效的评价指标尚未形成统一公认的测度体系,服务创新绩效是一个多维度的构念,不应仅仅局限在财务指标这一单一维度上(De Brentani 和 Cooper,1992;王琳,2012),这基本上得到了学术界一致的认可。

基于以上分析,结合国内外专家的意见和本书的实际情况,以及实地调研中获取的一手资料,使用如表 5-1 所示的测量问项来对服务创新绩效进行测度。

表 5-1　服务创新绩效的测量

变量	具体测量问项
服务创新绩效	1.我们服务/产品的质量与性能达到或超过客户的预期(Q21)
	2.项目开发在预期时间内完成(Q22)
	3.客户对项目方案质量非常满意(Q23)
	4.客户对彼此间的项目实施与合作非常满意(Q24)
测量问项来源	Cooper 和 Kleinschmidt(1987);Atuahene-Gima (1996);Blindenbach-Driessen 和 Ende(2006);Cooper(2006);魏江和胡胜蓉(2007);Lin 等(2010);王琳(2012);王琳等(2015)

(2)解释变量

①共同组织

作为服务供应商的 KIBS 企业与顾客之间就如何进行双方交换与合作活动所共同制定并遵循规则、政策与程序的程度,集中体现了双方对行动与运作规则等方面的共同考虑与安排。这属于企业—顾客互动结构维度的一个重要变量。

Van de Ven(1976)认为,企业—顾客的共同组织表征着 KIBS 企业与顾客之间发起集体实践活动的一种结构化的安排,比如正式或非正式的规则、政策与程序等,为双方所期望的行为提供一定的参考标准,也就是说规则、政策与程序等为合作过程中哪些行为可接受、哪些行为不可接受提供了明确的界定。因此企业—顾客互动中的共同组织可以使用双方约定俗成的规则、政策、程序等文件性的东西来对该变量进行测度。但是,Walsh 和 Dewar(1987)指出,共同组织中双方所约定的规则的作用不在于规则本身的数量,而在于规则能够做什么。因此,对共同组织的测度有必要增加规则被遵守、执行的情况,即需要测度"规则被遵守的程度"(Child,1972)。Bodewes(2002)就非常明确地把组织中的规则界定为"标准或者流程等被用来控制社会行动者行为的程度"。

基于以上分析,结合国内外专家的意见和本书的实际情况,以及实地调研中获取的一手资料,对共同组织的测度将关注 KIBS 企业与顾客共同制定并遵守规则、政策、程序等以指导合作创新过程中具体开发活动的程度,使用如表 5-2 所示的测量问项来对共同组织进行测度。

表 5-2　共同组织的测量

变量	具体测量问项
共同组织	1. 为指导项目开发,我们与客户建立相关规则和程序(Q01)
	2. 为应对常出现的问题,我们与客户建立相关规则和程序(Q02)
	3. 为推进项目开发,我们与客户共同遵守相关规则和程序(Q03)
测量问项来源	Van de Ven(1976);Walsh 和 Dewar(1987);Lievens 和 Moenaert(2000);王琳(2012)

②共同决策

服务供应商 KIBS 企业与顾客企业作为行动系统中的主体,合作创新过程中双方通过集体协商的方式解决不同的意见与观点。这属于企业—顾客互动结构维度的一个重要变量。

KIBS 企业与顾客的共同决策是一种跨越组织边界的沟通、协调行为。Van de Ven(1976)认为,组织间的共同决策是指成员参与决策,且共同制定决策,这类决策一般是由成员企业所组成的委员会来制定,具体涉及决策成员构成以及决策机制制定两个方面。在 KIBS 企业—顾客互动进行合作创新过程中,KIBS 企业代表着拥有技术的一方,而顾客代表着具有现实或潜在需求的一方,合作双方正是由于拥有不同的背景、不同的专业甚至不同的经验,在互动过程中免不了会产生众多分歧,甚至冲突(Matting 等,2004)。此时,企业—顾客互动作为一个整体系统,KIBS 企业与顾客应该建立决策委员会,制定相关的决策机制,来解决双方合作中的意见分歧(Van de Ven,1976)。Rossi(1957)提出了"谁在何时、何地进行治理,并且产生了什么效果""谁决定了什么事情"等问题来具体解释共同决策的内涵。

基于以上分析,结合国内外专家的意见与本书的实际情况,以及实地调研中获取的一手资料,对共同决策的测度将依据 Van de Ven(1976)所提出的概念进行测量问项的设计,使用如表 5-3 所示的测量问项来对共同决策进行测度。

表 5-3　共同决策的测量

变量	具体测量问项
共同决策	1. 重要问题由我们与客户派出核心成员共同商讨(Q04)
	2. 有固定的流程和机制来帮助我们和客户达成一致意见(Q05)
	3. 遇到双方观点有分歧时,我们与客户会协商解决(Q06)
测量问项来源	Rossi(1957);Van de Ven(1976);Campbell 和 Cochrane(1999);Bstieler(2006);王琳等(2015)

③资源共享

作为服务供应商的 KIBS 企业与顾客企业在信息、技术甚至社会资本等方面进行共享活动,体现了合作创新过程中双方可以接触并调用对方资源的程度。这属于企业—顾客互动过程维度的一个重要变量。

服务创新实践中,对于成功开展创新活动的关键性资源分布在 KIBS 企业和组织顾客双方,合作双方应该通过企业—顾客互动这一"桥梁策略",对合作创新过程给予足够的时间、资源,所以企业—顾客互动系统中基于资源流动的共享活动是 KIBS 企业与顾客合作开展服务创新活动的关键性要素。Pfeffer 和 Salancik(1978)基于资源依赖理论认为,合作创新中双方的资源共享活动可以给企业提供创新所需的外部资源。Fang(2008)指出,资源共享过程中顾客会以信息、知识等方式积极地向 KIBS 企业提供其所拥有的资源、能力,而这些资源与能力往往会成为 KIBS 企业成功开展服务创新的关键性资源。Gallouj(2002)提出了服务创新的一般模式,合作双方共同分享的内容除了蕴含着个体层面的信息资源外,还有双方为创新活动所投入的技术与能力。

　　基于以上分析,同时结合企业实地调研的资料以及专家的意见,使用如表 5-4 所示的测量问项来对资源共享进行测度。

表 5-4　资源共享的测量

变量	具体测量问项
资源共享	1.项目开发中我们与客户经常交流彼此掌握的技术(Q07)
	2.项目开发中我们与客户经常交流彼此掌握的信息(Q08)
	3.必要时我们与客户会为对方联系和提供外部社会资源(Q09)
测量问项来源	Gruner 和 Homburg (2000);Gallouj(2002);Fang(2008);王琳和魏江(2009);范钧等(2013);高孟立(2016)

　　④任务协作

　　合作创新具体环节中,作为服务供应商的 KIBS 企业与顾客分别承担相关的工作与职责,并相互帮助以解决问题与克服困难。这反映了 KIBS 企业与顾客企业为了创新任务的实现所做出的适应性调整,属于企业—顾客互动过程维度的一个重要变量。

　　梳理已有文献发现,目前关于任务协作变量的测量很多借鉴了顾客参与的相关研究。Lin 和 Germain(2004)的研究中关于顾客参与程度的测量使用了"与顾客共同设计产品"等三个测量问项。范钧等(2013)、高孟立(2016)在对 KIBS 企业新服务开发绩效的研究中,采用了"人际互动"作为其中的一个维度对顾客参与进行刻画,使用了"顾客在参与过程中与企业工作人员进行良好的沟通""企业工作人员会以不同形式定期回访顾客""对于企业提供的服务产品出现的问题,顾客会与企业工作人员共同讨论制定解决方案"等五个测量问项。Fang(2008)在对顾客参与程度的研究中,使用"开发过程中顾客的开发努力对于完成开发任务至关重要"等三个测量问项来刻画顾客作为合作开发者参与企业服务创新的重要程度。现有研究从顾客承担的特定活动和任务、顾客参与水平、顾客承担的角色等视角嵌入，充分重视顾客参与研究中的量表设计。但是顾客参与毕竟是单方面的企业行为，忽视了 KIBS 企业与顾客企业双向的沟通和协作，从而在一定程度上制约了量表的代表性。虽然如此，这种基于顾客单向视角的量表还是给我们开发双向的任务协作变量量表提供了一定的借鉴。

也有很多学者从双向系统层面对企业—顾客互动进行了研究。Foss 等（2011）对企业—顾客互动行为的研究中，使用"创新活动中我们与顾客频繁沟通的程度""创新活动中我们与顾客在开发中紧密合作的程度"两个测量问项。范钧和聂津君（2016）在对企业—顾客在线互动与新产品开发绩效的研究中，使用"顾客会在网上提交关于新产品的想法并对他人的想法发表评论""我们在网上与顾客一起讨论产品开发的相关问题""我们通过网络与顾客一起开展产品设计或开发活动""顾客付出额外资源（时间、精力等）协助我们完成新产品开发工作"共计四个测量问项来具体测度任务导向互动这一变量。Gruner 和 Homburg（2000）、王琳和魏江（2009）在对服务创新过程中企业—顾客互动程度的测量中，使用了"我们与顾客互动的强度较高""我们与顾客工作的时间较长""我们与顾客沟通的频率较高""较多顾客企业人员参与新服务开发过程"四个测量问项。

基于上述研究成果，同时结合企业实地调研的资料以及专家的意见，使用如表 5-5 所示的测量问项来对任务协作进行测度。

表 5-5　任务协作的测量

变量	具体测量问项
任务协作	1. 我们与客户会竭力贡献自己的行动去有效地推进项目（Q10）
	2. 我们与客户会尽力帮助和支持对方的工作（Q11）
	3. 客户的工作是整个项目开发中的重要部分（Q12）
	4. 我们与客户各自承担对项目任务的相关责任（Q13）
测量问项来源	Gruner 和 Homburg（2000）；Claycomb 等（2001）；Lin 和 Germain（2004）；Fang（2008）；Foss 等（2011）；王琳和魏江（2009）；高孟立（2016）；范钧和聂津君（2016）

（3）中介变量

本次研究的模型中中介变量为长期合作和交易冲突，以此来刻画组织间关系的双刃面。组织间关系指的是合作创新过程中 KIBS 企业与顾客企业之间的一种关系，包括长期合作与交易冲突。

Bove 和 Johnson(2001)将组织间关系比作人际关系，认为组织间关系有好的，也有坏的；有亲密的，也有疏远的。Athaide 和 Klink(2009)指出，顾客在与服务企业价值共创的过程中，积极互动会改变企业的竞争格局。服务供应商邀请顾客参与价值创造，合作创新中双方积极展开互动，这可以提升双方企业组织间关系质量以及促进双方长期合作的意愿，可以使用长期合作来衡量组织间这种友好的关系。组织间这种长期合作的意愿主要是指合作创新过程中 KIBS 企业与顾客企业对维持长期交易与合作的意愿和期望(Ganesan,1994)，这是双方基于较好的情感而产生的，是基于情感角度对组织间关系的考量(Gustafsson,2005)。Ganesan(1994)研究中使用"关键顾客与我们会考虑长期合作"等三个测量问项来具体测度组织间长期合作这一变量，并且认为企业—顾客互动过程中与顾客保持较好的长期合作关系有利于顾客对产品实施口碑传播，也有利于新产品市场地位的巩固。Mohr 和 Spekman(1994)、Artz 和 Brush(2000)、薛晋洁和史本山(2016)的实证研究中，采用合作来衡量组织间长期合作的概念，使用了"我公司与合作伙伴分享专有信息""我公司与合作伙伴共同参与目标设定和预测""合作伙伴不会听从我公司的建议或忠告"三个测量问项。Fang 等(2008)、Athaide 和 Klink(2009)研究发现，企业—顾客互动合作创新过程中，企业与顾客的深入沟通、交流能够维护双方组织间关系的长久发展，进而促进双方组织间战略关系的建立。Bonner(2010)认为，企业—顾客互动行为会强化顾客与服务供应商之间的关系，诸如"顾客与企业共同设计新服务或产品""顾客与企业共同开发新服务或产品""顾客与企业共同解决合作创新中的难题"等，这样顾客与企业之间就会有更多的沟通机会，有利于合作双方加深对彼此的了解，建立相互的信任感，维持长期合作关系。

合作创新过程中顾客企业除了参与价值创造，还会参与价值攫取(Bogers 等,2010)。企业—顾客互动创新过程中组织顾客会利用参与过程所获取的信息来最大化自身的价值,这些行为会引起顾客和供应商之间的多种利益冲突,而且企业—顾客互动行为越是深入,顾客就拥有越多的话语权,导致其在后期交易过程中实施谋求自身利益最大化行为的可能性增大(Fang 等,2015)。Samaha 等(2011)研究认为,交易冲突主要指顾客与供应商在交易过程中对具体交易内容存在看法上的不一致,包括成交价格、服务或产品的质量等,其研究使用了"我们与关键顾客在产品定价问题上经常存在冲突"等五个测量问项来具体测度交易冲突行为变量。Gundlach 等(1995)、Williamson(1998)、薛晋洁和史本山(2016)采用双方机会主义行为来衡量组织间的交易冲突概念,使用了"合作伙伴并不总是真诚的""合作伙伴会通过变更事实来得到他们想要的东西""诚信谈判不是合作伙伴的谈判风格""合作伙伴违反过正式或非正式的协议以便从中获益"共计四个测量问项。Gundlach 等(1995)、高孟立(2017)研究使用了"客户企业为了达到他们的目的经常言过其实""我们的客户企业不太诚实""客户企业为了得到他们想要的利益经常改变事实""很难与客户企业进行真诚的商谈""客户企业为了他们自己的利益经常违背正式或非正式的协议""客户企业经常试图利用我们的合作关系来为自己谋取利益""客户企业经常让我们承担额外的责任""客户企业为了自己的利益经常有意不告诉我们应当注意的事项"等共计八个测量问项进行测度。

基于上述研究成果,本书结合企业实地调研的资料以及专家的意见,使用如表 5-6、表 5-7 所示的测量问项来对组织间长期合作与交易冲突进行测度。

表 5-6　长期合作的测量

变量	具体测量问项
长期合作	1. 我们与关键客户会考虑进行长期合作(Q14)
	2. 我们与关键客户努力维持一种长期互惠关系(Q15)
	3. 我们与关键客户会密切合作(Q16)
测量问项来源	Ganesan(1994);Mohr 和 Spekman(1994);Artz 和 Brush(2000);Bonner(2010);Bove 和 Johnson(2001);薛晋洁和史本山(2016);高孟立(2017)

表 5-7 交易冲突的测量

变量	具体测量问项
交易冲突	1.我们与关键客户在产品/服务定价问题上经常存在冲突(Q17)
	2.我们与关键客户在产品/服务促销活动方面经常存在冲突(Q18)
	3.我们与关键客户在产品/服务质量方面经常存在冲突(Q19)
	4.我们与关键客户在产品/服务质量担保政策方面经常存在冲突(Q20)
测量问项来源	Gundlach 等(1995);Williamson(1998);Samaha 等(2011);薛晋洁和史本山(2016);高孟立(2017)

（4）调节变量

本书将引入组织间合作治理的两种方式——契约治理与关系治理，作为 KIBS 企业与顾客合作创新中企业—顾客互动与组织间关系的调节变量。组织间合作治理一般指的是合作创新中结盟的企业为了更好地指导双方顺利开展合作，用以激励或约束双方合作行为而设置的控制机制（赵昌平、葛卫华，2003），包括契约治理、关系治理。

①契约治理

契约治理是指合作创新中双方通过契约、成文的政策和规则及程序等显性方式进而实现双方所期望的行为，诸如契约、监督以及专用性投资等（Williamson，1975；刘文霞等，2014）。

Poppo 和 Zhou(2014)指出，契约治理反映出一方企业对另一方企业的不信任和担忧，这反而有可能破坏双方组织间信任关系。Puranam 和 Vanneste(2009)、Yang 等(2011)也指出，合作创新过程中企业与顾客遵守契约，就意味着顾客必须按原先双方所拟定的合同处事，这有可能会阻碍互动创新的内在动机，大大降低其对服务供应商企业的信任。同时，Zhou 等(2014)认为，如果将合作过程中双方企业的权利、义务、流程等内容以明确的条款加以确定，这将有助于缓解组织顾客在资源共享中与作为服务供应商的企业在目标上产生冲突行为。Li 等(2010)也指出，契约治理往往是正式的、客观的，以合同条款的形式对任务协作过程中双方的行为加以具体化和明确化，可以降低由于顾客产生的所谓特权感而引起的利益上的冲突行为。由此可见，契约治理在企业—顾客互动对组织间关系的影响过程中起到调节的作用。

Lusch 和 Brown(1996)、高孟立(2017)在对合作创新中机会主义行为的研究中,使用了"商业活动中我公司和客户企业有非常详细的协议""我公司和客户企业的正式协议详述了双方的义务""我公司和客户企业有很详细的合同协议""当执行不能达到合同规定目标时,合同中有明确如何处理的法律方案""我公司和客户企业的合同明确陈述了面对突发事件的处理方案""我公司和客户企业的合同明确规定了出现争议时的解决办法"等六个测量问项来对契约治理进行测度。Li 等(2010)、马双等(2015)研究使用了"我们与关键顾客的书面协议规定了具体的担保/质量保证政策"等六个测量问项对契约治理进行测度。

基于上述研究成果,同时结合企业实地调研的资料以及专家的意见,使用如表 5-8 所示的测量问项来对契约治理进行测度。

表 5-8　契约治理的测量

变量	具体测量问项
契约治理	1. 我们与关键客户的书面协议规定了具体的作业要求(Q25)
	2. 我们与关键客户的书面协议规定了具体的监控方法(Q26)
	3. 我们与关键客户的书面协议规定了具体的担保/质量保证政策(Q27)
	4. 我们与关键客户的书面协议明确规定了服务/产品需要达到的标准(Q28)
	5. 我们与关键客户的书面协议明确规定了各自的角色(Q29)
	6. 我们与关键客户的书面协议明确规定了各自的责任(Q30)
测量问项来源	Lusch 和 Brown(1996);Li 等(2010);马双等(2015);高孟立(2017)

②关系治理

关系治理指的是合作双方利用文化、社会规范、信任、价值观等隐性约束力的方式进而实现双方所期望的行为,诸如关系规范、信任等(Macneil,1977;寿志钢等,2011;刘文霞等,2014;周茵等,2015)。

关系契约的治理不仅依赖对交易结构的事先规定、理性规划,还依赖关系性规则,关系性规则包括社会过程、社会规则等,与正式契约安排在一起,共同保障关系契约的履行(Macneil,1977)。Dyer 和 Chu(2003)认为,关系性规则能降低机会主义行为的发生概率,使合作创新中双方企业更加注重长期合作价值,不会为了短期的价值而实施投机行为。

  这些关系性规则可以有效地降低和解决企业在合作创新过程中所面临的一些问题,比如专用性投资所带来的"敲竹杠"问题。Heide(1994)曾经指出,关系治理是一种有别于契约治理的非正式的事后控制,可以有效地帮助双方企业及时地调整期望、义务等内容,以更好适应外部环境所带来的变化。由此可见,关系治理将会更加有效地降低外部环境因素的不可控性所造成的各种协调成本,推动 KIBS 企业与顾客一致性目标的形成,促进组织间长期合作的发展,减少合作后期利益上的冲突(Poppo 和 Zenger,2002)。

  Heide(1994)在研究中使用"为应对环境变化,我们会对合作的细节进行适当的调整"等六个测量问项对关系治理进行测度。Claro 等(2003)、高孟立(2017)研究使用"我公司和客户企业相互信任""我公司认为客户企业值得信任""我公司和客户企业相互依赖""我公司与客户企业保持着密切的联系""我公司目前和客户企业正在开展紧密的合作""我公司和客户企业之间彼此有亲近感""我公司和客户企业之间能够坦诚沟通""我公司和客户企业有共同的价值观""我公司和客户企业都信守对彼此的承诺""我公司和客户企业相互理解对方的价值观和目标""我公司和客户企业都会知恩图报""我公司和客户企业都能够从对方的角度来看待问题""我公司和客户企业相互了解彼此的感受""我公司和客户企业相互帮助、重视汇报"等 14 个测量问项。

  基于上述成果,本书使用如表 5-9 所示的测量问项对关系治理进行测度。

表 5-9 关系治理的测量

变量	具体测量问项
关系治理	1. 我们与关键客户彼此之间高度依赖(Q31)
	2. 当关键客户遇到问题时,我们会施以援手(Q32)
	3. 我们会对合作中的问题与关键客户保持实时的沟通(Q33)
	4. 我们会对有利于促进合作关系的某些方面做出改进(Q34)
	5. 为了应对环境变化,我们会对合作的细节进行适当的调整(Q35)
	6. 意外情况出现时,我们会用新合作条款来取代最初的条款(Q36)
测量问项来源	Heide(1994);Claro 等(2003);马双等(2015);高孟立(2017)

（5）控制变量

本书的服务创新绩效是由多个因素共同作用的结果，除了企业—顾客互动、组织间关系等变量外，有可能另外的一些因素对其结果产生一定的影响作用。尽管这些变量并不是本书所重点关注的对象，但是已有研究证实了其与服务创新绩效有一定的相关性，所以有必要在本次实证研究中将其纳入进来进行控制，旨在减少这些变量对本书结果的影响。为了突出本书理论模型中各个变量对服务创新绩效的影响，本书将以下变量作为控制变量纳入研究模型：行业门类、企业规模、项目周期、项目类型。

第一，被调研企业所属的 KIBS 企业四大行业门类。KIBS 企业包括信息与通信服务业、金融服务业、商务服务业、科技服务业四个行业门类（国务院发展研究中心，2001；魏江和胡胜蓉，2007）。McGahan 和 Porter（2002）认为，企业所属的产业类型会影响企业的经营绩效水平。Thornhill（2006）也认为，不管企业运营是拥有高技术还是低技术，行业门类同样可以影响企业的新服务或新产品的产出水平。因此，行业门类有可能会对服务创新绩效产生影响，本次研究将行业门类作为控制变量纳入研究模型，信息与通信服务业赋值为 1、金融服务业赋值为 2、商务服务业赋值为 3、科技服务业赋值为 4。

第二，被调查的 KIBS 企业的企业规模。Dunne 和 Hughes（1994）关于哪些因素决定了英国企业成长的研究发现，企业本身的规模和成长绩效呈现相关性，也就是企业规模越大，企业就越有能力获得更多的资源以实现快速成长。已有研究一般用总员工数量、企业总资产、企业总销售额等指标来具体测量企业规模。Tang 和 Murphy（2012）明确指出，企业规模可以用企业员工的数量来进行测量。所以，本书将使用员工数量来测量企业的规模，考虑到 KIBS 企业的特殊性，很多 KIBS 企业公司规模不会很大，经过适当调整，将企业的规模按照员工数量划分为 6 个水平，50 人以下赋值为 1，51～100 人赋值为 2，101～300 人赋值为 3，301～500 人赋值为 4，501～1000 人赋值为 5，1001 人以上赋值为 6。

第三，被调查服务创新项目的周期。服务创新项目的周期也有可能影响组织间关系和服务创新绩效。服务创新项目周期越长，说明 KIBS 企业与顾客企业之间有更长的时间交流、沟通、协作，互动程度越是深入,越有可能有助于双方组织间关系长期、健康地发展,也越有可能产生更多的矛盾,产生合作过程中利益上的冲突。本次研究将服务创新项目的时间划分为四类,项目周期在 6 个月以下赋值为 1,6 个月到 1 年时间赋值为 2,1～2 年时间赋值为 3,2 年以上时间赋值为 4。

最后,被调查服务创新项目的类型。不同行业门类下的 KIBS 企业服务创新项目具有不同的项目类型,可以分为基于技术型的服务项目和基于传统型的服务项目(Miles 等,1993)。不同类型下的服务创新项目具有不同的特点,这种差异性直接导致对顾客参与创新过程的需求、期望以及在创新过程中的嵌入程度等都会有不同的要求。所以,服务创新项目类型可能会对服务创新绩效产生一定的影响,本书也将其作为控制变量纳入研究模型,将技术型服务项目赋值为 1,传统型服务项目赋值为 2。

5.1.3　数据收集

(1)样本与调研对象选择

调查研究有效性的重要保障就是调查者必须清楚如何进行抽样,也就是从总体中选择的那一部分必须能够代表总体(Fowler,2013)。所以本书将样本的选择严格限定在 KIBS 企业的四大行业门类企业中:信息与通信服务业(包括电信及其他通信服务业、计算机服务业、软件业等)、金融服务业(包括银行业、证券业、保险业和其他金融活动等)、商务服务业(包括法律咨询、会计服务、咨询与调查、广告创意等)、科技服务业(包括研究与试验发展、专业技术服务业、工程技术与规划管理、科技交流和推广服务业等)。本次样本调研区域范围涉及面比较广泛,具体包括浙江省内的杭州、宁波、绍兴、温州、金华、台州、丽水、衢州、舟山、嘉兴、湖州等 11 个地级市,还涉及江苏、安徽、河北、湖北、四川、辽宁、广东、云南等省以及北京市、上海市等地区。

同时由于本书立足于 KIBS 企业的具体服务创新项目,所以被调查的服务创新项目还必须满足以下几个条件。首先,被调查的服务创新项目必须是针对特定的组织顾客所开发的,也就是说必须是为企业顾客所设计,而并非针对一般的普通个体消费者。其次,被调查的服务创新项目的开发过程表现出明显的高知识密集性、高技术应用性、高互动性、高创新性、高渗透性等特点,具备较高定制化的特征,合作开发过程中顾客与 KIBS 企业应该有经常的、深入的沟通与协作。最后,被调查的服务创新项目要求是已经开发完成的,因为如果尚处于开发阶段的项目,其服务创新绩效难以准确地评估,如果将其纳入样本选择,则被调查者的作答结果会存在较大的偏差。

(2)问卷的发放与回收

数理统计研究的重要前提就是所获得数据的真实性,因为数据的真实性直接决定了实证研究的可靠性与有效性。为了能够获得适用于本书的相对真实、较为丰富的样本数据量,本书在问卷的发放过程中做了大量的前期工作。学术界认为通过发放调研问卷来获取研究数据具有普遍性,也具有低成本、节省时间、获得样本数量大等优点,因此通过实地拜访发放调研问卷是国内最常用、也是相对最有效的一种数据获取方式。尽管网络迅速发展,大大降低了时间、空间上对获取数据的束缚,极大地提高了调研数据收集的效率,然而通过电子邮件的方式获得数据,其效果并不理想。吴俊杰(2013)认为,其中的原因可能是:首先,企业界的实业派与理论界的学术派之间可能存在"文人相轻"的现象;其次,对于理论界的实证定量研究,实业界中企业的管理人员内心可能存在轻视感;最后,企业的管理人员尤其是高层管理人员工作比较忙,一般没有精力通过邮件网上填写问卷。因此,本书对问卷的发放和收集主要以实地拜访为主,充分动用亲朋好友等社会关系网络,即分别通过杭州市总工会、拱墅区商会、杭州市北部软件园管委会、南京理工大学经济管理学院等朋友关系的帮助和介绍,笔者及课题组成员亲自进入样本企业当面发放问卷,解释疑虑,回收问卷。

为了帮助被调查者有足够的概念与知识来填写问卷,针对所有帮助本书调研的人,通过面对面的方式对其进行培训与沟通,详细介绍本书的目的、理论模型、问卷中变量的内涵以及测量问项的含义等,使调查者能够准确地把握本次调研问卷的内涵,便于在实地调研过程中有效地解答问卷填写者的疑惑,提高所填数据的准确性和有效性。特别强调,问卷的填写必须由服务创新项目经理、企业高管、项目主管或者创新项目的核心研发人员亲自填写。在问卷发放和回收过程中坚持如下原则:一是,向被调查者解释完问卷相关知识、信息之后,立即组织其亲自、独立填写问卷;二是,如果一份问卷的回答率少于 2/3,则被视为无效问卷;三是,尽量让被调查者依据他自己的第一直觉来勾选答案;最后,如果一份问卷中多次出现选择同类答案选项的情况,则该问卷也被视为无效。整个问卷调研过程从 2016 年 12 月开始,到 2017 年 8 月结束,历时九个月,特别利用了其中的寒假和暑假,笔者及课题组成员有充分的时间实地到企业去调研。

5.1.4 分析方法

为了验证本书所提出的各个假设,除了问卷设计、数据收集之外,选择合适的数据分析方法与工具也是体现研究科学性的关键之一。在管理学领域的实证研究方法中,多元回归分析是比较常用,也是最为普及的数据统计分析方法。多元回归检验法综合运用了描述性统计分析法与推论统计中的各种原理和概念,充分保证科学研究的客观性、实证性、概括性,而且有比较成熟和流行的统计软件进行计算,比如 Excel、SPSS、AMOS 等,使用极为方便。

本书将对调研所获得的数据先后进行描述性统计分析、因子分析、相关性分析、信效度分析、结构方程建模、多元回归分析等具体的统计分析工作。

(1)描述性统计分析

描述性统计分析主要针对调研样本的特征用数学语言加以表达,包括所属行业门类、企业规模、项目周期、项目类型等基本特征的统计分析,描述各变量的均值、标准差等,用来表述样本的类别、特征及其分布情况。通过描述性统计分析,可以将几百份数据融为一体,有助于帮助研究者从整体上把握数据的特征分布,形成对数据处理结果新的认识。

(2)因子分析

吴明隆(2010)认为,因子分析指的是从研究指标相关矩阵内部的依赖关系出发,把一些信息重叠、存在错综复杂关系的研究变量归结为少数几个不相关的综合因子的一种多元统计方法。通过因子分析可以达到以下目的:一是从预试问卷中筛选出载荷较小的测量问项进行剔除,完善问卷;二是检验各变量的结构效度;三是对变量进行赋值,体现不同观测变量对指标的贡献程度。

(3)相关性分析

众多现象之间存在着互相依赖、互相制约的关系,通过大量的观测数据,可以揭示它们之间存在的某种特殊的统计规律或趋势。事物之间存在着相关性,并不一定存在因果关系,可能仅仅是伴随关系,然而事物之间如果存在着因果关系,则必然存在着相关性。本书将对研究模型中涉及的共同组织、共同决策、资源共享、任务协作、长期合作、交易冲突、服务创新绩效、契约治理、关系治理以及四个控制变量进行相关分析,展现相关系数矩阵,来具体考量以上各个变量间是否存在着显著的相关关系,为接下来的深入分析打下基础。

(4)信效度分析

本书在对研究假设进行检验之前,先对数据进行信度和效度方面的分析,理论上来讲只有具备了足够的信度、效度,测量量表才可以被使用(李怀祖,2004)。本书将使用 SPSS 19.0 软件来对信度与效度进行分析。

信度(reliability)指的是衡量效果一致性和稳定性的程度,有内在信度和外在信度两大类,信度较高就意味着系统排除随机误差的能力较强,常用的评价信度的指标有稳定性、等值性、内部一致性(李怀祖,2004)。本书涉及多题项的测量量表,内部一致性非常重要,主要利用系数进行衡量。依据经验判断法,题项—总体相关系数(CITC)应该大于0.35,测量值应该大于 0.70,因为本研究中的问卷是组织问卷,非个体问卷,所以系数达到 0.7 以上被认为具有较高的信度。

效度(validity)是指测量工具对调查对象属性的差异进行测量时的准确性程度,就是测量工具能否客观、真实、准确地反映属性的差异性,也就是各测量问项可以准确测量出研究者想要衡量性质的程度(李怀祖,2004)。效度较高就意味着排除系统误差的能力较强,效度有三种:内容效度(content validity)、结构效度(construct validity)以及准则相关效度(criteria-related validity)。本书对测量问项采用直接测量方式,同一时期再也无法找到其他标准化的资料来进行比较,无法测量准则相关效度,所以仅仅讨论内容效度、结构效度。内容效度指的是所研究的自变量和因变量之间存在一定关系的明确程度,用来检测衡量该领域的有关专家对测量问项的内容能够测量事物本身的认可程度。本书以相关理论为基础,参考现有文献中被实证的成熟量表,并进行适当修正,问卷初步形成后与专家和企业高层多次进行深入商讨、修改、完善,同时还经过预调研对测量问项进行了净化,所以在某种程度上保证了调研问卷的内容效度。结构效度指的是理论构思或者假设的合理性与科学性,以及转化为研究目标的恰当程度与可操作性,反映量表能够测量理论概念以及特征的程度。因子分析(factor analysis)是一种最常被用来检验结构效度的方法,通常采用 KMO(Kaiser Meyer-Olykin)测试系数检验、巴特莱特球体检验(bartlett test of sphericity)进行检测(吴明隆,2010)。KMO 值在 0.9 以上,非常适合做因子分析;KMO 值在 0.8~0.9,适合;KMO 值在 0.7~0.8,适合;KMO 值在 0.6~0.7,不太适合;KMO 值在 0.5~0.6,很勉强;KMO 值在 0.5 以下,不适合做(Kaiser,1974)。巴特莱特球体检验的统计值如果显著异于 0,就说明适合做因子分析(马庆国,2004)。

(5)结构方程建模

企业—顾客互动、组织间关系与服务创新绩效三者之间关系的概念模型中涉及的许多变量主观性较强、直接测量难度较大、测量误差较大、因果关系较为复杂。而结构方程建模(structural equation modeling,SEM)是一种综合运用多元回归分析、路径分析以及确认型因子分析等多种统计方法而形成的统计工具,可以用来解释一个或多个自变量与一个或多个因变量之间的关系。因此,本书将通过结构方程模型建模,运用 AMOS 21.0 软件对研究模型中三类变量之间的作用路径进行检测。

本书对实地调研问卷所获得的数据,运用结构方程模型来具体检验企业—顾客互动、组织间关系与服务创新绩效三者之间的作用路径。结构方程建模一般分为四个步骤:模型设定(model specification)、模型拟合(model fitting)、模型评价(model assessment)、模型修正(model modification)(侯杰泰等,2004)。其中模型拟合最为关键,也就意味着研究者所构建的模型能否与实际获得的数据相拟合,以及拟合的效果如何,进而对研究者先前所构建的理论模型进行验证。本书采用类似于验证性因子分析(CFA)中的拟合指标把 x^2/df、RMSEA、GFI 以及 AGFI 等作为对结构方程模型拟合度的评价指标。指标判断标准如下:x^2/df 小于 3,RMSEA 小于 0.08,GFI 大于 0.9,AGFI 大于 0.9。尽管一般的判断标准 GFI 需要大于 0.9,不过也有学者提出 GFI 数值大于 0.8、AGFI 接近 0.8 就可以接受(Carmines 和 McIver,1981)。

(6)多元回归分析

关于契约治理和关系治理两个变量对企业—顾客互动与组织间关系的调节效应,由于结构方程处理起来比较麻烦,本书使用 SPSS 19.0 软件进行调节效应的分析,具体将在下一章完成。多元回归分析可以用来研究一个被解释变量(因变量)与多个解释变量(自变量)之间的统计关系(马庆国,2004)。本书将以多元回归分析为分析工具,使用 SPSS 19.0 软件来检验企业—顾客互动中四个特征变量分别与组织间长期合作、组织间交易冲突之间的关系,并深入探讨契约治理、关系治理在企业—顾客互动与组织间关系的调节效应。

5.2　描述性统计分析

本次共计发放问卷 455 份,回收问卷 334 份,其中有效问卷 308 份,有效回收率为 67.69%,有效回收率较高,因此基本上可以排除本次问卷回收的未答偏差。为了进一步浓缩样本项目信息,以便从整体上显示样本项目特征,接下来对 308 份有效样本项目信息从行业门类、企业规模、项目周期、项目类型、问卷填写者教育程度,以及本书各研究变量的极小值、极大值、均值、标准差等方面进行描述性统计分析,如表 5-10 和表 5-11 所示。需要特别说明的是,本书的对象是服务创新项目,问卷中所涉及的企业基本资料属于作为服务供应商的 KIBS 企业,而且所有样本项目都是针对客户企业所开发的。

回收的 308 份有效样本主要考察了行业门类、企业规模、项目周期、项目类型等指标,且这些指标也是大量研究中已经被证实对研究的结果会起到重要影响,因而需要加以控制的变量。从所属行业门类来看,信息与通信服务业(包括电信及其他通信服务业、计算机服务业、软件业等)67 家,占 21.75%;金融服务业(包括银行业、证券业、保险业和其他金融活动等)79 家,占 25.65%;商务服务业(包括法律咨询、会计服务、咨询与调查、广告创意等)56 家,占 18.18%;科技服务业(包括研究与试验发展、专业技术服务业、工程技术与规划管理、科技交流和推广服务业等)106 家,占 34.42%。四大行业门类分布较为平均,仅科技服务业稍微高一些。从企业规模来看,少于 50 人的 149 家,占 48.38%;51~100人的 37 家,占 12.01%;101~300 人的 38 家,占 12.34%;301~500 人的 16 家,占 5.19%;501~1000 人的 11 家,占 3.57%;1001 人以上的 57家,占 18.51%,这也符合 KIBS 企业的特殊性,因为 KIBS 企业的企业规模一般不会很大。从项目周期来看,少于 6 个月的 118 项,占 38.31%;6 个月到 1 年的 86 项,占 27.92%;1~2 年的 50 项,占 16.23%;2 年以上的 54 项,占 17.54%。从项目类型来看,技术型服务项目 201 项,占65.26%;传统型服务项目 107 项,占 34.74%。从问卷被调查者的教育程度来看,高中及以下 17 人,占 5.52%;专科 54 人,占 17.53%;本科 197 人,占 63.96%;硕士 33 人,占 10.71%;博士 7 人,占 2.28%。

表 5-10　各变量的描述性统计分析结果

变量名称	极小值	极大值	均值	标准差
行业门类	1.00	5.00	2.66	1.18
企业规模	1.00	6.00	2.59	1.94
项目周期	1.00	4.00	2.13	1.11
项目类型	1.00	5.00	1.35	0.52
共同组织	3.00	5.00	4.38	0.52
共同决策	2.67	5.00	4.26	0.56
资源共享	1.00	5.00	3.76	0.77
任务协作	1.25	5.00	4.25	0.58
长期合作	1.67	5.00	4.39	0.62
交易冲突	1.00	5.00	2.45	1.00
契约治理	2.67	5.00	4.32	0.55
关系治理	1.75	5.00	4.18	0.57
服务创新绩效	2.00	5.00	4.11	0.59

除了样本项目基本特征统计外,本书所涉及的主要变量如表 5-10 所示。从表 5-10 中可以看出,共同组织、共同决策、任务协作、长期合作等指标的均值较高,而交易冲突的均值较小,这符合企业正常的运营规律。同理,其他变量的具体描述性统计分析结果如表 5-10 所示。

表 5-11　样本项目基本特征分布情况

指标	类别	样本数	百分比(%)	累计百分比(%)
行业门类	信息与通信服务业	67	21.75	21.75
	金融服务业	79	25.65	47.40
	商务服务业	56	18.18	65.58
	科技服务业	106	34.42	100.00
企业规模	<50 人	149	48.38	48.38
	51~100 人	37	12.01	60.39
	101~300 人	38	12.34	72.73
	301~500 人	16	5.19	77.92
	501~1000 人	11	3.57	81.49
	>1001 人	57	18.51	100.00
项目周期	<6 个月	118	38.31	38.31
	6 个月~1 年	86	27.92	66.23
	1~2 年	50	16.23	82.46
	>2 年	54	17.54	100
项目类型	技术型服务项目	201	65.26	65.26
	传统型服务项目	107	34.74	100.00
问卷填写者教育程度	高中及以下	17	5.52	5.52
	专科	54	17.53	23.05
	本科	197	63.96	87.01
	硕士	33	10.71	97.72
	博士	7	2.28	100.00

5.3 信度、效度检验

5.3.1 企业—顾客互动

本书采用因子分析法对各个潜变量进行效度检验。在对企业—顾客互动四个特征维度进行因子分析之前,先进行样本的充分性检验,即样本充分性 KMO 测试系数检验、巴特莱特球体检验,以此来判断是否适合因子分析。按照上述步骤,本书对企业—顾客互动结构维度(共同组织、共同决策)、过程维度(资源共享、任务协作)分别进行效度检验,其中 KMO 值分别为 0.795 和 0.802,均大于 0.7,Bartlett 统计值为 529.259 和 710.340,均显著异于 0($P < 0.000$),可见检测结果符合要求。在此基础上进行验证性因子分析:采用主成分分析法提取因子,并按照极大方差法进行因子的旋转,将特征值大于 1 作为因子提取的标准。如果潜变量下的测量问项因子载荷值都大于 0.5,且累积解释变差的比例大于 50%,就说明该多个测量问项对应的潜变量符合结构效度要求。

表 5-12 企业—顾客互动结构维度的因子分析结果

测量问项编号	描述性统计分析		因子载荷		KMO 值	Bartlett 球体检验值及显著性
	均值	标准差	1	2		
共同组织 Q01	4.37	0.593	0.827	0.229	0.721	327.138***
共同组织 Q02	4.35	0.593	0.840	0.180		
共同组织 Q03	4.42	0.623	0.839	0.190		
共同决策 Q04	4.20	0.797	0.187	0.733	0.658	126.200***
共同决策 Q05	4.15	0.742	0.168	0.750		
共同决策 Q06	4.44	0.625	0.180	0.764		

注:$N = 308$,+ 表示显著性水平 $P < 0.10$,* 表示显著性水平 $P < 0.05$,** 表示显著性水平 $P < 0.01$,*** 表示显著性水平 $P < 0.001$(双尾检验);KMO 值为 0.795,Bartlett 统计值 529.259,显著异于 0($P < 0.001$),两个因子的累积解释变差为 66.578%。

本书通过 308 份样本数据对所构建的 13 个测量问项进行因子分析,严格遵循特征值大于 1,最大因子载荷大于 0.5 的要求,如表 5-12 和表 5-13 所示。企业—顾客互动结构维度析出两个因子,企业—顾客互动过程维度析出两个因子,共同组织、共同决策、资源共享、任务协作四个要素的所有测量问项均归入同一个因子,因子载荷在因子之间具有良好的区分度,通过了验证性因子分析的效度检测,且两个因子的累积解释变差分别为 66.578% 和 64.320%,可见四个变量均具有较好的效度。

表 5-13　企业—顾客互动过程维度的因子分析结果

测量问项编号	描述性统计分析		因子载荷		KMO 值	Bartlett 球体检验值及显著性
	均值	标准差	1	2		
资源共享 Q07	3.53	0.980	0.849	0.155		
资源共享 Q08	3.79	0.887	0.814	0.248	0.691	277.174***
资源共享 Q09	3.96	0.892	0.763	0.211		
任务协作 Q10	4.33	0.655	0.269	0.767		
任务协作 Q11	4.26	0.711	0.343	0.687		
任务协作 Q12	4.09	885	0.185	0.728	0.702	333.545***
任务协作 Q13	4.33	0.757	0.061	0.766		

注:$N=308$,+ 表示显著性水平 $P<0.10$,* 表示显著性水平 $P<0.05$,** 表示显著性水平 $P<0.01$,*** 表示显著性水平 $P<0.001$(双尾检验);KMO 值为 0.802,Bartlett 统计值 710.340,显著异于 0($P<0.001$),两个因子的累积解释变差为 64.320%。

紧接着,本书对企业—顾客互动中的共同组织、共同决策、资源共享、任务协作四个要素进行信度分析,如表 5-14 所示。由此可见,所有测量问项的 CITC(题项—总体相关系数)均大于 0.35,各变量的系数均大于 0.7,说明企业—顾客互动四个变量的测量问项之间具有较好的内部一致性。

表 5-14　企业—顾客互动变量的信度检验结果

变量名称	测量问项编号	CITC	删除该题项后的 *Cronbach's α* 值	*Cronbach's α* 系数
共同组织	共同组织 Q01	0.681	0.751	0.822
	共同组织 Q02	0.673	0.758	
	共同组织 Q03	0.677	0.755	
共同决策	共同决策 Q04	0.505	0.619	0.701
	共同决策 Q05	0.508	0.607	
	共同决策 Q06	0.534	0.587	
资源共享	资源共享 Q07	0.652	0.688	0.788
	资源共享 Q08	0.672	0.667	
	资源共享 Q09	0.567	0.775	
任务协作	任务协作 Q10	0.630	0.675	0.761
	任务协作 Q11	0.578	0.695	
	任务协作 Q12	0.548	0.720	
	任务协作 Q13	0.511	0.730	

因此,本书所采用的企业—顾客互动测量量表具有较好的信度、效度。

5.3.2　组织间关系

组织间关系变量的 KMO 值为 0.760,Bartlett 统计值为 1404.841,且显著异于 0($P<0.001$),说明适合进行因子分析。本书针对 308 份样本中组织间关系变量下的七个测量问项进行因子分析,严格遵循特征值大于 1、最大因子载荷大于 0.5 的要求,如表 5-15 所示,提取两个因子,两个因子的累积解释变差为 79.768%,可见两个变量均具有较好的效度。

表 5-15　组织间关系的因子分析结果

测量问项编号	描述性统计分析		因子载荷		KMO 值	Bartlett 球体检验值及显著性
	均值	标准差	1	2		
长期合作 Q14	4.46	0.667	0.866	−0.009		
长期合作 Q15	4.37	0.689	0.913	−0.029	0.715	437.768***
长期合作 Q16	4.33	0.753	0.871	−0.035		
交易冲突 Q17	2.55	1.104	−0.009	0.879		
交易冲突 Q18	2.45	1.086	0.013	0.920		
交易冲突 Q19	2.38	1.142	−0.014	0.919	0.825	938.393***
交易冲突 Q20	2.41	1.116	−0.089	0.876		

注：$N = 308$，+ 表示显著性水平 $P < 0.10$，* 表示显著性水平 $P < 0.05$，** 表示显著性水平 $P < 0.01$，*** 表示显著性水平 $P < 0.001$（双尾检验）；KMO 值为 0.760，Bartlett 统计值 1404.841，显著异于 0（$P < 0.001$），两个因子的累积解释变差为 79.768%。

　　紧接着，本书对组织间关系各因子进行信度分析，以检验各测量问项间的内部一致性。所有测量问项的 CITC（题项—总体相关系数）均大于 0.35，各变量的系数均大于 0.7，如表 5-16 所示，说明组织间关系两个变量的测量问项间具有较好的内部一致性。

表 5-16　组织间关系变量的信度检验结果

变量名称	测量问项编号	CITC	删除该题项后的 *Cronbach's α* 值	*Cronbach's α* 系数
长期合作	长期合作 Q14	0.701	0.831	
	长期合作 Q15	0.793	0.745	0.858
	长期合作 Q16	0.712	0.826	
交易冲突	交易冲突 Q17	0.784	0.908	
	交易冲突 Q18	0.849	0.886	0.921
	交易冲突 Q19	0.849	0.886	
	交易冲突 Q20	0.786	0.907	

　　综上所述，本书所采用的组织间关系量表具有较好的信度和效度。

5.3.3 服务创新绩效

服务创新绩效变量的 KMO 值为 0.805, Bartlett 统计值为 502.079, 且显著异于 0($P<0.001$), 说明适合进行因子分析。本书针对 308 份样本中服务创新绩效变量下的四个测量问项进行因子分析, 严格遵循特征值大于 1、最大因子载荷大于 0.5 的要求, 各测量问项符合预期均归入一个因子, 且其累积解释变差为 67.807%, 如表 5-17 所示。因此, 服务创新绩效变量具有较好的效度。

表 5-17　服务创新绩效的因子分析结果

测量问项编号	描述性统计分析		因子载荷
	均值	标准差	服务创新绩效
服务创新绩效 Q21	4.01	0.757	0.811
服务创新绩效 Q22	4.16	0.741	0.739
服务创新绩效 Q23	4.11	0.688	0.875
服务创新绩效 Q24	4.17	0.686	0.862

注: $N=308$, + 表示显著性水平 $P<0.10$, * 表示显著性水平 $P<0.05$, ** 表示显著性水平 $P<0.01$, *** 表示显著性水平 $P<0.001$(双尾检验); KMO 值为 0.805, Bartlett 统计值 502.079, 显著异于 0($P<0.001$), 单个因子的累积解释变差为 67.807%。

紧接着, 本书对服务创新绩效变量进行信度分析, 以检验各测量问项间的内部一致性, 所有测量问项的 CITC(题项—总体相关系数)均大于 0.35, 各变量的系数均大于 0.7, 如表 5-18 所示, 说明服务创新绩效变量的所有测量问项之间具有较好的内部一致性。

表 5-18　服务创新绩效变量的信度检验结果

变量名称	测量问项编号	CITC	删除该题项后的 *Cronbach's α* 值	*Cronbach's α* 系数
服务创新绩效	服务创新绩效 Q21	0.651	0.803	0.837
	服务创新绩效 Q22	0.566	0.840	
	服务创新绩效 Q23	0.747	0.747	
	服务创新绩效 Q24	0.726	0.726	

综上所述，本书所采用的服务创新绩效量表具有较好的信度和效度。

5.4 结构方程模型检验

通过了验证性因子(chartered finacial analyst,CFA)分析，表示本书所构建的测量模型表征效果较好，可以用作进一步的结构分析。所以，紧接着本书运用结构方程模型(structural equation modeling, SEM)，深入剖析KIBS企业与顾客合作创新过程中企业—顾客互动对服务创新绩效具体作用机制的黑箱，针对在第4章提出的概念模型主效应和中介效应的相关假设进行实证验证。

5.4.1 初始数据分析

在结构方程模型分析之前，需要对本书数据的合理性与有效性进行初步检验。一般情况下，样本量达到100~150，才可以使用极大似然法(the method of maximum like lihood,ML)对模型进行估计(Ding等，1995)。本书的最终有效样本数是308份，已达到最低样本容量要求。同时，极大似然法进行估计时要求所使用的数据须服从正态分布规律。Ghiselli等(1981)认为，如果样本数据能够满足中值与中位数相近、峰度小于5、偏度小于2，那么可以认为数据服从正态分布规律。本书使用SPSS 19.0对308份样本数据的偏度、峰度进行分析，结果显示各测量问项数据均符合正态分布规律。此外，本章的5.3节已经对样本数据的信度、效度进行了检验。因此，可以认为本书的样本数据容量、分布特征以及信度、效度均达到了结构方程建模的要求。此外，在结构方程建模之前还需对结构方程所涉及的所有变量进行简单的相关性分析，如表5-19所示。

表 5-19　企业—顾客互动、组织间合作治理与组织间关系相关分析结果

变量	均值	标准差	1	2	3	4	5	6	7
1.共同组织	4.379	0.518	1						
2.共同决策	4.264	0.556	0.451***	1					
3.资源共享	3.760	0.771	0.252***	0.343***	1				
4.任务协作	4.252	0.577	0.299***	0.485***	0.494***	1			
5.长期合作	4.385	0.621	0.263***	0.314***	0.219***	0.370***	1		
6.交易冲突	2.448	0.999	−0.063	−0.002	0.145**	−0.093+	−0.056	1	
7.服务创新绩效	4.110	0.589	0.264***	0.290***	0.189**	0.309***	0.346***	−0.094+	1

注:$N=308$,$+$ 表示显著性水平 $P<0.10$,$*$ 表示显著性水平 $P<0.05$,$**$ 表示显著性水平 $P<0.01$,$***$ 表示显著性水平 $P<0.001$(双尾检验)。

5.4.2　初始模型构建

侯杰泰等(2004)指出,结构方程可以分为三大类:纯粹验证模型、选择模型、产生模型。其中产生模型是指事先构建一个或者多个基本模型,检查这些模型是否跟数据相拟合,在理论或样本数据分析的基础上,针对模型中拟合效果不够理想的部分进行相应的调整、修正,并通过同一数据或其他样本数据检测修正后模型的拟合效果。产生模型分析的目的在于通过不断地进行调整、修正,从而产生一个具有最佳拟合效果的模型。本书就属于产生模型,也就是通过第 4 章中的概念模型和研究假设来构建初始结构方程模型,之后通过理论及数据分析对该模型进行不断调整、修正,最终产生一个不仅符合理论推导,而且符合企业实践情境的最佳拟合模型。

在第 4 章图 4-2 所构建的企业—顾客互动对服务创新绩效影响机制概念模型基础上,本书设置了初始化的结构方程模型,如图 5-1 所示。该模型通过 13 个外生显变量(共同组织 Q01、共同组织 Q02、共同组织 Q03、共同决策 Q04、共同决策 Q05、共同决策 Q06、资源共享 Q07、资源共享 Q08、资源共享 Q09、任务协作 Q10、任务协作 Q11、任务协作 Q12、任务协作 Q13)来对四个外生潜变量进行测度。此外,该模型还有两个外生显变量(长期合作、交易冲突)和一个内生潜变量(服务创新绩效)。接下来,本书对模型中所设定的 KIBS 企业合作创新中企业—顾

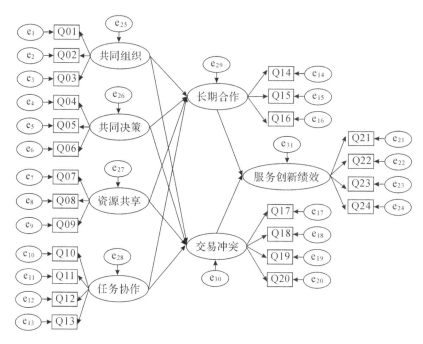

图 5-1　基于概念模型的初始结构方程模型

客互动通过作用于组织间关系进而影响服务创新绩效的十条初始假设
路径进行实证检验。

5.4.3　模型初步拟合

本书使用 AMOS 21.0 软件对初始结构方程模型进行分析,表 5-20
显示的是拟合结果。初始结构方程模型的 x^2 为 692.396,df 为 242,
x^2/df 为 2.861、小于 3,RMSEA 为 0.078、小于 0.08,GFI 为 0.834、大
于 0.8,AGFI 为 0.794、接近 0.8。从以上指标分析,该模型基本可以接
受,但是从各条路径的 P 值分析,存在没有通过检验的假设,所以需要
对该模型进行调整。Hatcher 和 Stepanski(1994)指出,结构方程模型只
经过一次运算就成功的情况极少,这属于普遍现象,其中的原因:第一,所
构建的模型本身存在一定的问题;第二,所获得的样本数据带来的偏差。
因此,针对初始模型中部分检测未通过的假设路径,有必要对初始结构方
程模型进行适当的调整、修正,进一步检测模型的拟合效果是否会提升。

表 5-20　初始结构方程的拟合结果

路　径			非标准路径系数	标准化路径系数	$C.R.$	P
长期合作	←---	共同组织	0.158	0.15	2.410	0.016
长期合作	←---	共同决策	0.218	0.18	2.453	0.014
长期合作	←---	资源共享	0.006	0.01	0.110	0.912
长期合作	←---	任务协作	0.395	0.34	4.685	***
交易冲突	←---	共同组织	−0.194	−0.10	−1.577	0.115
交易冲突	←---	共同决策	0.047	0.02	0.293	0.769
交易冲突	←---	资源共享	0.402	0.25	3.702	***
交易冲突	←---	任务协作	−0.268	−0.12	−1.894	0.058
服务创新绩效	←---	长期合作	0.453	0.41	5.950	***
服务创新绩效	←---	交易冲突	−0.155	−0.11	−1.672	0.089

$\chi^2=692.396$　　$df=242$　$\chi^2/df=2.861$　RMSEA$=0.078$　GFI$=0.834$　AGFI$=0.794$

注：$N=308$，$+$ 表示显著性水平 $P<0.10$，$*$ 表示显著性水平 $P<0.05$，$**$ 表示显著性水平 $P<0.01$，$***$ 表示显著性水平 $P<0.001$（双尾检验）。

5.4.4　模型修正与确定

初始结构方程模型中部分假设路径未通过检测或模型的拟合效果不理想，属于产生模型分析中的常见现象，可以通过对模型修正，从而获得拟合效果更优的模型。AMOS 21.0 软件可以计算修正指数 MI（modification indices），同时参考 P 参数，常用的方法就是逐条去掉 MI 最大的路径来进行逐步的模型修正。

（1）一次模型修正

由表 5-20 的初始结构方程拟合结果可知，"长期合作←资源共享"路径的 $C.R.$ 值远远低于 1.96，而且该条路径的标准化回归系数为 0.01（P 值不显著），一次模型修正中可以考虑先把该条路径删除。因此，根据最大 MI 对模型进行第一次修正：将"长期合作←资源共享"路径删除，得到如表 5-21 所示的一次模型修正后拟合结果。第一次修正后的结构方程模型 x^2 为 692.405，为 243，x^2/df 为 2.849、小于 3，RMSEA 为 0.078、小于 0.08，GFI 为 0.834、大于 0.8，AGFI 为 0.795、接近 0.8。

从以上指标变化可以看出,修正后的模型拟合度指标进一步减小,AGFI增大,总体来看变化不大,仍在可以接受的范围之内,但是从各条路径的P值分析,存在没有通过检验的假设,所以还需要对该模型进行二次修正。

表 5-21   一次修正后结构方程模型拟合结果

路　　径			非标准路径系数	标准化路径系数	$C.R.$	P
长期合作	←---	共同组织	0.158	0.15	2.415	0.016
长期合作	←---	共同决策	0.219	0.18	2.465	0.014
长期合作	←---	任务协作	0.398	0.33	4.717	***
交易冲突	←---	共同组织	−0.194	−0.10	−1.577	0.115
交易冲突	←---	共同决策	0.047	0.02	0.293	0.769
交易冲突	←---	资源共享	0.403	0.25	3.705	***
交易冲突	←---	任务协作	−0.268	−0.12	−1.895	0.058
服务创新绩效	←---	长期合作	0.453	0.41	5.955	***
服务创新绩效	←---	交易冲突	−.156	−.11	−1.675	0.089

$\chi^2=692.405$ $df=243$ $\chi^2/df=2.849$ RMSEA=0.078 GFI=0.834 AGFI=0.795

注:$N=308$,+ 表示显著性水平 $P<0.10$, * 表示显著性水平 $P<0.05$, ** 表示显著性水平 $P<0.01$, *** 表示显著性水平 $P<0.001$(双尾检验)。

(2)二次模型修正

由表 5-21 的一次修正后结构方程模型拟合结果可知,"交易冲突←共同决策"路径的 $C.R.$ 值远远低于 1.96,而且该条路径的标准化回归系数为 0.02(P 值不显著),二次模型修正中可以考虑先把该条路径删除。因此,根据最大 MI 对模型进行第二次修正:将"交易冲突←共同决策"路径删除,得到如表 5-22 所示的二次模型修正后拟合结果。二次修正后的结构方程模型 x^2 为 692.460,df 为 244,x^2/df 为 2.838、小于 3,RMSEA 为 0.077、小于 0.08,GFI 为 0.834、大于 0.8,AGFI 为 0.796、接近 0.8。从以上指标变化可以看出,修正后的模型拟合度指标 x^2/df、RMSEA 进一步减小,AGFI 增大,在可以接受范围之内,但是从各条路径的 P 值分析,依旧存在没有通过检验的假设,所以还需要对该模型进行三次修正。

表 5-22　二次修正后结构方程模型拟合结果

路　径			非标准 路径系数	标准化 路径系数	$C.R.$	P
长期合作	←---	共同组织	0.158	0.15	2.409	0.016
长期合作	←---	共同决策	0.220	0.18	2.478	0.013
长期合作	←---	任务协作	0.398	0.33	4.712	***
交易冲突	←---	共同组织	−0.182	−0.09	−1.484	0.138
交易冲突	←---	资源共享	0.406	0.25	3.731	***
交易冲突	←---	任务协作	−0.255	−0.12	−1.806	0.071
服务创新绩效	←---	长期合作	0.453	0.41	5.955	***
服务创新绩效	←---	交易冲突	−0.156	−0.11	−1.673	0.089

$\chi^2=692.460$　$df=244$　$\chi^2/df=2.838$　RMSEA$=0.077$　GFI$=0.834$　AGFI$=0.796$

注：$N=308$，$+$ 表示显著性水平 $P<0.10$，* 表示显著性水平 $P<0.05$，** 表示显著性水平 $P<0.01$，*** 表示显著性水平 $P<0.001$（双尾检验）。

（3）三次模型修正（最终模型）

由表 5-22 的二次修正后结构方程模型拟合结果可知，"交易冲突←共同组织"路径的 $C.R.$ 值低于 1.96，而且该条路径的标准化回归系数为 -0.09（P 值不显著），三次模型修正中可以考虑先把该条路径删除。因此，根据最大 MI 对模型进行第三次修正：将"交易冲突←共同组织"路径删除，得到如表 5-23 所示的三次模型修正后拟合结果。三次修正后的结构方程模型 x^2 为 696.410，df 为 245，x^2/df 为 2.831、小于 3，RMSEA 为 0.077、小于 0.08，GFI 为 0.833、大于 0.8，AGFI 为 0.797、接近 0.8。从以上指标变化可以看出，修正后的模型拟合度指标进一步减小，GFI 稍微减小，AGFI 增大，最终结果在可以接受范围之内。从各条路径的 P 值分析，此时不存在没有通过检验的假设，所以不需要对模型作进一步的修正，三次修正后的模型为最终模型，其拟合度达到最优。

表 5-23 三次修正后结构方程模型(最终模型)拟合结果

路 径			非标准路径系数	标准化路径系数	$C.R.$	P
长期合作	← - - -	共同组织	0.157	0.15	2.387	0.017
长期合作	← - - -	共同决策	0.220	0.18	2.477	0.013
长期合作	← - - -	任务协作	0.399	0.35	4.724	***
交易冲突	← - - -	资源共享	0.392	0.24	3.601	***
交易冲突	← - - -	任务协作	−0.310	−0.14	−2.179	0.029
服务创新绩效	← - - -	长期合作	0.459	0.41	6.003	***
服务创新绩效	← - - -	交易冲突	−0.179	−0.12	−1.673	0.051

$\chi^2 = 696.410$ $df = 245$ $\chi^2/df = 2.831$ RMSEA$=0.077$ GFI$=0.833$ AGFI$=0.797$

注:$N=308$,+ 表示显著性水平 $P<0.10$,* 表示显著性水平 $P<0.05$,** 表示显著性水平 $P<0.01$,*** 表示显著性水平 $P<0.001$(双尾检验)。

从表 5-23 可以看出,经过三次修正后的结构方程模型,其 χ^2/df、RMSEA、GFI、AGFI 等拟合指标均有所改进,且不存在 P 不显著的路径,说明该模型拟合情况较好,不需要作进一步的修正。经过三次修正后的结构方程模型各项拟合度指标已经全部达到了要求,而且各条路径都显著,所以,最终的结构方程模型如图 5-2 所示。

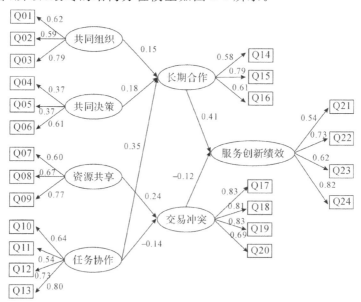

图 5-2 企业—顾客互动对服务创新绩效影响机制的最终结构方程模型

5.5 实证分析与讨论

5.5.1 实证研究整体结果

依据假设的验证结果(如表 5-24 所示)和确定的最终结构方程模型(如图 5-2 所示),KIBS 企业与顾客合作创新过程中企业—顾客互动对服务创新绩效具体作用机制的修正后模型如图 5-3 所示。

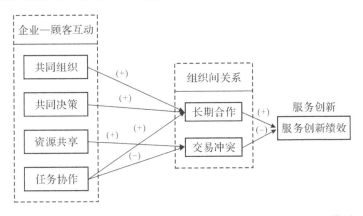

图 5-3 企业—顾客互动、组织间关系与服务创新绩效的修正后模型

由图 5-3 可知,KIBS 企业与顾客的共同组织与组织间长期合作关系正相关,也就是说共同组织程度越高,组织间长期合作意向也就越强,其对组织间交易冲突关系没有显著影响。KIBS 企业与顾客共同决策与组织间长期合作关系也正相关,即共同决策程度越高,组织间长期合作意向也就越强,其对组织间交易冲突关系也没有显著影响。KIBS 企业与顾客资源共享与组织间交易冲突关系正相关,即资源共享程度越高,组织间交易冲突可能性也就越高,其对组织间长期合作关系没有显著影响。KIBS 企业与顾客任务协作与组织间长期合作正相关,与组织间交易冲突关系负相关,也就是说任务协作行为会促进组织间长期合作关系,抑制组织间交易冲突关系,进而影响服务创新绩效。

接下来,本书将对实证结果进行详细分析。

表 5-24　企业—顾客互动对服务创新绩效影响机制研究假设验证情况汇总

假设组	具体假设内容	验证情况
第一组假设:企业—顾客互动与服务创新绩效关系	假设 H1a:企业—顾客互动中共同组织对服务创新绩效具有显著的正向影响,即共同组织程度越高,服务创新绩效越高	通过
	假设 H1b:企业—顾客互动中共同决策对服务创新绩效具有显著的正向影响,即共同决策程度越高,服务创新绩效越高	通过
	假设 H1c:企业—顾客互动中资源共享对服务创新绩效具有显著的正向影响,即资源共享活动越深入,服务创新绩效越高	通过
	假设 H1d:企业—顾客互动中任务协作对服务创新绩效具有显著的正向影响,即任务协作活动越有效,服务创新绩效越高	通过
第二组假设:企业—顾客互动与组织间长期合作关系	假设 H2a:企业—顾客互动中共同组织对组织间长期合作有显著的正向影响,即共同组织程度越高,组织间长期合作意向越强	通过
	假设 H2b:企业—顾客互动中共同决策对组织间长期合作有显著的正向影响,即共同决策程度越高,组织间长期合作意向越强	通过
	假设 H2c:企业—顾客互动中资源共享对组织间长期合作有显著的正向影响,即资源共享程度越高,组织间长期合作意向越强	未通过
	假设 H2d:企业—顾客互动中任务协作对组织间长期合作有显著的正向影响,即任务协作程度越高,组织间长期合作意向越强	通过
第三组假设:企业—顾客互动与组织间交易冲突关系	假设 H3a:企业—顾客互动中共同组织对组织间交易冲突有显著的负向影响,即共同组织程度越高,组织间交易冲突可能性越低	未通过
	假设 H3b:企业—顾客互动中共同决策对组织间交易冲突有显著的负向影响,即共同决策程度越高,组织间交易冲突可能性越低	未通过
	假设 H3c:企业—顾客互动中资源共享对组织间交易冲突有显著的正向影响,即资源共享程度越高,组织间交易冲突可能性越高	通过
	假设 H3d:企业—顾客互动中任务协作对组织间交易冲突有显著的正向影响,即任务协作程度越高,组织间交易冲突可能性越高	反向通过
第四组假设:组织间关系与服务创新绩效关系	假设 H4a:组织间关系中的长期合作对服务创新绩效有显著的正向影响	通过
	假设 H4b:组织间关系中的交易冲突对服务创新绩效有显著的负向影响	通过

5.5.2　组织间关系与服务创新绩效关系分析

从表 5-23 可以看出,组织间长期合作对服务创新绩效具有显著的促进作用,组织间交易冲突对服务创新绩效具有显著的抑制作用,这与 Ganesan(1994)、Dyer(1997)、Galaskiewicz 和 Zaheer(1999)、Dyer 和 Nobeoka(2000)、Gustafsson(2005)、Fang 等(2008)、Athaide 和 Klink (2009)、Athaide 和 Zhang(2011)、Samaha 等(2011)、Villena 等(2011)、马双等(2015)学者的研究结论具有一致性。

首先,本书中组织间长期合作关系对服务创新绩效的正向影响作用得到了实证的支持。在本书的最终结构方程模型中,"服务创新绩效←长期合作"的标准化路径系数为 0.41($P<0.001$),这说明组织间长期合作关系对服务创新绩效具有显著的正向影响作用。这也进一步说明 KIBS 企业与顾客合作创新过程中通过企业—顾客互动活动,双方深入进行沟通、协作,通过综合双边多元化的技术、知识、需求等信息,得以提高服务创新项目的合作研发效率,进而提升服务创新绩效水平。

其次,本书中组织间交易冲突关系对服务创新绩效的负向影响作用得到了实证的支持。在本书的最终结构方程模型中,"服务创新绩效←交易冲突"的标准化路径系数为 -0.12($P<0.1$),这说明组织间交易冲突关系对服务创新绩效具有显著的抑制作用。这也表明 KIBS 企业与顾客合作创新过程中,双方企业的互动环节所产生的交易冲突行为会极大地削弱组织相互的信任水平,增加双方的投机行为发生概率,甚至破坏双方正常的合作关系,从而严重抑制服务创新绩效水平的提升。

5.5.3　企业—顾客互动对服务创新绩效的作用机制分析

(1)企业—顾客共同组织对服务创新绩效的作用分析

为了验证假设 H1a,本书将共同组织作为自变量,行业门类、企业规模、项目周期、项目类型作为四个控制变量,将服务创新绩效作为因变量,一起放入回归模型进行统计分析,发现系数为 0.271($P<0.001$),这表明 KIBS 企业与顾客的共同组织对服务创新绩效具有显著的促进作用,假设 H1a 得到验证。在图 5-2 最终结构方程模型的基础上,将企

业—顾客互动四个变量与服务创新绩效构建关系,进行结构方程数据分析,得到"服务创新绩效←共同组织"的标准化系数为 0.17(P<0.05),说明长期合作在共同组织与服务创新绩效之间起到了部分中介的作用。从图 5-3 的修正后模型可以看出,共同组织不会通过作用于组织间交易冲突进而影响服务创新绩效。

首先,KIBS 企业与顾客合作创新中的共同组织会促进组织间长期合作关系的建立。在本书的最终结构方程模型中,"长期合作←共同组织"的标准化路径系数为 0.15(P<0.05),说明 KIBS 企业与顾客在合作创新过程中双方就服务创新项目开发活动所构建的旨在共同遵循的规则、政策、程序等一系列的保障措施,明确了互动行为中双方的协作内容、规则制度,从而有力地保障了合作关系健康、良好、持续地发展。KIBS 企业所开展的服务创新项目往往具有一定的持续性、互动性以及复杂性特点,因此互动过程中需要双方共同组织所建立起来的规则、政策、程序等为推进合作关系的顺利发展提供一定的保障机制。因为这些规则、程序、政策等具有一定的法律效力,互动创新过程中一旦有一方违反或未按照先前共同组织的约定去履行,则将承担一定的经济、法律后果。此外,规则、政策等制度的确立,减少了双方合作过程中的不确定性因素,确定了创新实践活动中双方合作的内容、步骤、程序,为双方企业的合作提前规划好"蓝图"。

其次,KIBS 企业与顾客合作创新中的共同组织对组织间交易冲突的直接影响作用在本书中没有得到证实。在结构方程模型修正的过程中,发现"交易冲突←共同组织"的标准化路径系数为负值,但是不显著(P=0.141),这说明共同组织对交易冲突没有显著的抑制作用。这可能的原因是:一是共同组织属于 KIBS 企业与顾客合作创新过程中互动程度最浅的层面,双方的合作还没有深入到频繁互动的环节,涉及双方各自切身利益的内容还不多。且双方既然进行了项目合作,初衷定是本着友好合作的态度开展合作研发活动,所以在共同组织层面,KIBS 企业与顾客企业一般表现出的是积极的态度以及尽量创造友好合作的氛围。二是 KIBS 企业在开展服务创新活动时,一般都会与合作单位商量、明确合作过程中一系列的规则与程序。在共同组织层面,合作双方会积极配合,把这视为合作创新的开端,这个层面一般尚未涉及投机、算计等导致交易冲突的种种因素,因此共同组织对交易冲突没有显著的直接影响作用。

综上所述,KIBS企业与顾客合作创新过程中的共同组织对组织间长期合作关系具有积极的促进作用,但不能有效地降低组织间的交易冲突行为。由此可见,KIBS企业在研发新服务项目之初,需要与合作企业明确共同的规则、流程、程序,这会大大提升合作进程中双方组织间的友好关系。而如果想要降低合作后期双方的机会主义行为对合作关系的破坏,合作初期所签订并遵循的共同规则、流程、程序发挥不了多大的作用,须寻求另外的途径和策略。

(2)企业—顾客共同决策对服务创新绩效的作用分析

为了验证假设 H1b,本书将共同决策作为自变量,行业门类、企业规模、项目周期、项目类型作为四个控制变量,将服务创新绩效作为因变量,一起放入回归模型进行统计分析,发现系数为 $0.304(P<0.001)$,这表明 KIBS 企业与顾客的共同决策对服务创新绩效具有显著的促进作用,假设 H1b 得到验证。在图 5-2 最终结构方程模型的基础上,将企业—顾客互动四个变量与服务创新绩效构建关系,进行结构方程数据分析,发现"服务创新绩效←共同决策"的路径系数变得不显著,而"服务创新绩效←长期合作"的路径系数依旧显著,说明长期合作在共同决策与服务创新绩效之间起到了完全中介的作用。同时从图 5-3 的修正后模型还可以看出,共同决策不会通过作用于组织间交易冲突进而影响服务创新绩效。本书的实证结果有力地证明了 KIBS 企业与顾客合作创新中共同组织对服务创新绩效具有显著的正向促进作用,即共同决策程度越高,服务创新绩效水平也就越高。这与 Martin 等(1999)、Alam 和 Perry(2002)、Lundlcvist 和 Yakhlef(2004)、Van Riel 等(2004)、Matting 等(2004)、Prahalad 和 Ramaswamy(2004)、Stevens 和 Dimitriadis(2005)、王琳(2012)等学者的研究结论基本一致。KIBS 企业与顾客合作创新中,双方共同决策程度越高,自由表达观点、意见的程度也就会越高,那么双方沟通、协作的渠道也就越通畅,这反过来更加能够促进双方展开高质量的共同决策活动,从而有助于服务创新绩效水平的提升。

KIBS 企业合作创新过程中企业—顾客互动的共同决策能够促进组织间的长期合作关系。在本书的最终结构方程模型中,"长期合作←

共同决策"的标准化路径系数为 0.18（$P<0.05$），这就说明共同决策活动对服务创新绩效水平的促进作用非常明显。由于 KIBS 企业服务创新过程中与顾客企业所遇到的许多问题，双方极有可能持有不同的，甚至截然相反的观点或意见，因而双方会经历一个明显的认知冲突过程（王琳，2012）。这就需要组织间进行正常交流、探讨、沟通、反馈，以集体协商的方式来解决意见分歧，而共同决策正是有效地充当了这么一个平台，极大地保障了双方交流、反馈信息的畅通性，更是增进了双方良好的合作关系，进而有利于促进合作创新项目的绩效水平。合作创新过程中遇到分歧时，双方如果能够通过共同决策这么一个平台，积极地进行协商，展开有效的沟通与决策，就有机会将自身的想法、观点、创意甚至是分歧意见进行充分地表述、交流，这不仅可以引导双方将重点聚焦于分歧的化解和问题的解决，更有利于创造一个共享情境，减少摩擦，增进感情，维护关系，提升服务创新绩效水平。共同组织具有一定的强制性，共同决策是合作过程中双方的一种积极行为，具体效果只有在实施良好的决策活动后才能得以体现，所以长期合作在共同决策与服务创新绩效之间起到了完全中介的作用。

KIBS 企业与顾客合作创新中的共同决策对组织间交易冲突的直接影响作用在本书中并没有得到证实，在结构方程模型修正的过程中，发现"交易冲突←共同决策"的标准化路径系数为 0.035，不显著（$P=0.769$），这说明共同决策对交易冲突没有显著性作用。其中可能的原因为：一是在共同决策层面 KIBS 企业与顾客企业一般表现出的是积极的态度以及尽量创造友好合作的氛围，因为还没有涉及双方各自切身利益的合作内容；二是 KIBS 企业与顾客的共同决策为双方在合作创新过程中进行相互交流、互相探讨、沟通反馈创造了平台，此时双方尚未也没有必要存在投机、算计等行为，因为这些破坏行为只有随着合作创新中双方互动行为的深入，且涉及双方切身利益时才会发生。基于上述几点，KIBS 企业与顾客合作创新过程中共同决策对组织间交易冲突没有显著性影响。

综上所述，KIBS 企业与顾客合作创新过程中的共同决策对服务创新绩效具有重要的促进作用，其主要通过增进合作双方的长期合作关系进而促进服务创新绩效水平的提升。合作创新过程中，KIBS 企业与顾客企业应当完善集体协商的机制,构建沟通反馈的渠道,搭建畅通交流的平台,在此基础上增进相互的信任感,进而有助于双方长期合作关系的维护和发展,促进合作创新项目绩效水平的提升。

(3)企业—顾客资源共享对服务创新绩效的作用分析

为了验证假设 H1c,本书将资源共享作为自变量,行业门类、企业规模、项目周期、项目类型作为四个控制变量,将服务创新绩效作为因变量,一起放入回归模型进行统计分析,发现标准化回归系数为 0.204($P<0.001$),这表明 KIBS 企业与顾客的资源共享对服务创新绩效具有显著的促进作用,假设 H1c 得到验证。随后将资源共享和交易冲突一起放入回归模型,发现资源共享的标准化回归系数为 0.221($P<0.001$),交易冲突的标准化回归系数为 -0.122($P<0.05$),同时,从图 5-3 的修正后模型还可以看出,资源共享不会通过作用于组织间长期合作进而影响服务创新绩效。由此得出,资源共享会诱发合作后期组织间的交易冲突行为,从而在一定程度上抑制服务创新绩效水平,但是总体来看,资源共享还是有利于服务创新绩效水平的提升。

本书的实证结果有力地证明了 KIBS 企业与顾客合作创新中资源共享对服务创新绩效具有显著的正向促进作用,即资源共享活动越深入,服务创新绩效也就越高,这与 Gruner 和 Homburg(2000)、Djellal 和 Gallouj(2001)、Alam 和 Perry(2002)、Prahalad 和 Ramaswamy(2004)、Matthing 等(2004)、Fang 等(2008)、Bharadwaj e al.(2012)、王永贵等(2011)学者的观点一致。主要的原因在于合作创新过程中 KIBS 企业与顾客资源共享活动越深入,双方作为一个行动系统可以获取、利用的异质性资源的深度、宽度就会随之增强,进而对服务项目创新越是能产生积极的影响作用,从而有助于提升服务创新绩效水平。同时,本书也证明了 KIBS 企业与顾客合作创新中的资源共享在合作后期会诱发双方组织的交易冲突行为,这从实证角度证实了 Prahalad 和 Ramaswamy(2000)、Cramton(2001)、Bogers 等(2010)、Chan 等(2010)、Samaha 等(2011)、Fang 等(2015)等学者的研究结论。

合作创新过程中 KIBS 企业与顾客企业的资源共享活动会诱发双方组织的交易冲突行为,不利于服务创新绩效的提升。进一步深入分析,服务创新过程中无论是 KIBS 企业还是顾客企业,不可能拥有创新活动所需要的全部创新资源(Gallouj 和 Weinstein,1997)。作为服务供应商的 KIBS 企业拥有专业性的知识和技能等资源,而顾客企业则拥有代表着目标市场的市场知识、需求知识等资源,互动过程中双方企业必须不断地搜寻异质化或互补性的创新资源,进而实现跨越组织边界的资源共享活动。顾客企业一方在与 KIBS 企业的资源共享过程中,不仅可以分享有用的专业性信息,还可以有效地获取与新服务或新产品开发密切相关的各种信息,这就会使得专业性知识所有权从原本属于作为服务供应商的 KIBS 企业一方转移到顾客企业一方,进而诱发顾客企业在合作后期的机会主义行为。此外,顾客企业除了参与价值创造,还会参与价值的攫取(高孟立,2017)。企业—顾客互动中随着资源共享活动的深入,顾客一方就会拥有更多的话语权,导致合作后期谋求自身利益最大化的可能性增加,诸如压低价格、要求服务供应商改进服务质量等(Samaha 等,2011)。这些行为会进一步引发顾客企业与 KIBS 企业之间的多种利益冲突,甚至导致合作关系的提前终止或者破裂。

合作创新过程中 KIBS 企业与顾客企业的资源共享活动不会通过组织间长期合作关系的中介作用影响服务创新绩效,而且本书在初始结构方程模型的运算过程中第一次修正的就是"长期合作←资源共享"这条路径。其中的原因可能是:尽管 KIBS 企业在新服务或新产品的开发过程中展开与顾客的积极互动,共享创新资源,聆听顾客的声音,深入挖掘顾客的需求信息,增加了双方交流、沟通的机会,培养了合作双方的信任感,有利于组织间长期合作关系的发展,然而,资源共享活动意味着 KIBS 企业的专业性知识和技术等资源会暴露在顾客企业面前,随着合作过程的深入,这些专业性知识所有权会逐渐从本属于 KIBS 企业的一方转移到顾客企业一方,由此提升了顾客的特权感和优越性,诱发顾客企业为了自身的利益而实施投机、算计等行为,破坏组织间的合作关系。资源共享活动所带来的这种弊端可能远远大于其对组织间合作关系的促进作用,导致稀释或覆盖了对组织间关系的促进效应,也就是说弊大于利,最终导致本书实证所得出的结论。

综上所述,合作创新过程中 KIBS 企业与顾客企业的资源共享活动会极大地诱发双方组织间的交易冲突行为,合作研发服务项目过程中顾客企业不仅存在着价值共创的一面,还存在着价值攫取的一面,KIBS

企业应当改善、提高资源共享的平台和渠道,构建双方合作的有效机制来处理资源共享活动中专业性知识所有权的转移问题,降低专业性知识所有权的转移,从而为双方展开积极的合作创造有利条件,促进服务创新绩效水平的提升。

(4)企业—顾客任务协作对服务创新绩效的作用分析

为了验证假设 H1d,本书将任务协作作为自变量,行业门类、企业规模、项目周期、项目类型作为四个控制变量,服务创新绩效作为因变量,一起放入回归模型进行统计分析,发现标准化回归系数为 0.315($P <$ 0.001),这表明 KIBS 企业与顾客的任务协作对服务创新绩效具有显著的促进作用,假设 H1d 得到验证。这与 Neale 和 Corkindale(1998)、Hertog(2000)、Witell 等(2011)、Foss 等(2011)、范钧和聂津君(2016)、高孟立(2016、2017)等学者的研究结论相符。也就是说,合作创新过程中 KIBS 企业与顾客企业通过任务协作活动,促进拥有不同知识、技能的双方企业相互沟通、协作与配合,共同应对、解决合作创新过程中遇到的困难,提高组织的服务创新效率,提升服务创新效果。

此外,在图 5-2 最终结构方程模型的基础上,将企业—顾客互动四个特征变量与服务创新绩效构建关系,进行结构方程数据分析,得到"服务创新绩效←任务协作"的标准化系数为 0.218($P < 0.01$),说明长期合作、交易冲突在任务协作与服务创新绩效之间起到了部分中介的作用。在最终结构方程模型中,"长期合作←任务协作"的标准化路径系数为 0.35($P < 0.001$),说明任务协作对组织间长期合作关系有较强的正向影响;"交易冲突←任务协作"的标准化路径系数为 -0.14($P < 0.05$),说明任务协作对组织间交易冲突行为有较强的负向影响。由此可见,合作创新过程中 KIBS 企业与顾客的任务协作活动会通过作用于组织间长期合作、交易冲突进而影响服务创新绩效,具体而言就是任务协作正向作用于组织间长期合作,负向作用于组织间交易冲突,从而实现对服务创新绩效的影响。同时,从图 5-3 的修正后模型也可以看出,任务协作会同时通过促进组织间长期合作关系,抑制组织间交易冲突关系,进而影响服务创新绩效。通过计算可以发现,总体来看任务协作对服务创新绩效的总效应有 0.218,说明最终促进了服务创新绩效水平的提升。

首先,KIBS 企业与顾客间的任务协作活动会正向影响组织间长期合作关系,进而促进服务创新绩效水平的提升。这与 Ganesan(1994)、Gruner 和 Homburg(2000)、Alam 和 Perry(2002)、Gustafsson(2005)、Athaide 和 Klink(2009)、Bonner(2010)、Lin 等(2010)、Athaide 和 Zhang(2011)、Fang 等(2015)、王琳等(2015)学者的研究结论相符。进一步分析,合作创新过程中 KIBS 企业与顾客企业互动过程中所建立的相关职责、工作分工,以及相互协调、共同解决问题等一系列措施,会增进双方组织的感情联系,建立相互信任、友好的合作氛围,进而构建良好的长期合作关系,有助于服务创新绩效水平的提升。如果合作双方在具体服务创新项目上相互协作的程度较高,各自都会更加准确地理解合作的任务,更加全面地考虑对方的观点与意见,搜集更多与创新项目密切相关的知识、信息等资源,并且进行分工合作,此过程能够进一步增进合作双方的情感交流,有利于维护组织间的长期合作关系。同时,如果顾客企业对服务创新成功的资源拥有足够的判断与处理能力,那么企业—顾客互动中的任务协作活动实质上成为 KIBS 企业接近、获取顾客企业创新资源的一种“桥梁机制”(Gruner 和 Homburg,2000)。通过这一桥梁作用,KIBS 企业得以将顾客企业纳入服务创新活动整体的行动系统,积极展开协作,共同面对创新问题,解决、克服所遇到的难题,增进合作双方的情感交流,从而提升创新项目的开发绩效水平。

其次,KIBS 企业与顾客间的任务协作活动会负向影响组织间交易冲突,进而促进服务创新绩效水平的提升。这与 Cramton(2001)、Williamson(2010)、Bogers 等(2010)、Chan 等(2010)、Samaha 等(2011)、Villena 等(2011)、Fang 等(2015)、马双等(2015)学者的研究结论相反。这可能的原因有:第一,本书中企业—顾客互动的资源共享维度的实证结果确实得到了与大部分学者的理论或案例研究相一致的结论,而任务协作维度却得到了与以往研究相反的结论。这说明企业—顾客互动创新中的任务协作维度与资源共享维度两者之间有着本质的区别,而以往研究往往将其归入同一维度,即以往研究往往只用“企业—顾客互动”“顾客参与”等一个维度来刻画企业与顾客之间的合作创新活动,而没有进一步的细分。本书尝试着将“企业—顾客互动”进行进一步的细分,同时基于大样本调查数据进行实证研究,得到了更有针对性、也更有意义的结论。第二,随着合作创新过程中互动程度的逐渐深入,专用性投资的存在与专业性知识所有权的转移使顾客方产生了优越感、特权感,进而实施机会主义行为,这可能仅仅停留在资源共享环节。在任务协作环节,由于合作双方分工协作、相互配合、攻克难关,技术、知识等专业性知识所有权从 KIBS 企业转移到顾客企业的概率比较小,且由于合作的深入,相互建立起了深厚的情感基础,机会主义行为发生的概率大大降低。因此,任务协作不仅不会诱发组织间交易冲突行为,反而自觉地抑制了交易冲突行为发生的可能性。由此可见,合作创新中 KIBS 企业与顾客之间的任务协作活动对合作双方交易冲突会起到显著的抑制作用,从而有利于服务创新绩效的提升。

综上所述,合作创新过程中 KIBS 企业与顾客的任务协作活动不仅能够促进组织间长期合作关系,还会抑制组织间交易冲突行为。KIBS 企业在服务创新实践中应积极发起与顾客之间的创新任务分工以及协作活动,构建与顾客企业良好、长期的合作关系,努力降低、抑制合作过程中算计、投机等自私自利的机会主义行为,从而推进合作创新活动的顺利开展,缩短服务创新项目的研发周期,提高市场对服务创新项目的接受度,提升服务创新绩效的水平。

5.6 本章小结

本章在第 4 章所提出的企业—顾客互动对服务创新绩效作用机理的模型构建基础之上,先后通过大样本问卷调研、因子分析、结构方程建模等方法,深入剖析了 KIBS 企业与顾客合作创新过程中企业—顾客互动、组织间关系以及服务创新绩效之间的作用机理。

首先,本书通过文献梳理、专家意见法,设计了企业—顾客互动中共同组织、共同决策、资源共享、任务协作四个特征维度,组织间关系中长期合作、交易冲突两个维度,服务创新绩效等变量的测度量表,对其相应的测量问项进行严格的因子分析、信度检验、效度检验,并依据测量结果对量表进行适当的修改、调整,形成了最终拟合效果较好的测量模型。

其次,本书运用结构方程建模法对概念模型进行检验和三次修正,最终得到了企业—顾客互动、组织间关系与服务创新绩效三者之间关系的修正后模型。除了共同组织、交易冲突与服务创新绩效,共同决策、交易冲突与服务创新绩效,资源共享、长期合作与服务创新绩效三条路径没有通过验证以外,其余的研究假设全部得到了验证——KIBS 共同组织通过促进组织间长期合作关系进而正向影响服务创新绩效;共同决策通过促进组织间长期合作关系进而正向影响服务创新绩效;资源共享通过正向作用于组织间交易冲突进而影响服务创新绩效;任务协作对组织间长期合作关系是促进作用进而正向作用于服务创新绩效,而对组织间交易冲突是抑制作用。

6　契约治理与关系治理调节作用的实证研究

通过第 4 章的理论分析和第 5 章的实证检验,本书基本厘清了 KIBS 企业与顾客企业合作创新过程中企业—顾客互动对服务创新绩效的具体作用机制,即企业—顾客互动可以通过作用于组织间关系进而影响服务创新绩效。本章内容将对第 4 章所提出的组织间合作治理方式(契约治理、关系治理)对企业—顾客互动与组织间关系的调节作用进行实证检验,以深入剖析不同的组织间合作治理方式对企业—顾客互动与组织间关系的调节机制。

6.1　待验证的研究假设

根据第 4 章最初的理论假设,同时结合第 5 章实证验证后的最终模型,本章的调节机制作用要验证的研究假设如表 6-1 所示。

表 6-1　契约治理与关系治理调节作用的研究假设

假设组	具体假设内容
第五组假设:契约治理对企业—顾客互动与组织间关系的调节	假设 H5a:契约治理可能会抑制企业—顾客互动中共同决策与组织间长期合作之间的关系,即契约治理程度越高,共同决策对组织间长期合作的正向影响越不显著
	假设 H5c:契约治理可能会抑制企业—顾客互动中任务协作与组织间长期合作之间的关系,即契约治理程度越高,任务协作对组织间长期合作的正向影响越不显著

续表

假设组	具体假设内容
第五组假设：契约治理对企业—顾客互动与组织间关系的调节	假设 H5e：契约治理可能会抑制企业—顾客互动中资源共享与组织间交易冲突之间的关系，即契约治理程度越高，资源共享对组织间交易冲突的正向影响越不显著
	假设 H5f：契约治理可能会抑制企业—顾客互动中任务协作与组织间交易冲突之间的关系，即契约治理程度越高，任务协作对组织间交易冲突的正向影响越不显著
第六组假设：关系治理对企业—顾客互动与组织间关系的调节	假设 H6a：关系治理可能会促进企业—顾客互动中共同组织与组织间长期合作之间的关系，即关系治理程度越高，共同组织对组织间长期合作的正向影响越显著
	假设 H6b：关系治理可能会促进企业—顾客互动中共同决策与组织间长期合作之间的关系，即关系治理程度越高，共同决策对组织间长期合作的正向影响越显著
	假设 H6d：关系治理可能会促进企业—顾客互动中任务协作与组织间长期合作之间的关系，即关系治理程度越高，任务协作对组织间长期合作的正向影响越显著
	假设 H6g：关系治理可能会抑制企业—顾客互动中资源共享与组织间交易冲突之间的关系，即关系治理程度越高，资源共享对组织间交易冲突的正向影响越不显著
	假设 H6h：关系治理可能会抑制企业—顾客互动中任务协作与组织间交易冲突之间的关系，即关系治理程度越高，任务协作对组织间交易冲突的正向影响越不显著

6.2　信度与效度检验

6.2.1　效度检验结果与分析

本书采用因子分析法对相关的潜变量进行效度检验。在对契约治理、关系治理进行因子分析前,先进行样本充分性检验,也就是进行KMO(Kaiser Meyer-Olykin)测试系数检验、巴特莱特球体检验(bartlett test of sphericity),以此判断是否适合做因子分析。按照上述步骤,本书对契约治理、关系治理进行效度检验,由于共同组织、共同决策、资源共享、任务协作、长期合作、交易冲突已经在第 5 章进行了检验,这里不再重复论述。通过检验,发现其中 KMO 值为 0.837、大于 0.7,Bartlett统计值为 1319.459、显著异于 0($P<0.000$),检测结果显示均符合要求。在此基础上,接下来进行验证性因子分析:采用主成分分析法提取因子,并按极大方差法进行因子旋转,把特征值大于 1 严格作为提取因子的标准。如果测量问项的因子载荷值都大于 0.5,且累积解释变差的比例大于 50%,说明这些测量问项所对应的潜变量符合结构效度的要求。

本书基于调研获取的 308 份样本项目对所构建的 12 个测量问项进行因子分析,共析出三个因子。通过数据分析发现,"关系治理 Q35:为了应对环境变化,我们会对合作的细节进行适当的调整"和"关系治理Q36:意外情况出现时,我们会用新合作条款来取代最初的条款",这两个测量问项落在了第三个因子上,且通过计算其 CITC 值,发现该值也不是很高,表示这两个测量问项所测度的信息不够准确,因此将其从量表中删除,删除之后所有剩下的测量问项严格符合预期,归入对应的因子,而且数据质量也得到大幅度提升。如表 6-2 所示,严格遵循特征值必须大于 1、最大因子载荷必须大于 0.5 的要求,总计析出两个因子,且契约治理、关系治理所对应的测量问项均归入同一个因子,因子载荷在因子之间具有良好的区分度,说明通过了验证性因子分析的效度检测,可见两个变量均具有较好的效度。

表 6-2　组织间合作治理的因子分析结果

测量问项编号	描述性统计分析		因子载荷		KMO 值	Bartlett 球体检验值及显著性
	均值	标准差	1	2		
契约治理 Q25	4.28	0.709	0.768	0.164	0.818	859.589***
契约治理 Q26	4.13	0.799	0.717	0.230		
契约治理 Q27	4.35	0.717	0.747	0.210		
契约治理 Q28	4.34	0.704	0.726	0.216		
契约治理 Q29	4.37	0.707	0.715	0.250		
契约治理 Q30	4.44	0.635	0.759	0.143		
关系治理 Q31	3.87	0.917	0.226	0.716	0.733	314.659***
关系治理 Q32	4.10	0.728	0.123	0.822		
关系治理 Q33	4.38	0.690	0.306	0.726		
关系治理 Q34	4.38	0.627	0.171	0.679		

注：$N=308$，$+$ 表示显著性水平 $P<0.10$，* 表示显著性水平 $P<0.05$，** 表示显著性水平 $P<0.01$，*** 表示显著性水平 $P<0.001$（双尾检验）；KMO 值为 0.837，Bartlett 统计值 1319.459，显著异于 0（$P<0.001$），两个因子的累积解释差为 58.942%。

6.2.2　信度检验结果与分析

本次研究采用 Cronbach'sa 系数对契约治理、关系治理两个变量进行信度检验。表 6-3 可以看出，所有测量问项的 CITC 均大于 0.35，各变量的 Cronbach'sa 系数均大于 0.7，说明契约治理、关系治理两个变量的测量问项之间具有较好的内部一致性。

表 6-3 组织间合作治理变量的信度检验结果

变量名称	测量问项编号	CITC	删除该题项后的 Cronbach'sα 值	Cronbach'sα 系数
契约治理	契约治理 Q25	0.671	0.830	0.858
	契约治理 Q26	0.642	0.836	
	契约治理 Q27	0.666	0.831	
	契约治理 Q28	0.639	0.836	
	契约治理 Q29	0.627	0.838	
	契约治理 Q30	0.650	0.835	
关系治理	关系治理 Q31	0.547	0.719	0.756
	关系治理 Q32	0.634	0.655	
	关系治理 Q33	0.589	0.682	
	关系治理 Q34	0.482	0.737	

综上分析,本书所采用的组织间合作治理量表具有较好的信度和效度。

6.3 相关分析

多元回归分析的前提条件就是变量间存在相关关系,因此,本书先对回归方程所涉及的所有变量进行简单的相关分析。如表 6-4 所示,共同组织、共同决策、资源共享、任务协作四个解释变量,行业门类、企业规模、项目周期、项目类型四个控制变量,分别与组织间长期合作与交易冲突两个被解释变量有着不同的显著相关性,契约治理、关系治理两个调节变量也分别与各个解释变量与被解释变量都有着不同的显著相关性,初步得到了本书假设的验证结果。接下来,本书将采用多元回归分析法对这些变量之间的影响机制、调节机制进行更加精确的实证验证。

表 6-4　企业—顾客互动、组织间关系与服务创新绩效相关分析结果

变量	1	2	3	4	5	6	7	8	9	10	11	12
1. 行业门类	1											
2. 企业规模	0.041	1										
3. 项目周期	-0.015	0.283***	1									
4. 项目类型	-0.028	0.122*	-0.043	1								
5. 共同组织	0.000	0.013	0.018	0.110	1							
6. 共同决策	0.073	0.057	0.020	0.048	0.451***	1						
7. 资源共享	-0.011	-0.033	0.133*	-0.175**	0.252**	0.343***	1					
8. 任务协作	-0.030	0.108	0.020	-0.008	0.299***	0.485***	0.494***	1				
9. 契约治理	-0.027	0.089	0.036	0.039	0.285***	0.279***	0.276***	0.451***	1			
10. 关系治理	-0.052	0.096	-0.010	-0.055	0.278***	0.390***	0.384***	0.598***	0.514***	1		
11. 长期合作	-0.055	0.105	0.036	-0.044	0.263***	0.314***	0.219***	0.370***	0.394***	0.462***	1	
12. 交易冲突	-0.055	0.081	0.080	-0.016	-0.063	-0.002	0.145*	0.001	-0.117*	0.000	-0.056	1
均值	2.662	2.591	2.133	1.354	4.379	4.264	3.760	4.252	4.323	4.183	4.385	2.448
标准差	1.179	1.939	1.109	0.518	0.518	0.556	0.771	0.577	0.546	0.569	0.621	0.999

注：$N=308$。+ 表示显著性水平 $P<0.10$，* 表示显著性水平 $P<0.05$，** 表示显著性水平 $P<0.01$，*** 表示显著性水平 $P<0.001$（双尾检验）。

6.4 多元回归三大问题检验

本书后续将涉及多元线性回归模型,为了确保所得结论的科学性,需要对回归模型进行相应的检验,具体指是否存在多重共线性、异方差、序列相关三个方面的问题。回归模型只有不存在以上三个方面问题的前提下,所得结果才具有稳定性、可靠性(马庆国,2004)。

(1)多重共线性检测

多重共线性问题是指解释变量之间存在严重的线性相关关系,在这样的情况下即使仍然能够得到回归模型的结果且效果还较好,此时的结果也将严重失真。针对此问题,统计分析中一般使用方差膨胀因子(VIF,variance inflation factor)和容忍度(TOL,tolerance)两个指标来进行检测(马庆国,2004)。对于 VIF 指标,一般情况下如果处于 0~10,说明不存在多重共线性问题;如果处于 11~100,则说明存在较强的多重共线性问题;如果大于 101,则说明存在严重的多重共线性问题。对于 TOL 指标,一般大于 0.1 就说明不存在多重共线性问题。多元回归统计分析时,勾选了统计选项中的"Collinearity Diagnostics"选项,经过检验发现本书中各个回归模型的 VIF 值均小于 2,TOL 值均大于 0.5,因此,可以判定各个解释变量之间不存在多重共线性问题。

(2)异方差检测

异方差问题指的是被解释变量残差的方差随着解释变量的变化而呈现出明显的改变,也就是说残差项中有尚未被提取的解释变量,一般可以用散点图来检测(马庆国,2004)。具体做法:以标准化预测值为横轴,以标准化残差为纵轴,进行残差项的散点图判别。如果散点图处于无序的状态,那么可以认为异方差问题不存在。多元回归统计分析时,设定了统计选项"Plots"中的相应坐标,得到散点图大体上呈现无序的状态,因此,可以判定本书各个模型不存在异方差问题。

(3)序列相关检测

序列相关问题是指不同期(不同编号)的样本值之间存在着相关关

系,如果存在就不符合最小二乘法回归(OLS)的设定条件,通常可以用DW值(Durbin-Watson)来检测(马庆国,2004)。一般情况下认为,DW值如果处于1.5~2.5,说明模型不存在序列相关问题。本书所获得的数据来自不同样本的截面数据,而并非时间序列数据,因此存在序列相关的可能性较低,同时在多元回归统计分析中,勾选了"Durbin-Watson"选项,该值处于1.58~1.91,这说明本书各个模型不存在序列相关问题。

6.5 模型回归分析结果

信度和效度检验都已经通过的前提下,本书将使用 SPSS 19.0 软件,采用多元线性回归法对契约治理、关系治理对企业—顾客互动与组织间关系的调节机制进行检验。在已经得到验证的企业—顾客互动对组织间关系影响机制模型基础上,本书将深入考察组织间合作治理(契约治理、关系治理)在此机制过程中所起到的调节作用。在进行调节作用分析时,为解决主效应与交叉项之间的多重共线性问题,一般需要对变量进行去中心化处理,也就是变量值减去其均值(温忠麟,2012)。因此,本书先将共同组织、共同决策、资源共享、任务协作、契约治理、关系治理、长期合作、交易冲突等变量进行去中心化处理,然后再将契约治理、关系治理分别与自变量两两相乘得到交互项,为后续的多元回归分析做好准备。

6.5.1 组织间长期合作关系的回归结果

表 6-5 给出了契约治理对 KIBS 企业与顾客共同决策、任务协作与组织间长期合作关系的调节作用验证结果,表 6-6 给出了关系治理对 KIBS 企业与顾客共同组织、共同决策、任务协作与组织间长期合作关系的调节作用验证结果。其中各个模型的被解释变量均为组织间长期合作关系,回归系数均为标准化路径系数。

表 6-5　契约治理对组织间长期合作关系的调节效应回归分析结果

模型 变量	组织间长期合作关系					
	模型 1	模型 2	模型 3	模型 4	模型 5	模型 6
控制变量						
行业门类	−0.052	−0.059	−0.062	−0.061	−0.039	−0.037
企业规模	0.110	0.069	0.072	0.072	0.060	0.058
项目周期	0.001	0.003	−0.005	−0.006	0.000	0.000
项目类型	−0.059	−0.060	−0.078	−0.077	−0.061	−0.048
解释变量						
共同决策		0.187**	0.228***	0.228***		
任务协作		0.269***			0.233***	0.259***
契约治理			0.325***	0.324***	0.284***	0.294***
交互项						
共同决策×契约治理				−0.090+		
任务协作×契约治理						0.163**
模型统计量						
R^2	0.017	0.172	0.214	0.261	0.209	0.235
调整后 R^2	0.004	0.155	0.198	0.236	0.194	0.217
$\triangle R^2$	—	0.155	0.197	0.047	0.192	0.026
F 值	1.308	10.387***	13.631***	10.503***	13.283***	13.149***

注:$N=308$,系数为标准化回归系数,* 表示显著性水平 $P<0.05$,** 表示显著性水平 $P<0.01$,*** 表示显著性水平 $P<0.001$(双尾检验)。

从表 6-5 可知:模型 1 为行业门类、企业规模、项目周期、项目类型四个控制变量对组织间长期合作关系的回归分析,发现四个控制变量系数均不显著,说明四个控制变量对组织间长期合作关系的影响基本上可以忽略,同时也为后面的其他模型提供了参照。模型 2 为 KIBS 企业与顾客的共同决策、任务协作对组织间长期合作关系影响的主效应,发现其对组织间长期合作关系均有显著的影响,其中标准化回归系数分别为共同决策 0.187($P<0.01$),任务协作 0.269($P<0.001$),同时模型 2 的 $\triangle R^2$ 为

0.155,有显著性提升($P<0.001$)。模型3将共同决策、契约治理放入回归模型,得到其系数分别为0.228($P<0.001$)、0.325($P<0.001$),模型3的$\triangle R^2$为0.197,有显著性提升($P<0.001$),说明契约治理对组织间长期合作关系有显著性影响。模型4在模型3的基础上加入了共同决策与契约治理的交互项(共同决策×契约治理),回归模型的$\triangle R^2$为0.047,有显著性提升($P<0.001$),共同决策与契约治理交互项的标准化回归系数为-0.090($P<0.1$),也就是说契约治理会抑制共同决策与组织间长期合作的关系,因此假设H5a通过验证。模型5将任务协作、契约治理放入回归模型,得到其系数分别为0.233($P<0.001$)、0.284($P<0.001$),模型5的$\triangle R^2$为0.192,有显著性提升($P<0.001$),同样说明该回归模型中契约治理对组织间长期合作关系有显著性影响。模型6在模型5的基础上加入了任务协作与契约治理的交互项(任务协作×契约治理),回归模型的$\triangle R^2$为0.026,有显著性提升($P<0.001$),任务协作与契约治理交互项的标准化回归系数为0.163($P<0.01$),也就说明契约治理会促进任务协作与组织间长期合作的关系,因此假设H5c反向通过验证。

从表6-6可知:模型1为行业门类、企业规模、项目周期、项目类型四个控制变量对组织间长期合作关系的回归分析,发现四个控制变量系数均不显著,说明四个控制变量对组织间长期合作关系的影响基本上可以忽略,同时也为后面的其他模型提供了参照。模型2为KIBS企业与顾客的共同组织、共同决策、任务协作对组织间长期合作关系影响的主效应,发现其对组织间长期合作关系均有显著的影响,其中标准化回归系数分别为共同组织0.133($P<0.05$),共同决策0.134($P<0.05$),任务协作0.255($P<0.001$),同时模型2的$\triangle R^2$为0.172,有显著性提升($P<0.001$)。模型3将共同组织、关系治理放入回归模型,得到其系数分别为0.153($P<0.01$)、0.410($P<0.001$),模型3的$\triangle R^2$为0.228,有显著性提升($P<0.001$),说明关系治理对组织间长期合作关系有显著性影响。模型4在模型3的基础上加入了共同组织与关系治理的交互项(共同组织×关系治理),回归模型的$\triangle R^2$为0.003,没有得到显著性提升,共同组织与关系治理交互项的标准化回归系数为-0.055,也未通过显著性检验,说明关系治理对共同组织与组织间长期合作的关系没有

调节作用,因此假设 H6a 未通过验证。模型 5 将共同决策、关系治理放入回归模型,得到其系数分别为 0.164($P<0.01$)、0.389($P<0.001$),模型 5 的 $\triangle R^2$ 为 0.229,有显著性提升($P<0.001$),说明关系治理对组织间长期合作关系有显著性影响。

表 6-6　关系治理对组织间长期合作关系的调节效应回归分析结果

模型 变量	组织间长期合作关系							
	模型 1	模型 2	模型 3	模型 4	模型 5	模型 6	模型 7	模型 8
控制变量								
行业门类	−0.052	−0.056	−0.032	−0.031	−0.045	−0.045	−0.030	−0.022
企业规模	0.064	0.075	0.063	0.065	0.056	0.053	0.051	0.043
项目周期	0.061	0.000	0.017	0.014	0.018	0.020	0.021	0.028
项目类型	−0.023	−0.073	−0.046	−0.042	−0.037	−0.035	−0.028	−0.015
解释变量								
共同组织		0.133*	0.153**	0.149**				
共同决策		0.134*			0.164**	0.164**		
任务协作		0.255***					0.142*	0.171**
关系治理			0.410***	0.416***	0.389***	0.392***	0.370***	0.389***
交互项								
共同组织× 关系治理				−0.055				
共同决策× 关系治理						0.040		
任务协作× 关系治理								0.128*
模型统计								
R^2	0.013	0.185	0.241	0.244	0.242	0.243	0.232	0.247
调整后 R^2	0.000	0.166	0.225	0.226	0.227	0.226	0.217	0.229
$\triangle R^2$	—	0.172	0.228	0.003	0.229	0.001	0.219	0.015
F 值	1.019	9.750***	15.897***	13.806***	16.006***	13.790***	15.183***	14.035***

注:$N=308$,系数为标准化回归系数,* 表示显著性水平 $P<0.05$,** 表示显著性水平 $P<0.01$,*** 表示显著性水平 $P<0.001$(双尾检验)。

模型 6 在模型 5 的基础上加入了共同决策与关系治理的交互项(共

同决策×关系治理),回归模型的$\triangle R^2$为0.001,没有得到显著性提升,共同决策与关系治理交互项的标准化回归系数为0.040,也未通过显著性检验,说明关系治理对共同决策与组织间长期合作的关系没有调节作用,因此假设 H6b 未通过验证。模型7将任务协作、关系治理放入回归模型,得到其系数分别为0.142($P<0.05$)、0.370($P<0.001$),模型7的$\triangle R^2$为0.219,有显著性提升($P<0.001$),说明关系治理对组织间长期合作关系有显著性影响。模型8在模型7的基础上加入了任务协作与关系治理的交互项(任务协作×关系治理),回归模型的$\triangle R^2$为0.015($P<0.001$),得到显著性提升,任务协作与关系治理交互项的标准化回归系数为0.128($P<0.05$),说明关系治理会促进任务协作与组织间长期合作的关系,因此假设 H6d 通过验证。

6.5.2 组织间交易冲突关系的回归结果

表 6-7、表 6-8 分别给出了契约治理、关系治理对 KIBS 企业与顾客资源共享、任务协作与组织间交易冲突关系的调节作用验证结果。其中各个模型的被解释变量均为组织间交易冲突关系,回归系数均为标准化路径系数。

表 6-7　契约治理对组织间交易冲突关系的调节效应回归分析结果

模型 变量	组织间交易冲突关系					
	模型 1	模型 2	模型 3	模型 4	模型 5	模型 6
控制变量						
行业门类	−0.052	−0.052	−0.053	−0.053	−0.054	−0.055
企业规模	0.064	0.087	0.089	0.090	0.093	0.097
项目周期	0.061	0.031	0.036	0.038	0.033	0.031
项目类型	−0.023	0.007	0.014	0.018	0.015	0.010
解释变量						
资源共享		0.197**	0.195**	0.191**		
任务协作		−0.108+			−0.089+	−0.098+

续　表

变量 \ 模型	组织间交易冲突关系					
	模型 1	模型 2	模型 3	模型 4	模型 5	模型 6
契约治理			−0.181**	−0.179**	−0.169**	−0.175**
交互项						
资源共享×契约治理				0.025		
任务协作×契约治理						−0.095+
模型统计量						
R^2	0.013	0.041	0.062	0.063	0.063	0.072
调整后 R^2	0.000	0.022	0.043	0.041	0.041	0.047
$\triangle R^2$	——	0.028	0.049	0.001	0.050	0.009
F 值	1.019	2.128*	3.320**	2.865**	2.885**	2.881**

注:$N=308$,系数为标准化回归系数,* 表示显著性水平 $P<0.05$,** 表示显著性水平 $P<0.01$,*** 表示显著性水平 $P<0.001$(双尾检验)。

表 6-8　关系治理对组织间交易冲突关系的调节效应回归分析结果

变量 \ 模型	组织间交易冲突关系					
	模型 1	模型 2	模型 3	模型 4	模型 5	模型 6
控制变量						
行业门类	−0.052	−0.052	−0.053	−0.052	−0.053	−0.053
企业规模	0.064	0.087	0.082	0.081	0.066	0.066
项目周期	0.061	0.031	0.033	0.037	0.060	0.059
项目类型	−0.023	0.007	0.000	0.004	−0.024	−0.025
解释变量						
资源共享		0.197**	0.172**	0.166*		
任务协作		−0.108+			−0.004	−0.007
关系治理			−0.077	−0.069	−0.008	−0.010
交互项						
资源共享×关系治理				0.031		

续　表

模型 变量	组织间交易冲突关系					
	模型 1	模型 2	模型 3	模型 4	模型 5	模型 6
任务协作×关系治理						-0.013
模型统计量						
R^2	0.013	0.041	0.037	0.038	0.013	0.014
调整后 R^2	0.000	0.022	0.018	0.016	0.000	0.001
$\triangle R^2$	—	0.028	0.024	0.001	-0.006	-0.009
F 值	1.019	2.128*	1.934+	1.693	0.681	0.588

注: $N=308$,系数为标准化回归系数, * 表示显著性水平 $P<0.05$, ** 表示显著性水平 $P<0.01$, *** 表示显著性水平 $P<0.001$ (双尾检验)。

从表 6-7 可知:模型 1 为行业门类、企业规模、项目周期、项目类型四个控制变量对组织间交易冲突关系的回归分析,发现四个控制变量系数均不显著,说明四个控制变量对组织间交易冲突关系的影响基本上可以忽略,同时也为后面的其他模型提供了参照。模型 2 为 KIBS 企业与顾客的资源共享、任务协作对组织间交易冲突关系影响的主效应,发现其对组织间交易冲突关系均有显著的影响,其中标准化回归系数分别为资源共享 0.197($P<0.01$),任务协作 -0.108 ($P<0.1$),同时模型 2 的 $\triangle R^2$ 为 0.028,有显著性提升($P<0.05$)。模型 3 将资源共享、契约治理放入回归模型,得到其系数分别为 0.195($P<0.01$)、 -0.181 ($P<0.01$),模型 3 的 $\triangle R^2$ 为 0.049,有显著性提升($P<0.001$),说明契约治理对组织间交易冲突关系有显著性影响。模型 4 在模型 3 的基础上加入了资源共享与契约治理的交互项(资源共享×契约治理),回归模型的 $\triangle R^2$ 为 0.001,没有得到显著性提升,资源共享与契约治理交互项的标准化回归系数为 0.025,也未通过显著性检验,说明契约治理对资源共享与组织间交易冲突的关系没有调节作用,因此假设 H5e 未通过验证。模型 5 将任务协作、契约治理放入回归模型,得到其系数分别为 -0.089 ($P<0.1$)、 -0.169 ($P<0.01$),模型 5 的 $\triangle R^2$ 为 0.050,有显著性提升($P<0.01$),同样说明该回归模型中契约治理对组织间交易冲突关系有显著性影响。模型 6 在模型 5 的基础上加入了任务协作与契约治理的

交互项(任务协作×契约治理),回归模型的 $\triangle R^2$ 为 0.009,有显著性提升($P<0.01$),任务协作与契约治理交互项的标准化回归系数为$-0.095(P<0.1)$,也就是说契约治理会抑制任务协作与组织间交易冲突的关系,因此假设 H5f 通过验证。

从表 6-8 可知:模型 1 为行业门类、企业规模、项目周期、项目类型四个控制变量对组织间交易冲突关系的回归分析,发现四个控制变量系数均不显著,说明四个控制变量对组织间交易冲突关系的影响基本上可以忽略,同时也为后面的其他模型提供了参照。模型 2 为 KIBS 企业与顾客的资源共享、任务协作对组织间交易冲突关系影响的主效应,发现其对组织间交易冲突关系均有显著的影响,其中标准化回归系数分别为资源共享 0.197($P<0.01$),任务协作$-0.108(P<0.1)$,同时模型 2 的 $\triangle R^2$ 为 0.028,有显著性提升($P<0.05$)。模型 3 将资源共享、关系治理放入回归模型,得到其系数分别为 0.172($P<0.01$)、-0.077(显著性检验未通过),模型 3 的 $\triangle R^2$ 为 0.024,显著性有所提升($P<0.1$),这就说明关系治理对组织间交易冲突关系没有显著性影响。模型 4 在模型 3 的基础上加入了资源共享与关系治理的交互项(资源共享×关系治理),回归模型的 $\triangle R^2$ 为 0.001,没有得到显著性提升,资源共享与关系治理交互项的标准化回归系数为 0.031,也未通过显著性检验,说明关系治理对资源共享与组织间交易冲突的关系没有调节作用,因此假设 H6g 未通过验证。模型 5 将任务协作、关系治理放入回归模型,得到其系数分别为-0.004(显著性检验未通过)、-0.008(显著性检验未通过),模型 5 的 $\triangle R^2$ 为-0.006,也没有得到显著性提升,同样说明该回归模型中关系治理对组织间交易冲突关系没有显著性影响。模型 6 在模型 5 的基础上加入了任务协作与关系治理的交互项(任务协作×关系治理),回归模型的 $\triangle R^2$ 为-0.009,没有得到显著性提升,任务协作与关系治理交互项的标准化回归系数为-0.013(显著性检验未通过),同样说明关系治理对任务协作与组织间交易冲突的关系也没有调节作用,因此假设 H6h 没有通过验证。

6.6 结果分析与讨论

6.6.1 实证研究整体结果

根据研究假设的实证验证结果,契约治理、关系治理对 KIBS 企业与顾客合作创新过程中企业—顾客互动对组织间长期合作与交易冲突关系的最终调节作用模型如图 6-1 所示。

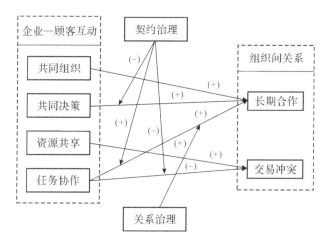

图 6-1 契约治理、关系治理调节作用的最终模型

由图 6-1 可知,契约治理对共同决策与组织间长期合作关系、任务协作与组织间长期合作关系、任务协作与组织间交易冲突关系具有显著的调节作用;关系治理对任务协作与组织间长期合作关系具有显著的调节作用。契约治理、关系治理调节假设的实证验证情况如表 6-9 所示。在接下来一小节,将对实证结果所得到的调节作用进行深入讨论。

表 6-9　契约治理与关系治理调节作用研究假设验证情况汇总

假设组	具体假设内容	验证情况
第五组假设：契约治理对企业—顾客互动与组织间关系的调节	假设 H5a：契约治理可能会抑制企业—顾客互动中共同决策与组织间长期合作之间的关系，即契约治理程度越高，共同决策对组织间长期合作的正向影响越不显著	通过
	假设 H5c：契约治理可能会抑制企业—顾客互动中任务协作与组织间长期合作之间的关系，即契约治理程度越高，任务协作对组织间长期合作的正向影响越不显著	反向通过
	假设 H5e：契约治理可能会抑制企业—顾客互动中资源共享与组织间交易冲突之间的关系，即契约治理程度越高，资源共享对组织间交易冲突的正向影响越不显著	未通过
	假设 H5f：契约治理可能会抑制企业—顾客互动中任务协作与组织间交易冲突之间的关系，即契约治理程度越高，任务协作对组织间交易冲突的正向影响越不显著	通过
第六组假设：关系治理对企业—顾客互动与组织间关系的调节	假设 H6a：关系治理可能会促进企业—顾客互动中共同组织与组织间长期合作之间的关系，即关系治理程度越高，共同组织对组织间长期合作的正向影响越显著	未通过
	假设 H6b：关系治理可能会促进企业—顾客互动中共同决策与组织间长期合作之间的关系，即关系治理程度越高，共同决策对组织间长期合作的正向影响越显著	未通过
	假设 H6d：关系治理可能会促进企业—顾客互动中任务协作与组织间长期合作之间的关系，即关系治理程度越高，任务协作对组织间长期合作的正向影响越显著	通过
	假设 H6g：关系治理可能会抑制企业—顾客互动中资源共享与组织间交易冲突之间的关系，即关系治理程度越高，资源共享对组织间交易冲突的正向影响越不显著	未通过
	假设 H6h：关系治理可能会抑制企业—顾客互动中任务协作与组织间交易冲突之间的关系，即关系治理程度越高，任务协作对组织间交易冲突的正向影响越不显著	未通过

6.6.2　组织间合作治理对企业—顾客互动与长期合作的调节效应

（1）契约治理的调节效应分析

由以上实证结果可知，本书的假设 H5a 通过了验证（回归系数为一0.090，$P<0.1$），这意味着组织间契约治理程度越高，共同决策对组织

间长期合作关系的正向效应越不显著。换而言之,KIBS 企业与顾客合作创新过程中双方企业如果契约治理程度较高,反而会抑制共同决策对组织间长期合作关系的促进作用,如图 6-2 所示。

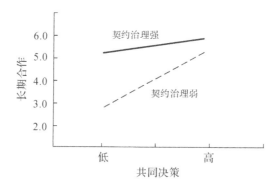

图 6-2 契约治理对共同决策与长期合作关系的调节效应

　　KIBS 企业服务创新过程中展开与顾客企业的共同决策,意味着作为服务供应商的 KIBS 企业与顾客企业双方作为合作创新中行动系统的主体,在互动过程中通过集体协商的方式解决相互间的不同意见与观点。而契约治理意味着 KIBS 企业与顾客企业通过契约、成文的政策和规则以及程序等显性的方式进而实现双方所期望的行为。在双方高度契约治理下,KIBS 企业与顾客将合作创新过程中的所有事项都进行事先拟定,完全按照合同行事,然而服务创新活动具有很大的不确定性,过高的契约治理则会大大地削弱合作过程中双方的集体协商意识,反而阻碍了双方在遇到难题时的沟通、协商渠道,相应地就会抑制共同决策对双方组织间长期合作关系的促进作用。由于契约精神本质体现的是组织间的不信任,在双方适度或者低度契约治理下,KIBS 企业与顾客企业建立友好、信任的合作氛围,对于服务创新过程所遇到的矛盾和问题都会积极地与对方商讨、解决,以便共渡难关,顺利推进创新项目的研发,这有利于维护或者提升共同决策对组织间长期合作关系的促进作用。因此,KIBS 企业的服务创新项目开发过程中如果与顾客之间互动行为不是很深入,仅仅是一般的共同决策活动,则事先双方签订的合同或条约仅仅是一个大概的说明即可,或者是一个 KIBS 企业的格式化合同文本,至于一些细化的内容在合作过程中双方可本着真诚、信任的态度,商讨决定。

本书的假设 H5c 反向通过了验证(回归系数为 0.163,$P<0.01$),意味着组织间契约治理程度越高,任务协作对组织间长期合作关系的正向效应越显著。换而言之,KIBS 企业与顾客合作创新过程中双方企业间如果契约治理程度较高,会大大地提升任务协作对组织间长期合作关系的促进作用,这与本书原先的假设恰恰相反,如图 6-3 所示。

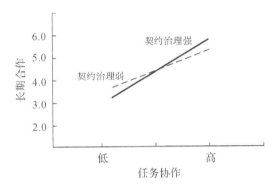

图 6-3 契约治理对任务协作与长期合作关系的调节效应

KIBS 企业服务创新过程中展开与顾客企业的任务协作,体现了合作创新过程中作为服务供应商的 KIBS 企业与顾客企业分别承担相关的工作与职责,并相互帮助以解决问题与攻克难关。会出现与原先假设相反的结论,其中可能的原因是:第一,KIBS 企业与顾客企业的任务协作,属于双方深层次的互动行为,任务协作过程关乎双方直接利益的得失;第二,KIBS 企业与顾客企业互动创新活动充满着高度的复杂性、互动性以及相对持久性,这就需要对服务创新过程中可能会遇到的情况以契约的形式作出一定的预判。在高度契约治理下,双方对合作创新过程中可能会出现的矛盾和难题事先具有更多的预见性。当问题或者矛盾出现的时候,KIBS 企业与顾客企业就会积极、主动地按照契约所规定的职责和义务协助对方解决,这会大大提升服务创新项目的研发效率,有利于提升任务协作对合作双方组织间长期合作关系的促进作用。相反,在低度契约治理下,新服务项目研发过程中遇到困难的时候,KIBS 企业和顾客企业往往无所适从,甚至可能出现互相推诿、相互扯皮的心理,怠慢于服务创新中难题的解决,直接降低任务协作发生的概率和效率,这将会抑制任务协作对合作双方组织间关系的维护和增进作用。因此,KIBS 企业的服务创新项目开发过程中如果需要与顾客维系更多、更深入的任务协作活动,那么项目开始之前双方应该签订详细、周全的合同或条约。

(2)关系治理的调节效应分析

由以上实证结果可知,本书的假设 H6a 没有通过验证,也就是说组织间关系治理对共同组织与组织间长期合作关系没有起到调节作用。换而言之,KIBS 企业与顾客合作创新过程中双方企业的关系治理不会对互动行为中的共同组织与组织间长期合作关系产生影响。KIBS 企业与顾客互动创新活动中的共同组织体现了双方就如何进行交换与合作活动所制定并遵循规则、政策与程序的程度,集中体现了对双方行动与运作规则等方面的共同考虑与安排。关系治理对共同组织与组织间长期合作关系没有调节作用,可能的原因在于:第一,共同组织代表着 KIBS 企业与顾客互动行为中最浅层次的互动,也就是说 KIBS 企业所有服务创新项目开展之前都会与顾客企业约定一般的规则、条款等事项,不管这个顾客企业是一般顾客还是关键顾客。而关系治理意味着双方要建立相应的文化、社会规范、信任甚至是价值观等内容,这就需要一个相对比较长期的合作与互动,所以互动行为中的共同组织层面可能尚未涉及组织间关系治理的内容。第二,当然也有可能是本书取样的限制,尚未取到符合要求的样本项目,这也是今后需进一步深化研究的地方。

本书的假设 H6b 也没有通过验证,也就是说组织间关系治理对共同决策与组织间长期合作关系没有起到调节作用。换而言之,KIBS 企业与顾客合作创新过程中双方企业的关系治理不会对互动行为中的共同决策与组织间长期合作关系产生影响。KIBS 企业与顾客企业互动行为中的共同决策,体现了合作创新过程中双方组织就存在的分歧进行相互商讨、集体解决的意愿。KIBS 企业服务创新活动具有高度的不确定性,在与顾客互动过程中会遇到很多需要双方商讨、解决的问题。共同决策作为一种集体解决问题的有效机制,在绝大部分的服务创新项目中都存在,集中体现着双方的协商意识、民主意识,这显然不同于技术创新中高度定制化的特点。因此,KIBS 企业与顾客互动活动中的共同决策层面,可能还没有涉及需要建立在双方组织长期合作、互动基础上的信任、规范、价值观等要素,所以在共同决策对组织间长期合作关系的促进作用中体现不出组织间关系治理的调节机制。

本书的假设 H6d 通过了验证(回归系数为 0.128,$P<0.05$),意味着组织间关系治理程度越高,任务协作对组织间长期合作关系的正向效应越显著。换而言之,KIBS 企业与顾客合作创新过程中双方企业关系治理程度较高,就会提升任务协作对组织间长期合作关系的促进作用,如图 6-4 所示。

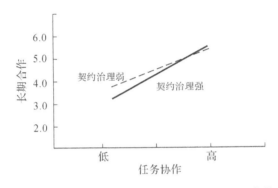

图 6-4 关系治理对任务协作与长期合作关系的调节效应

KIBS 企业与顾客的任务协作体现着合作双方共同承担职责和义务,相互协作,携手共渡难关的意识。很显然,任务协作表征了 KIBS 企业与顾客互动行为中互动程度最为深入的合作行为,双方企业如果能够走到这一步往往意味着相互的高度信任,以及双方长期合作过程中建立起来的友好、持续的合作关系,而这些又是关系治理所集中蕴含的内容,两者之间的关系不谋而合。KIBS 企业与顾客在高度关系治理下,会更加增进互动行为中的任务协作活动,有利于对组织间长期合作关系的促进作用。其中的原因有两个:第一,处于任务协作层面合作创新的双方企业已经有了一定的感情积累,会更加注重长期合作的价值,不会为了短期的价值而实施有损于对方利益的机会主义行为,这就可以很好地避免 KIBS 企业专用性投资所带来的被"敲竹杠"问题。第二,KIBS 企业与顾客合作开发服务创新项目,外部环境充满了较多不可控的因素,这就需要合作双方用关系治理来共同应对外界的这种风险,积极消除不利因素以保障合作双方的正当利益。由于已经建立起了一定的信任和规范,甚至可以根据外部环境的变化来不断调整之前所签订的合同,只要与顾客企业保持及时、有效的沟通,顾客企业不仅不会感到反感,还会感受到 KIBS 企业负责的态度,认为自己受到对方的足够重视,这会激发顾客企业对 KIBS 企业合作行为的认同感。因此,KIBS 企业与顾客高度的关系治理,会极大地增强共渡难关过程中双方的积极性和主动性,相应地也就会提升任务协作对双方组织间长期合作关系的促进作用。由于任务协作需要双方承担更多合同之外的职责,因此 KIBS 企业与顾客企业在适度或者低度关系治理下,遇到困难时往往更多地诉诸先前的合同条款,这会大大削弱共同解决难题的主动性,弱化任务协作对组织间长期合作关系的促进作用。因此,KIBS 企业在服务项目研发过程中,与顾客如果已经建立起了长久、友好的合作关系,那么再次进行业务拓展的时候,双方越是本着以诚相待、信任规范的合作态度,就越有利于双方关系的发展以及新服务项目的顺利推进。

6.6.3 组织间合作治理对企业—顾客互动与交易冲突的调节效应

(1)契约治理的调节效应分析

由以上实证结果可知,本书的假设 H5e 没有通过验证,也就是说组织间契约治理对资源共享与组织间交易冲突关系没有起到调节作用。换而言之,KIBS 企业与顾客合作创新过程中双方企业的契约治理不会对互动行为中的资源共享与组织间交易冲突关系产生影响。契约治理对资源共享活动与组织间交易冲突关系没有调节作用,其中可能的原因在于:第一,KIBS 企业与顾客合作创新过程中的资源共享活动体现了作为服务供应商的 KIBS 企业与顾客企业在信息、技术甚至社会资本等方面进行的共享活动,反映了合作创新过程中双方可以接触并调用对方资源的程度。针对服务项目的创新过程,有可能不会涉及对方关键性资源,特别是一些核心的、机密级别的资源,仅仅是一些面上的、可以公开的资源共享活动,所以也就无法体现契约治理对资源共享活动引起组织间交易冲突的调节效用。第二,可能关键性核心资源的共享活动确实存在,但是涉及的服务创新样本项目数量过少,在总体样本中所占的份额极低,被稀释掉了,所以导致实证检验中无法探及,这也是今后研究需要进一步深入的地方。

本书的假设 H5f 通过了验证(回归系数为 -0.095,$P<0.1$),意味着组织间契约治理程度越高,任务协作对组织间交易冲突关系的抑制效应越不显著。换而言之,KIBS 企业与顾客合作创新过程中双方企业如果契约治理程度较高,则会不利于任务协作对组织间交易冲突的抑制作用,如图 6-5 所示。

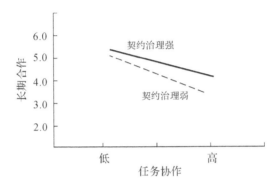

图 6-5 契约治理对任务协作与交易冲突关系的调节效应

任务协作反映了合作创新过程中 KIBS 企业与顾客企业共担责任、相互协作,这本身就是一个化解矛盾、减少冲突的过程,而 KIBS 企业与顾客企业在高度契约治理下,对合作过程中的突发情况若能够充分预判,提前纳入合同条款,就会大大减少后期双方任务协作发生的可能性,进而降低任务协作对组织间交易冲突关系的抑制作用。相反,如果 KIBS 企业与顾客企业事先的契约治理程度较低,而 KIBS 企业的服务创新本身又是一个充满诸多不可控因素的活动过程,在互动过程中需要 KIBS 企业与顾客企业发生频繁、持续的任务协作,以解决合作创新中遇到的问题和困难,以便双方更好地展开合作与互动,减少矛盾和冲突,提高创新项目的研发效率。因此,KIBS 企业在与顾客合作创新项目的过程中,可以依据事先所签订合同的条款明细对与顾客的任务协作互动行为进行权衡。契约治理程度较低,则合作过程中双方应频繁、持续地任务协作来共担责任、解决困难。契约治理程度较高,事先以合同条款的形式对合作创新过程中双方的行为和责任加以具体化、明确化,可以降低由于顾客企业产生所谓的特权感而引起的双方利益上的冲突行为。这种情况下出现问题时,双方可以首先寻求合同条款的帮助,以此来积极发挥互动行为中任务协作活动对组织间交易冲突关系的抑制作用。

(2)关系治理的调节效应分析

由以上实证结果可知,本书的假设 H6g 没有通过验证,也就是说组织间关系治理对资源共享与组织间交易冲突关系没有起到调节作用。换而言之,KIBS 企业与顾客合作创新过程中双方企业的关系治理不会对互动行为中的资源共享与组织间交易冲突产生影响。其中可能的原因在于,KIBS 企业服务创新活动过程中与顾客企业所需要共享的资源往往是一些面上的,甚至是可以公开的资源,没有涉及关键的核心资源,而这些资源的共享活动,对于一般顾客还是关键顾客,可能不存在差异性。而关系治理则意味着合作双方通过长期的业务关系而发展起来的相互的信任与合作,其需要以双方持续、深入的互动活动为基础,因此关系治理在资源共享活动对组织间交易冲突的促进作用方面无法实现有效的调节效应。

本书的假设 H6h 也没有通过验证,就是说组织间关系治理对 KIBS 企业与顾客企业的任务协作与组织间交易冲突的关系没有起到调节作用。换言之,KIBS 企业与顾客合作创新过程中双方企业的关系治理不会对互动行为中的任务协作与组织间交易冲突关系产生影响。关系治理对任务协作与组织间交易冲突没有调节作用,其中可能的原因是,KIBS 企业与顾客企业的任务协作活动表征着拥有异质化资源或知识、同时掌握不同技能的双方企业,已经形成了较为通畅的沟通、协作渠道,关于服务项目开发过程中所出现的问题和困难,双方企业往往能够做到坦诚相待,同时秉承着信任、友善的态度来理解、尊重对方企业的行为。此时组织间的关系治理方式就会显得多余,因此在任务协作对组织间交易冲突关系的抑制作用方面也就失去了调节效应。

6.7　本章小结

　　本章在第 5 章已经通过实证验证的 KIBS 企业与顾客合作创新中企业—顾客互动对组织间关系影响作用模型的基础之上,引入组织间合作治理(契约治理、关系治理)来进一步探讨这两个变量对此影响机制的调节作用。本章运用信度、效度分析以及多元线性回归等方法对 308 份有效的样本项目数据进行实证检验,深入剖析了 KIBS 企业与顾客的共同组织、共同决策、资源共享、任务协作对组织间关系的影响机制,以及契约治理、关系治理在其中的调节作用,具体研究假设的验证情况如表6-9 所示。

7 结论与展望

通过前面 6 个章节的论述,本书已经对 KIBS 企业与顾客企业合作创新中企业—顾客互动对服务创新绩效的具体作用机制以及关于企业—顾客互动过程的治理机制进行了较为系统、深入的剖析与验证。本章将对本书整体内容进行归纳与总结,具体阐述本书的主要结论、理论贡献和管理启示,并在此基础上指出本书存在的局限与不足,提出未来需要进一步深入研究的方向。

7.1　主要研究结论

来源于市场与顾客方面的资源是 KIBS 企业开展服务创新活动最为重要的战略性创新资源。作为向需求个性化顾客提供专业知识设计以及知识定制化服务的服务供应商,KIBS 企业在服务创新实践中发起与顾客企业积极、明晰、持续的对话,并与顾客合作创造个性化体验以实现价值共创,这是 KIBS 企业服务创新成功的关键。KIBS 企业早已突破了传统"以企业为中心"的单边创新范式,转向"企业—顾客价值共创"的交互式创新范式。KIBS 企业与顾客企业合作创新过程中蕴含着一种"共生关系",而企业—顾客互动的界面就是 KIBS 企业与顾客合作创新进行价值共创的新场所。合作创新中 KIBS 企业如何与顾客积极互动,进而整合顾客方所拥有的知识、需求、体验等创新资源,构筑双方良好的组织间关系,提升服务创新绩效水平,正日益成为制约 KIBS 企业服务创新成功的关键环节。由此可见,KIBS 企业合作创新过程中,"企业—顾客互动"作为一种跨越组织边界的协作与联系,可以增进组织间的长期合作关系,减少组织间的交易冲突行为,从而构筑合作双方长期的战略性关系,促进服务创新绩效水平的提升,为企业赢得持续的竞争优势。因此,合作创新中如何构建恰当的企业—顾客互动模式,充分发挥这种"桥梁机制"的积极作用,是 KIBS 企业成功开展服务创新实践活动亟待解决的问题。

本书始终围绕"KIBS 企业合作创新中如何构建恰当的企业—顾客互动模式来有效提升服务创新绩效"这一基本命题,严格遵循"文献梳理与理论推演—质化研究(探索性案例研究)—提出假设—问卷调研—实证研究—形成结论"这一研究思路,综合运用探索性案例研究、半结构式访谈、理论研究、大样本统计分析等一系列研究方法以及借助 SPSS 19.0 与 AMOS 21.0 等统计工具,将定性研究与定量研究进行有机结合,逐层深入展开论述,循序渐进地解答了 KIBS 企业合作创新研究中的几个相关子问题——企业—顾客互动的构成要素及其对服务创新绩效的影响如何? 企业—顾客互动对服务创新绩效的具体作用路径是怎么样的? 如何运用契约治理、关系治理有效治理企业—顾客互动对组织间关系的影响作用? 通过全文的分析与论证,本书厘清了 KIBS 企业合作创新中企业—顾客互动、组织间关系与服务创新绩效三者之间的影响机理,最终形成了以下主要的观点与结论。

(1)KIBS 企业与顾客合作创新过程中企业—顾客互动对服务创新绩效有积极的影响作用

企业—顾客互动作为 KIBS 企业在服务创新实践中与顾客展开跨越组织边界进行合作创新的一种"桥梁机制",增强了合作双方资源互补、能力重构的潜力,构筑了合作双方良好的组织间关系,促进了服务创新绩效水平的提升。本书通过对四个服务创新项目的探索性案例分析以及 308 份服务创新项目的大样本问卷统计分析,表明 KIBS 企业合作创新过程中企业—顾客互动的共同组织、共同决策、资源共享、任务协作都能够显著促进服务创新绩效水平的提高。①企业—顾客互动中共同组织对服务创新绩效具有积极的促进作用。此结论说明,共同组织对 KIBS 企业与顾客合作创新过程中双方行动的约定以及相应规则的制定,有利于降低互动过程中的不确定性,提高组织间沟通的效率,进而有助于服务创新项目绩效水平的提升。②企业—顾客互动中共同决策对

233

服务创新绩效具有积极的促进作用。此结论说明,共同决策指向合作创新过程中遇到分歧时双方通过集体协商的方式来解决不同意见的程度,有助于合作双方将各自拥有的知识、信息、创意、想法等互相交流,最大限度地做出高质量的创新决策,从而提高服务创新项目的研发效率和效果。③企业—顾客互动中资源共享对服务创新绩效具有积极的促进作用。这表明合作创新过程中通过资源共享活动,KIBS企业可以从顾客方获取项目创新所需要的异质性资源,进而拓宽了可用资源的获取渠道,对项目创新资源的来源产生积极的影响。④企业—顾客互动中任务协作对服务创新绩效具有积极的促进作用。这说明合作创新中KIBS企业与顾客的任务协作活动可以帮助合作双方展开积极的沟通、协作、反馈等,共同解决创新实践中遇到的难题,提高跨越组织边界的合作效率,从而提升服务创新绩效水平。

(2)合作创新过程中企业—顾客互动通过影响组织间长期合作与交易冲突进而影响服务创新绩效

本书通过探索性案例研究,同时结合文献梳理、理论推演、半结构式访谈以及大样本调查数据实证,深入探讨了开放式创新导向背景下,合作创新过程中KIBS企业与顾客企业的互动行为对服务创新绩效提升的具体作用机理。为揭示其内在的作用机理,同时反映合作创新中企业—顾客互动行为的双刃剑影响效应,本书从长期合作与交易冲突两个维度构建了组织间关系对企业—顾客互动与服务创新绩效的中介作用,构建了"企业—顾客互动、组织间关系(长期合作与交易冲突两个双刃维度)、服务创新绩效"的理论逻辑,运用结构方程模型来实证检验组织间关系所起到的中介作用。

KIBS企业与顾客企业合作创新的本质就是一种跨越组织边界的合作行为,本书也通过实证证实了组织间关系在企业—顾客互动对服务创新绩效的影响中起到的中介作用,组织间关系刻画为组织间长期合作关系(基于价值共创视角)与组织间交易冲突关系(基于价值攫取视角)。长期合作指的是合作双方对长期交易与合作的期望和意愿,基于合作双方较好的情感而产生,是从情感角度对双方关系的考虑。交易冲突指的是合作双方在交易中对交易内容(诸如产品价格、质量等方面)看法的不一致而产生的利益上的冲突,它对服务创新绩效有重要的影响作用。本书通过实证发现 KIBS 企业合作创新过程中企业—顾客互动对服务创新绩效的影响是以组织间长期合作与交易冲突为中介实现的：企业—顾客互动通过作用于组织间长期合作关系进而影响服务创新绩效；企业—顾客互动也可以通过作用于组织间交易冲突关系进而影响服务创新绩效。这两条路径一起构成了 KIBS 企业合作创新过程中企业—顾客互动对服务创新绩效的具体作用机制。

具体而言，本书剖析了 KIBS 企业合作创新中企业—顾客互动的共同组织、共同决策、资源共享、任务协作四个维度对组织间关系及服务创新绩效的影响，以及组织间长期合作、交易冲突两个维度对服务创新绩效的影响，实证结果表明这些影响是多维度的。首先，组织间长期合作关系对服务创新绩效具有显著的正向影响；而组织间交易冲突关系对服务创新绩效具有显著的负向影响。其次，共同组织对组织间长期合作关系具有显著的正向影响，而对组织间交易冲突关系影响不显著；共同决策同样对组织间长期合作关系具有显著的正向影响，而对组织间交易冲突关系影响也不显著；资源共享对组织间交易冲突关系具有显著的正向影响，而对组织间长期合作没有显著的影响；任务协作不仅对组织间长期合作关系具有显著的正向影响，同时对组织间交易冲突关系具有显著的负向影响。最后，共同组织通过组织间长期合作关系对服务创新绩效产生积极的影响，长期合作关系发挥着部分中介效应，而交易冲突关系的中介效应并不显著；共同决策是通过组织间长期合作关系对服务创新绩效产生积极的影响，长期合作关系发挥着完全中介效应，而交易冲突关系的中介效应不显著；资源共享会通过诱发组织间交易冲突行为，进而抑制服务创新绩效水平，意味着交易冲突在资源共享与服务创新绩效两者之间起到部分负向中介效应，而长期合作的中介效应不显著；任务协作可以通过促进组织间长期合作关系，同时抑制组织间交易冲突关系，进而正向影响服务创新绩效，也就是说长期合作与交易冲突均在任务协作与服务创新绩效之间产生部分中介效应。

（3）合作创新过程中企业—顾客互动具有双刃剑影响效应，既存在积极的影响作用，也存在消极的影响作用

KIBS 企业的服务创新实践活动具有典型的独特性。其一，服务创新活动具有专门化定制特点，这会使得 KIBS 企业针对特定顾客的服务

项目前期的所有投资都是专用性投资,合作后期如果双方终止交易,KIBS 企业将会为此付出高额的成本。其二,服务创新活动中双方具有高度的互动性和持续性,KIBS 企业与顾客的互动行为势必需要高度的协作与配合,而这种持续的、高度的互动行为会将本属于 KIBS 企业的专业性知识逐渐转移到顾客这一方,这会使顾客在合作后期拥有更多的话语权和优越感,诱发其实施机会主义行为。本书结合文献梳理和探索性案例分析,发现 KIBS 企业在创新实践中暴露出了越来越多的短板。为了验证企业—顾客互动对组织间关系双刃剑的影响效应,即揭示合作创新过程中 KIBS 企业与顾客深入互动所带来的积极效应与消极效应,本书从组织间长期合作(从价值共创视角嵌入)、组织间交易冲突(从价值攫取视角嵌入)两个方面构建了企业—顾客互动的积极效应与消极效应,试图从实证角度来验证当今学术界对企业—顾客互动双面性影响的理论研究,解开企业创新实践活动中企业—顾客互动行为的双刃面给企业带来的疑惑。

具体而言,KIBS 企业合作创新过程中企业—顾客互动结构维度的共同组织、共同决策都能够通过积极地促进组织间长期合作关系进而提升服务创新绩效水平。企业—顾客互动过程维度的资源共享活动会诱发合作双方的交易冲突行为,从而抑制服务创新绩效;任务协作活动既会促进组织间长期合作,也会抑制组织间交易冲突,进而有助于服务创新绩效水平的提升。本书有力地证实了合作创新过程中企业—顾客互动行为双刃剑影响效应的存在,由于 KIBS 企业服务创新中专用性投资的存在以及合作过程中随着专业性知识所有权的转移给顾客方带来了特权感和优越性,合作后期算计、投机等机会主义行为发生的可能性大大增加。本书不仅证实了企业—顾客互动对组织间关系的积极影响,也发现了其消极影响。进一步而言,企业—顾客互动会通过组织间关系的中介传导机制,对服务创新绩效呈现两面性影响。本书从实证角度揭示了 KIBS 企业合作创新活动中顾客不仅充当价值共创的角色,还充当价值攫取的角色,明确了企业—顾客互动行为给企业开展合作创新带来优势的同时,存在的弊端也不容忽视。

（4）契约治理、关系治理在企业—顾客互动对组织间关系的作用机制中发挥着重要的调节作用

既然KIBS企业合作创新过程中企业—顾客互动行为存在双刃剑的影响效应，那么，作为KIBS企业必须对合作创新过程中双方的行为进行有效的管理，以更好地引导企业—顾客互动行为对服务创新绩效的积极影响作用，降低其对服务创新绩效的消极影响作用，从而有效地提升服务创新项目的研发绩效水平。为此，本书基于权变管理思想，引入契约治理与关系治理两种组织间合作治理方式作为调节变量，探讨其在KIBS企业与顾客合作创新过程中的作用机制，具体考察契约治理与关系治理在企业—顾客互动与组织间长期合作、组织间交易冲突之间的权变效应，激发其促进组织间长期合作关系的积极效应，减少或抑制其诱发组织间交易冲突关系的消极效应。本书的实证结果表明，契约治理与关系治理能够显著地影响企业—顾客互动对组织间关系作用的发挥。具体而言，合作双方契约治理程度越高，越会抑制企业—顾客互动中共同决策对组织间长期合作关系的正向效应；合作双方契约治理程度越高，越是能够促进企业—顾客互动中任务协作对组织间长期合作关系的正向效应；合作双方契约治理程度越高，越会抑制任务协作对组织间交易冲突的负向效应；合作双方契约治理程度越高，越是有利于促进任务协作对组织间长期合作关系的正向效应。

7.2　理论贡献与管理启示

本书以KIBS企业为对象，以KIBS企业与顾客合作创新实践中企业—顾客互动为出发点，以提升KIBS企业服务创新绩效为导向，从顾客价值共创与价值攫取双视角嵌入，引入长期合作与交易冲突两面性表征的组织间关系作为中介变量，并引入契约治理与关系治理两种组织间合作治理方式作为调节变量，逐层深入剖析企业—顾客互动、组织间关系与服务创新绩效之间的具体作用机制以及调节机制，具有一定的前沿理论贡献和实践管理启示。

7.2.1　理论贡献

本书通过对 KIBS 企业合作创新中企业—顾客互动、组织间关系与服务创新绩效关系的研究,架构了顾客合作创新理论、组织间关系理论与服务创新理论之间联系的桥梁,深化、拓展了相关的理论研究,所取得的理论贡献主要包括以下几个方面。

(1)量化了合作创新中企业—顾客互动特征维度的构成,剖析了企业—顾客互动、组织间关系与服务创新绩效的影响关系,揭示了企业—顾客互动通过作用于组织间关系进而影响服务创新绩效的机制,拓展、延伸了顾客合作创新理论的内涵与外延,深化了组织间关系理论

顾客合作创新研究缺少整体的理论框架,这被认为是当今文献研究中一个重要的不足(Bogers 等,2010),导致顾客合作创新研究领域缺乏相关理论的正确引导,企业—顾客互动的内涵与外延尚未达成共识。已有大部分研究将企业—顾客互动变量视作单一的维度,陷入"顾客价值共创"单维度研究,也有一些研究试图对企业—顾客互动进行维度划分,但仅仅关注企业—顾客互动中实际发生的动态活动,往往又陷入"顾客参与""顾客导向"的研究中去。究其原因,企业—顾客互动中企业与顾客双方是一个行动的整体,作为一个系统有其本身的结构形态和过程形态,研究如果忽略任何一个形态都将无法触及企业—顾客互动的本质。本书对合作创新中企业—顾客互动概念进行了明确的界定,从结构维度(共同组织、共同决策)与过程维度(资源共享、任务协作)对企业—顾客互动进行维度划分,深入探讨不同维度对服务创新绩效的影响效应以及具体的作用机制,试图发现企业—顾客互动不同维度之间的差异性,进一步拓展、延伸顾客合作创新理论的内涵与外延。

尽管企业与顾客之间的合作对服务创新绩效的积极影响作用已经得到了普遍的认同,然而梳理文献发现关于顾客合作创新对服务创新绩效的具体作用机制研究还相对较少,仅有的一些研究也主要从知识转移的视角来分析企业与顾客之间的合作创新活动对服务创新绩效的作用机制。此类研究主要基于技术创新领域知识从顾客一方到企业一方传

递与转移的范式,这也是目前关于顾客合作创新研究中的主流。由于这类研究范式忽视了知识仅仅是创新的基本原料,不会自动带来创新的潜力(Lundkvist 和 Yakhlef,2004),同时也忽视了合作创新过程并非单向传递,而是组织间双向、持续的一个互动过程,所以大大地限制了对服务创新活动的研究思维。本书构建了"企业—顾客互动、组织间关系、服务创新绩效"的逻辑思路,引入组织间关系视角,以 KIBS 企业服务创新项目为研究样本,研究了合作创新过程中企业—顾客互动通过对组织间关系的影响进而作用于服务创新绩效的具体机制,进一步打开了企业—顾客互动对服务创新绩效作用机制的黑箱。本书另辟蹊径,选择从组织间关系视角嵌入,来揭示合作过程中企业—顾客互动对服务创新绩效的作用机制,这不仅拓展、延伸了顾客合作创新理论研究,而且深化了组织间关系理论研究,更是为企业成功开展服务创新实践活动提供了有力的理论支撑。

(2)明确了合作创新中企业—顾客互动行为的双刃剑影响作用,验证了企业与顾客合作创新过程中互动行为的两面性效应,揭示了顾客价值共创与价值攫取行为的共存性,深化、拓展了服务主导逻辑理论、交易成本理论

知识转移视角的观点认为,顾客合作创新过程中企业—顾客互动不仅意味着将预先存在的信息、知识、想法、创意等从一方转移到另一方,而且为合作创新中双方提供了共同构建信息、知识、想法、创意的主要平台,同时互动过程包含着 KIBS 企业与顾客之间各自意图的转移,从而导致了双方集体的行动(Lundkvist 和 Yakhlef,2004)。顾客所拥有的主动的操作性资源往往是无形的,也是不可复制的,具有一定的黏性和隐性特征,不可能从产生它的特定社会背景中分离出来,只有通过企业—顾客互动这个"桥梁机制"才能实现成功转移,这是服务企业核心竞争力的一个重要组成部分(Lusch 和 Nambisan,2015)。同时,顾客合作创新能够促进合作双方组织间关系的嵌入,增加合作双方关系方面的专用性投资(Athaide 和 Klink,2009)。已有研究普遍认为,顾客与企业合作创新会带来价值共创效果(Vargo 和 Lusch,2004)。比如合作过程可以给企业带来外部需求信息等创新活动所需要的异质性资源,提高服务项目的创新效率(Bharadwaj 等,2012)。学术界普遍认为,与顾客合作

创新会给合作企业带来积极的、有益的结果。然而，与顾客合作创新过程中，由于 KIBS 企业专用性投资的存在以及合作过程中随着专业性知识所有权的转移给顾客方带来的特权感和优越性，合作后期顾客行为各种不确定性增加，进而容易发生价值攫取行为，引起价值破坏。

本书基于大样本数据调查分析，实证验证了合作创新中企业—顾客互动能够提升合作双方组织间的关系质量，同时也发现了顾客企业可能会利用合作过程中所获得的信息与所占据的地位优势，在合作后期发生交易冲突行为。本书充分验证了顾客合作创新过程中企业—顾客互动行为的两面性效应，既存在积极的一面，又存在消极的一面，揭示了合作创新中顾客价值共创与价值攫取行为的共存性，进而明确了企业—顾客互动行为对组织间关系以及服务创新绩效的双刃剑影响效应。本书引入交易成本理论中的交易冲突概念来表征组织间关系的负面效应。在服务项目的合作创新情境中，顾客企业会突破企业之间的边界，实施跨界合作行为，与 KIBS 企业共同进行服务项目的研发活动来实现自身价值的最大化。合作创新中顾客既存在价值的实现行为，也会发生机会主义行为，即价值共创与交易费用共存。因此，本书不仅丰富、深化了服务主导逻辑理论，更是拓展、补充了交易成本理论。

（3）探讨了契约治理与关系治理两种组织间合作治理方式对企业—顾客互动与组织间关系的不同影响机制，指明了两种不同的合作治理方式可以对企业—顾客互动进行有效管理，延伸了企业与顾客合作创新中互动边界的相关研究，丰富、扩充了组织间关系理论

已有关于合作创新中企业—顾客互动边界的相关研究成果往往难以被企业实际操作（Athaide 和 Zhang，2011），或者引入的调节变量企业往往无法对其进行有效管理（王琳，2012）。本书聚焦于 KIBS 企业合作创新过程中企业—顾客互动与组织间关系，基于权变管理视角引入契约治理与关系治理两种组织间合作治理方式，深入探究对这两者之间关系的调节效应，从企业实际可以操控的层面出发探讨合作创新过程中对企业—顾客互动行为的有效管理方式。实证研究表明，契约治理对共同决策与组织间长期合作关系、任务协作与组织间长期合作关系、任务协作与组织间交易冲突关系均具有显著的调节效应，关系治理对任务协作与组织间长期合作关系具有显著的调节效应。本书深入探讨了契约治理

与关系治理两种组织间合作治理方式对企业—顾客互动与组织间关系的不同影响机制,明确了企业可以通过对契约治理与关系治理两种不同合作治理方式的使用来对合作创新过程中企业—顾客互动行为实施有效的管理。本书不仅延伸了合作创新研究领域企业—顾客互动边界的相关研究,而且深化了组织间关系理论,开辟了组织间关系理论在顾客合作创新研究领域的空间,同时还给企业在服务创新实践中如何对企业—顾客互动行为进行有效管理提供了理论上的依据。

7.2.2 管理启示

本书以 KIBS 企业为研究对象,以 KIBS 企业与顾客合作研发服务创新项目为研究样本,采用理论与实践相结合的研究方法,围绕 KIBS 企业在合作创新中如何通过企业—顾客互动以提升服务创新绩效问题展开系统的研究,厘清了企业—顾客互动对服务创新绩效的具体作用机制,揭示了合作创新中企业—顾客互动行为的双刃剑影响效应,明确了契约治理与关系治理在合作创新中的调节机制。本书对企业在服务创新实践中如何构建、维系合适的企业—顾客互动模式以及如何有效管理企业—顾客互动行为以提升服务创新绩效水平具有一定的管理启示。

(1)合作创新中选择与顾客恰当的互动模式,努力提升服务创新绩效水平

KIBS 企业合作创新过程中企业—顾客互动意味着合作双方集合在一起围绕特定的服务创新任务的研发而形成一个整体行动,包括结构维度和过程维度。企业—顾客互动是合作创新双方从对方获取异质性创新资源的跨越组织边界的行为,也是一种"桥梁机制"。通过这个机制,合作双方可以接近、获取、利用、整合创新活动所需的资源、信息、技术、知识、能力等等,并且通过积极的互动行为来维系组织间的长期合作关系,抑制组织间交易冲突关系,进而努力提升服务创新绩效水平。合作创新中企业与顾客的共同组织与共同决策为服务创新的实现提供了合适的结构安排,资源共享与任务协作则将服务供应商企业与顾客企业整合为一个整体的行动系统,促进合作双方相互信任、分工协作,进而推动服务创新实践活动的顺利进行。合作创新中可以有效利用企业与顾

客之间的积极互动,实现服务创新绩效水平的提升。然而,尽管企业—顾客互动的四个特征维度都可以为服务创新绩效带来积极的影响,但其具体的作用机制不尽相同,组织间长期合作、组织间交易冲突共同决定了最优的企业—顾客互动模式。所以,KIBS企业在服务创新实践活动中应该从整个服务项目创新系统以及权变视角出发,为不同的实际服务项目创新问题选择合适的企业—顾客互动模式,运用权变管理理念及时选择、调整合作创新过程中企业—顾客互动模式,以提高服务创新项目的研发效率。

(2)明确合作创新中顾客行为价值共创与价值攫取的共存性,互动往往会带来双刃剑的影响效应

当前,越来越多的企业意识到了服务项目创新过程中展开与顾客企业积极合作的重要性,认为企业与顾客的互动行为可以给服务创新活动带来帮助,很多企业在营销活动中甚至将企业—顾客互动标榜为自己的独特卖点,比如宣扬体验式营销、互动式营销等等,然而也有不少企业因为与顾客的互动而遭受损失。作为服务供应商的企业应该充分认识到,合作创新中与顾客的互动行为在给双方带来利益的同时,也会带来一定的负面影响,也就是说合作创新中顾客的互动行为往往具有双刃剑的影响效应。服务创新实践活动中顾客企业除了参与价值共创活动,还会进行价值攫取的活动,顾客企业会利用自己在合作创新过程中所获得的专业性知识所有权以及所获取的有利信息来最大化自身的价值,比如合作后期会故意压低服务创新的成交价格、故意提高对服务项目的质量要求等等,甚至还会实施算计、投机等机会主义行为,这就会导致合作后期双方多种利益上的冲突。因此,服务供应商企业必须清楚地认识到合作创新中与顾客的积极互动固然重要,但也存在一定的风险。随着合作创新中互动过程的深入,顾客行为往往难以预测与评估,存在很大的不确定性,企业必须在利益与成本之间做出权衡。只有这样,服务供应商企业才能够更加有意识地、主动地防范、应对、解决企业—顾客互动过程中可能遇到的各种问题。

(3)通过组织间合作治理机制有效管理合作创新中顾客的互动行为,引导其正面效应,抑制其负面效应

服务创新实践活动中顾客互动行为给服务供应商企业带来丰富外

部资源的同时,也带来了很大的不确定性和复杂性。相关的管理机制还比较缺乏,特别是已有的顾客互动研究中的一些情境变量往往是一些环境变量,而这些因素服务供应商企业往往难以操控。本书从企业实际可以操控的视角出发,引入契约治理、关系治理两种合作创新过程中组织间治理的方式,有效发挥企业—顾客互动行为的积极影响,抑制其消极影响。合作创新中服务供应商企业和顾客企业来自不同的企业,互动过程往往存在很大的不确定性,合作双方可以把丑话说在前面,这有利于维护组织间的长期合作关系,减少互动过程中顾客一方的算计、投机等行为。当然,企业也是有限理性的,不可能预知合作过程中的全部事项,互动行为不可避免会带来一些意想不到的突发情况,此时合作双方就需要采用关系治理方式来对互动行为进行治理,有效抑制、降低顾客一方因机会主义行为而引起的利益上的冲突。关系治理可以帮助双方企业形成统一的合作目标与价值期望,进而有效缓解顾客在互动过程中带来的负面效应。因此,本书关于契约治理、关系治理在企业—顾客互动与组织间关系影响作用的研究成果,可以给企业与顾客合作创新过程中如何有效管理与顾客的互动行为提供理论上的指导和实践上的启示。

7.3 研究局限与展望

7.3.1 研究局限

本书主要基于资源依赖理论、组织间关系理论、服务主导逻辑、知识基础观理论、交易成本理论,综合运用顾客合作创新、组织间关系、服务创新等领域最新研究成果,同时结合中国情境下 KIBS 企业服务创新项目实地调研数据,经过缜密的理论分析与逻辑推演,构建了企业—顾客互动、组织间关系与服务创新绩效的作用机制模型。通过数理统计分析验证理论观点的正确性,并进行相应的修改与完善,最终得到了一些有意义的研究结论。但是,因受制于笔者时间、精力以及个人能力等方面的局限性以及所研究问题的复杂性,本书还存在不少有待进一步完善的地方,主要体现在以下几个方面。

（1）样本选取方面

本书花费了大量的时间和精力,通过多种渠道进行调研问卷的发放和收集工作,且尽量兼顾样本分布在信息与通信服务业、金融服务业、商务服务业、科技服务业四大类 KIBS 企业的均衡性,同时考虑不同项目周期、项目类型的服务创新项目,以保障有效问卷的数量和质量,尽量减少问卷的回复偏差。但受制于问卷发放的地域限制和现实可行性,样本数据来自浙江省内的居多,因此难以排除该区域企业所固有的特性对本书结果的影响,这可能会在一定程度上影响研究结果的普适性。此外,由于合作失败的服务项目在企业日常的运营过程中相对较少,导致最终被调研的服务创新项目中成功的服务项目居多,而失败的合作项目所占的比重不够突出,这可能会在一定程度上影响最终研究结论的有效性。

（2）变量测度方面

学术界对企业—顾客互动的概念及维度划分尚未达成统一明确的结论,从而导致对企业—顾客互动的具体测度方面还存在很大的分歧和困难。本书对企业—顾客互动的测量主要是通过整合已有相关文献后进行的设计,采用 Likert-5 级量表,对企业—顾客互动四个维度、组织间关系两个维度、组织间合作治理两个维度、服务创新绩效等变量进行测度。尽管本书结合已有研究中的量表,通过对相关企业的实地访谈及专家意见进行了调研问卷的设计,且通过信度、效度检验,以保证研究变量的可靠性与有效性,但是 Likert-5 级量表由于受访者的主观评价无法避免存在测度上的偏差缺陷。在以后的研究中,应该采用更加客观的方法对相关变量进行测度,这样所得到的研究结论可能会更加具有精确性和可重复性。

此外,本书中所有变量的评价均来自 KIBS 企业一方参与服务创新项目研发的成员,然而,在合作创新中无论是 KIBS 企业一方,还是顾客企业一方,对互动的目标、任务、方式等方面都有可能存在认识上的差异,综合考虑双方企业的意见和建议可能会使研究更加能够把握合作创新的本质。关于本书中问卷的填写者,已经尽量选择那些服务创新项目研发中的关键人员,但是个体认知是否能够完全代替组织整体的认识,还是存在一定的疑问。因此,如有可能的话,今后的研究尽量获得合作创新中双方企业对于整体情况的客观评价,这将有助于更加全面、准确地展开企业—顾客互动对服务创新绩效作用机理的分析。

(3)数据获取方面

本书对合作创新中企业—顾客互动的分析仅仅停留在时间截面上,通过大样本调查所获得的数据是某一时间点上的截面数据。然而,随着服务创新项目中合作双方互动程度的深入,组织间关系会发生一定程度上的演变,也就是说无论是组织间长期合作关系,还是组织间交易冲突关系,都是在时间序列纵向层面上的一种呈现。因此,使用时间截面数据可能无法同时测得合作创新中双方企业长期合作与交易冲突两种组织间关系,特别是在同一个服务创新项目中,两种关系的展露需要时间上的先后顺序。所以,本书使用截面数据展开研究可能会存在一定的局限性,这可能会对研究结论带来一定的偏差。

7.3.2 研究展望

服务创新活动中合作创新是一个崭新且极富生命力的研究领域,该领域的一些具体研究成果对我国服务业特别是KIBS企业的服务创新活动具有丰富的理论意义和实践意义。合作创新中企业—顾客互动及其对服务创新绩效的影响研究正成为服务创新研究中的热点,相信今后将会有更多的研究成果不断涌现出来,后续可以从以下几个方面深入展开研究。

(1)KIBS行业分类上的细化研究

本书对KIBS企业的行业门类进行了细分:信息与通信服务业,具体包括电信及其他通信服务业、计算机服务业、软件业等;金融服务业,具体包括银行业、证券业、保险业和其他金融活动等;商务服务业,具体包括法律咨询、会计服务、咨询与调查、广告创意等;科技服务业,具体包括研究与试验发展、专业技术服务业、工程技术与规划管理、科技交流和推广服务业等。这四类KIBS企业之间势必存在一定的差异性,然而本书忽略了行业门类之间的这种差异性,导致研究结果上可能会呈现出一定的模糊性。今后的研究应该对每一行业的KIBS企业进行单独的研究,这样研究结论可能更加具有针对性。

（2）合作创新中互动维度的深入研究

本书主要基于组织间关系视角展开合作创新过程中企业—顾客互动对服务创新绩效的影响机制研究，同时基于文献梳理和理论研究选取了结构维度（共同组织、共同决策）与过程维度（资源共享、任务协作）具体来刻画企业—顾客互动构念。然而，合作创新过程中，合作双方互动行为的内涵极为丰富，对企业—顾客互动行为的刻画也存在其他的特征维度。今后的研究可以专门结合服务项目创新的中国情境，对合作创新过程中企业—顾客互动构念采取探索性因子分析的方法，深入研究适合中国情境的特征维度以及对服务创新绩效的具体影响机制。

（3）考量更多外部环境要素的影响

本书基于组织间关系理论，从企业可以操控的层面引入契约治理与关系治理两种组织间合作治理方式作为调节变量，研究其对合作创新中企业—顾客互动与组织间关系的影响作用。但是 KIBS 企业的服务创新实践活动可能受到很多外部环境因素的影响，比如外部市场、技术的动荡性，以及企业供应商、竞争对手、高校及科研机构等众多利益相关者的需求等等，这些因素都有可能影响互动行为与双方组织间的关系。为此，今后的研究可以考虑尝试将更多的调节因素纳入研究模型，具体考量不同的外部环境因素在企业—顾客互动影响服务创新绩效中的调节效应。

（4）时间序列上纵向、动态研究

本书将合作创新中企业—顾客互动视为一个整体的行动系统，然而其本身是一个动态演化的过程，特别是互动过程中合作双方组织间关系更是一个动态演化的过程，这就会导致 KIBS 企业与顾客企业合作创新过程中企业—顾客互动通过组织间关系的中介作用进而影响服务创新绩效的具体作用机制可能会随着时间的推移而发生变化。今后的研究如有可能应该选取几个典型的服务项目合作创新的案例进行时间序列上纵向、动态的跟踪研究。这样不仅可以深入触及企业—顾客互动的演变规律，亦可深入剖析随着互动行为的进行组织间关系演变的规律，进而对影响服务创新绩效具体过程和作用机制的研究更加具有针对性。

附录1:访谈提纲

一、请您简要介绍一下贵公司概况

1. 贵公司成立于何时?主营业务是什么?

2. 贵公司的员工总数是多少?近三年的经营业绩如何?

3. 贵公司的新服务(产品)开发在业内处于什么水平?

4. 贵公司的主要服务客户群体有哪些?请谈谈贵公司的服务产品创新历史。

二、请您介绍一下贵公司与客户开展合作创新的情况

1. 请谈谈贵公司与客户合作创新中双方关于共同制定并遵循的规则、政策、程序等情况如何?对双方合作关系有哪些影响?对贵公司服务创新有哪些影响?

2. 请谈谈贵公司与客户合作创新过程中双方通过集体协商的方式解决不同意见与观点的情况。对双方合作关系有哪些影响?对贵公司服务创新有哪些影响?

3. 请谈谈贵公司与客户合作创新过程中可以接触、调用对方资源的情况,比如对方信息、技术、社会关系等方面的共享。对双方合作关系有哪些影响?对贵公司的服务创新有哪些影响?

4. 请谈谈贵公司与客户合作创新过程中双方各自承担的相关工作与职责,并相互帮助以解决问题与攻克难关的情况。对双方合作关系有哪些影响?对贵公司的服务创新有哪些影响?

三、请您介绍一下贵公司与客户合作创新中双方关系情况

1. 贵公司与客户开展合作创新的动因是什么？

2. 与客户合作创新给贵公司带来了哪些收益？

3. 贵公司与关键客户在长期合作方面的情况如何？为了维持这些关键性的客户，公司都有哪些具体措施？效果怎样？

4. 贵公司与客户合作创新是否给贵公司带来负面影响？如果有，具体有哪些表现？公司又有哪些具体措施来应对这些负面影响？

5. 请您举例说明与客户合作是否对企业开发新服务（产品）提供了帮助？

6. 请您举例说明影响与客户合作创新成功的关键要素有哪些？

四、请您谈一谈曾参与的与客户合作的服务创新项目

1. 请您介绍一下该项目的背景及整个开发流程。

2. 请您描述一下该项目中贵公司与客户的合作情况，以及开发过程中客户的角色、作用及活动。

3. 请评价一下该项目的服务创新绩效。

4. 除此之外，请根据贵公司服务创新实践情况，再次谈谈您对与客户合作创新的认识与看法。

附录 2：调查问卷

KIBS 企业—顾客互动、组织间
关系与服务创新绩效关系研究调查问卷

Section A：填写说明

尊敬的贵公司领导／项目负责人：

您好！本问卷旨在调查研究知识密集型服务企业（简称 KIBS 企业）与顾客（称为客户企业）合作创新中的互动行为对服务创新绩效的作用机制，为提升 KIBS 企业的服务创新绩效和能力提供理论与实践支撑。

请您详细阅读"填表说明"和问卷中的"测量问项"后，根据实际情况实事求是作答，您的每个答案对本研究结果都有重大影响。您所提供的信息将受到严格保密，我们也不会对您的单位进行反馈，仅用于科学研究，请放心填写。

非常感谢您的支持与合作！敬祝大展宏图,事业鼎盛！

填表说明：

以下各部分请您对公司近三年来您所领导、参与的某一个服务创新项目，依据项目开发过程中与客户企业互动进行合作创新的真实情况进行评价，为顺利填写问卷，节省宝贵时间，请仔细阅读各部分的主要术语。（这里的"创新项目"不仅包括全新服务或产品的开发，也包括现有服务或产品的改进。）

（1）测量问项中 1～5 数值表示从"非常不同意"向"非常同意"依次

渐进。数值不代表分值,仅代表同意或不同意的程度,请在相应框内的数字上直接打√;若您是在电脑上填写,请您将相应框内的数字标红。

（2）各部分问卷中的测量问项,不同的人可能有不同的看法,所以您的选择没有对错之分,请根据实际情况表达真实的想法。这不是测验,也没有标准答案,您只需要客观地做出选择,请您不要都打一样的分,也不要遗漏某些题项。

Section B:公司基本信息

01. 公司名称:＿＿＿＿＿＿＿＿＿＿＿＿＿＿＿＿＿＿

02. 公司所在地:＿＿＿＿＿＿省＿＿＿＿＿＿＿市

03. 公司成立年限:＿＿＿＿＿年

04. 请填写本问卷所依据的服务项目名称:＿＿＿＿＿＿＿＿＿＿

05. 该创新项目属于什么类型的项目:□技术型服务项目 □传统型服务项目

06. 该创新项目的开发周期:

　　□6个月以下　□6个月～1年　□1年～2年　□2年以上

07. 公司年销售收入:

　　□50万元以下　□51万～100万元　□101万～500万元　□501万～1000万元　□1001万～5000万元　□5001万～1亿元　□1亿元以上

08. 贵公司主营业务所在行业是(请在所属方框内直接划钩):

　　□信息与通信服务业(包括电信及其他通信服务业、计算机服务业、软件业等)

　　□金融服务业(包括银行业、证券业、保险业和其他金融活动等)

　　□商务服务业(包括法律咨询、会计服务、咨询与调查、广告创意等)

　　□科技服务业(包括研究与试验发展、专业技术服务业、工程技术与规划管理、科技交流和推广服务业等)

　　□其　他(请写出):＿＿＿＿＿＿＿＿＿＿

09. 公司员工数量:

　　□50人以下　　　□51～100人　　　□101～300人

　　□301～500人　　□501～1000人　　□1001人以上

10. 创新项目中您的职位是:

　　　□项目经理　　　□项目开发人员　　　□项目开发支持人员

　　　□企业所有者　　□总经理/副总经理　　　□办公室主任　　　□其他

11. 您受教育的程度:

　　　□高中及以下　　□专科　　　□本科　　　□硕士　　　□博士

12. 下列哪个选项最恰当地描述了贵公司所提供的服务:

　　　□全部是标准化服务　　　□主要是标准化服务　　□以上两者比重差不多

　　　□全部是定制化　　　□主要是定制化　　　□以上两者比重差不多

Section C:具体调研内容

一、KIBS 企业—顾客互动

主要术语:

KIBS 企业—顾客互动是指价值共创导向下,KIBS 企业与客户企业为完成复杂的创新任务,而在跨越组织边界上所形成的一个集体行动系统,不仅包括实际动态活动,还包括一定的结构形态。

包括以下四个方面:共同组织指向 KIBS 企业与客户企业就如何进行双方交换与合作活动所共同制定并遵循规则、政策与程序的程度,其集中体现了对双方行动与运作规则等方面的共同考虑与安排。共同决策指向 KIBS 企业与客户企业作为行动系统中的主体,在创新过程中通过集体协商的方式解决不同意见与观点的程度。资源共享指向 KIBS 企业与客户企业在信息、技术甚至社会资本等方面进行的共享活动,其体现了合作创新过程中双方可以接触并调用对方资源的程度。任务协作指向合作创新具体环节中,KIBS 企业与客户企业分别承担的相关工作与职责,相互帮助以解决问题与攻克难关的过程,其反映了 KIBS 企业与客户企业双方为了创新的实现所做出的适应性调整。

测量问项	非常 不同意	不同意	一般	同意	非常 同意
共同组织					
Q01.为指导项目开发,我们与客户建立起相关规则和程序	1	2	3	4	5
Q02.为应对常出现的问题,我们与客户建立起相关规则和程序	1	2	3	4	5
Q03.为推进项目开发,我们与客户共同遵守相关规则和程序	1	2	3	4	5
共同决策					
Q04.重要问题由我们与客户双方派出核心成员共同商讨	1	2	3	4	5
Q05.有固定的流程和机制来帮助我们和客户达成一致意见	1	2	3	4	5
Q06.遇到双方观点有分歧时,我们与客户会协商解决	1	2	3	4	5
资源共享					
Q07.项目开发中我们与客户经常交流彼此掌握的技术	1	2	3	4	5
Q08.项目开发中我们与客户经常交流彼此掌握的信息	1	2	3	4	5
Q09.必要时我们与客户会为对方联系和提供外部社会资源	1	2	3	4	5
任务协作					
Q10.我们与客户会竭力贡献自己的行动去更有效地推进项目	1	2	3	4	5
Q11.我们与客户会尽力帮助和支持对方的工作	1	2	3	4	5
Q12.客户的工作是整个项目开发努力中的重要部分	1	2	3	4	5
Q13.我们与客户各自承担起对项目任务的相关责任	1	2	3	4	5

二、组织间关系

主要术语：

组织间关系是指合作创新过程中企业与客户间的一种关系,分为长期合作与交易冲突。长期合作指合作双方对长期交易与合作的期望和意愿,是双方基于较好情感而产生的,是从情感角度对双方关系的考虑;交易冲突指企业与客户在交易中对交易内容(诸如产品价格、质量等方面)的看法不一致。

请根据企业近三年的实际情况客观作答,在对应的数字上直接打√。

测量问项	非常 不同意	不同意	一般	同意	非常 同意
长期合作					
Q14.我们与关键客户会考虑进行长期合作	1	2	3	4	5
Q15.我们与关键客户努力维持一种长期互惠关系	1	2	3	4	5
Q16.我们与关键客户将密切合作	1	2	3	4	5
交易冲突					
Q17.我们与关键客户在产品/服务定价问题上经常存在冲突	1	2	3	4	5
Q18.我们与关键客户在产品/服务促销活动方面经常存在冲突	1	2	3	4	5
Q19.我们与关键客户在产品/服务质量方面经常存在冲突	1	2	3	4	5
Q20.我们与关键客户在产品/服务质量担保政策方面经常存在冲突	1	2	3	4	5

三、服务创新绩效

主要术语:服务创新绩效指向企业对新开发的服务以及对现有服务所做的开发或改善活动,以满足企业自身、顾客、社会、员工等利益相关者需求,表示维持企业竞争优势的能力和程度。

请根据企业近三年的实际情况客观作答,在对应的数字上直接打√。

测量问项	非常不同意	不同意	一般	同意	非常同意
服务创新绩效					
Q21.我们服务/产品的质量与性能达到或超过客户的预期	1	2	3	4	5
Q22.项目开发在预期时间内完成	1	2	3	4	5
Q23.客户对项目方案质量非常满意	1	2	3	4	5
Q24.客户对彼此的项目实施与合作非常满意	1	2	3	4	5

四、合作治理

主要术语:组织间合作治理一般指向合作创新中互相结盟的企业为了更好地指导双方顺利开展合作,用以激励或约束双方合作行为而设置的控制机制,包括契约治理与关系治理。契约治理是指通过契约、成文的政策和规则以及程序等显性的方式进而实现双方所期望的行为,诸如契约(合同)、监督机制以及专用性投资。关系治理是指利用文化、社会规范、信任、价值观等隐性约束力的方式进而实现双方所期望的行为,诸如关系规范、信任等。

请根据企业近三年的实际情况客观作答,在对应的数字上直接打√。

测量问项	非常不同意	不同意	一般	同意	非常同意
契约治理					
Q25.我们与关键客户的书面协议中规定了具体的作业要求	1	2	3	4	5
Q26.我们与关键客户的书面协议中规定了具体的监控方法	1	2	3	4	5
Q27.我们与关键客户的书面协议中规定了具体的担保/质量保证政策	1	2	3	4	5
Q28.我们与关键客户的书面协议中规定了服务/产品需要达到的标准	1	2	3	4	5

续　表

测量问项	非常不同意	不同意	一般	同意	非常同意
Q29.我们与关键客户的书面协议中规定了各自的角色	1	2	3	4	5
Q30.我们与关键客户的书面协议中规定了各自的责任	1	2	3	4	5
关系治理					
Q31.我们与关键客户之间高度依赖	1	2	3	4	5
Q32.当关键客户遇到问题时,我们会施以援手	1	2	3	4	5
Q33.我们会对合作中的问题与关键客户保持实时沟通	1	2	3	4	5
Q34.我们会对有利于促进合作关系的某些方面做出改进	1	2	3	4	5
Q35.为了应对环境变化,我们会对合作的细节进行适当调整	1	2	3	4	5
Q36.意外情况出现时,我们会用新合作条款来取代最初的条款	1	2	3	4	5

问卷已全部回答完毕,再次感谢您的合作!

参考文献

[1] Alam I. An exploratory investigation of user involvement in new service development [J]. Journal of the Academy of Marketing Science, 2002, 30(3): 250-261.

[2] Alam I. Service innovation strategy and process: A cross-national comparative analysis[J]. International Marketing Review, 2006, 23(3): 234-254.

[3] Alam I, Perry C. A customer-oriented new service development process[J]. Journal of Services Marketing, 2002, 16(6): 515-534.

[4] Armstrong M, Porter R H. Handbook of industrial organization [M]. London: Elsevier Science Ltd, 1989.

[5] Artz K W, Brush T H. Asset specificity, uncertainty and relational norms: An examination of coordination costs in collaborative strategic alliances[J]. Journal of Economic Behavior & Organization, 2000, 41 (4): 337-362.

[6] Athaide G A, Klink R R. Managing seller-buyer relationships during new product development[J]. Journal of Product Innovation Management, 2009, 26(5): 566-577.

[7] Athaide G A, Zhang J Q. The determinants of seller-buyer interactions during new product development in technology-based industrial markets [J]. Journal of Product Innovation Management, 2011, 28(S1): 146-158.

[8] Atuahene-Gima K. Market orientation and innovation[J]. Journal of Business Research, 1996, 35(2): 93-103.

［9］Avlonitis G J，Papastathopoulou P G，Gounaris S P. An empirically-based typology of product innovativeness for new financial services：Success and failure scenarios［J］. Journal of Product Innovation Management，2001，18(5)：324-342.

［10］Baker G，Gibbons R，Murphy K J. Relational contracts and the theory of the firm［J］. The Quarterly Journal of Economics，2002，117(1)：39-84.

［11］Barki H，Hartwick J. Rethinking the concept of user involvement ［J］. MIS Quarterly，1989，13(1)：53-63.

［12］Barras R. Interactive innovation in financial and business services：The vanguard of the service revolution［J］. Research Policy，1990，19(3)：215-237.

［13］Barras R. Growth and technical change in the UK service sector ［R］. London：Technical Change Centre，1984.

［14］Barras R. Towards a theory of innovation in services ［J］. Research Policy，1986，15(4)：161-173.

［15］Bassey M. Case study research in educational settings［M］. UK：McGraw-Hill Education，1999.

［16］Berdie D R，Anderson J F，Niebuhr M A. Questionnaires：Design and use［M］. New Jersey：Scarecrow Press，1986.

［17］Berry J W，Phinney J S，Sam D L，et al. Immigrant youth：Acculturation，identity，and adaptation［J］. Journal of Applied psychology，2006，55(3)：303-332.

［18］Bettencourt L A. Customer voluntary performance：Customers as partners in service delivery［J］. Journal of retailing，1997，73(3)：383-406.

［19］Betz F. Strategic technology management ［M］. New York：McGraw-Hill，1993.

［20］Bharadwaj N，Nevin J R，Wallman J P. Explicating hearing the voice of the customer as a manifestation of customer focus and assessing its consequences ［J］. Journal of Product Innovation

Management，2012，29(6)：1012-1030.

[21] Blindenbach-Driessen F，Van Den Ende J. Innovation in project-based firms：The context dependency of success factors[J]. Research Policy，2006，35(4)：545-561.

[22] Bodewes W E J. Formalization and innovation revisited[J]. European Journal of Innovation Management，2002，5 (4)：214-223.

[23] Bogers M，Afuah A，Bastian B. Users as innovators：A review，critique，and future research directions [J]. Journal of Management，2010，36(4)：857-875.

[24] Bollen K A，Long J S. Testing Structural Equation Models[M]. New York：Sage,1993：100-200.

[25] Bonner J M. Customer interactivity and new product performance：Moderating effects of product newness and product embeddedness[J]. Industrial Marketing Management，2010，39(3)：485-492.

[26] Bove L L，Johnson L W. Customer relationships with service personnel：Do we measure closeness，quality or strength? [J]. Journal of Business Research，2001，54(3)：189-197.

[27] Bowen D E. Managing customers as human resources in service organizations[J]. Human Resource Management，1986，25(3)：371-383.

[28] Bowen D E，Schneider B. Winning the service game[M]. Boston：Harvard Business School Press，1995.

[29] Brentani U. Innovative versus incremental new business services：Different keys for achieving success[J]. Journal of Product Innovation Management，2001，18(3)：169-187.

[30] Brislin R W. Back-translation for cross-cultural research[J]. Journal of Cross-cultural Psychology，1970，1(3)：185-216.

[31] Bstieler L. Trust formation in collaborative new product development [J]. Journal of Product Innovation Management，2006，23(1)：56-72.

[32] Campbell J Y, Cochrane J H. By force of habit: A consumption-based explanation of aggregate stock market behavior[J]. Journal of political Economy, 1999, 107(2): 205-251.

[33] Carayannopoulos S, Auster E R. External knowledge sourcing in biotechnology through acquisition versus alliance: A KBV approach[J]. Research Policy. 2010, 39(2):254-267.

[34] Carbonell P, Rodríguez-Escudero A I, Pujari D. Customer involvement in new service development: An examination of antecedents and outcomes[J]. Journal of Product Innovation Management, 2009, 26(5): 536-550.

[35] Cardinal L B, Sitkin S B, Long C P. Balancing and rebalancing in the creation and evolution of organizational control [J]. Organization Science, 2004, 15(4): 411-431.

[36] Carmines E, McIver J. Analyzing models with unobserved variables, social measurement: Current issues[J]. Beverly Hills, CA: Sage, 1981.

[37] Cermak D S P, File K M, Prince R A. Customer participation in service specification and delivery[J]. Journal of Applied Business Research, 1994, 10(2): 90.

[38] Chan K W, Yim C K, Lam S S K. Is customer participation in value creation a double-edged sword? Evidence from professional financial services across cultures[J]. Journal of Marketing, 2010, 74(3): 48-64.

[39] Chapman R L, Soosay C, Kandampully J. Innovation in logistic services and the new business model: A conceptual framework [J]. Managing Service Quality: An International Journal, 2002, 12(6): 358-371.

[40] Chen H H, Lee A H I, Wang H Z. and Tong, Y. Operating NPD innovatively with different technologies under a variant social environment [J]. Technological Forecasting & Social Change, 2008, 75(3):385-404.

［41］ Chesbrough H. Open services innovation: Rethinking your business to grow and compete in a new era［M］. Hoboken: John Wiley & Sons, 2010.

［42］ Chesbrough H W. Open innovation: The new imperative for creating and profiting from technology［M］. Boston: Harvard Business Press, 2006.

［43］ Child J. Organizational structure, environment and performance: The role of strategic choice［J］. Sociology, 1972, 6(1): 1-22.

［44］ Churchill G A, Jr. A paradigm for developing better measures of marketing constructs［J］. Journal of Marketing Research, 1979, 16(1): 64-73.

［45］ Claro D P, Hagelaar G, Omta O. The determinants of relational governance and performance: How to manage business relationships? ［J］. Industrial Marketing Management, 2003, 32 (8): 703-716.

［46］ Claycomb C, Lengnick-Hall C A, Inks L W. The customer as a productive resource: A pilot study and strategic implications［J］. Journal of Business Strategies, 2001, 18(1): 47-69.

［47］ Coase R H. Discussion［J］. American Economic Review, 1964, 54(2): 192.

［48］ Coase R H. The nature of the firm［J］. Economics, 1937, 4(16): 386-405.

［49］ Cohen W M, Levinthal D A. Absorptive capacity: A new perspective on learning and innovation［J］. Administrative Science Quarterly, 1990, 35: 128-152.

［50］ Colquitt J A, Zapata-Phelan C P. Trends in theory building and theory testing: A five-decade study of the " Academy of Management Journal"［J］. The Academy of Management Journal, 2007,50(6): 1281-1303.

［51］ Cooper D R, Schindler P S, Sun J. Business research methods ［M］. New York: McGraw-Hill, 2006.

［52］ Cooper R G，Kleinschmidt E J. New products：What separates winners from losers？［J］. Journal of Product Innovation Management，1987，4(3)：169-184.

［53］ Cramton C D. The mutual knowledge problem and its consequences for dispersed collaboration［J］. Organization Science，2001，12(3)：346-371.

［54］ Daft R L. A dual-core model of organizational innovation［J］. Academy of Management Journal，1978，21(2)：193-210.

［55］ Damanpour F，Gopalakrishnan S. The dynamics of the adoption of product and process innovations in organizations［J］. Journal of Management Studies，2001，38(1)：45-65.

［56］ De Brentani U，Cooper R G. Developing successful new financial services for businesses［J］. Industrial Marketing Management，1992，21(3)：231-241.

［57］ De Brentani U，Ragot E. Developing new business-to-business professional services：What factors impact performance？［J］. Industrial Marketing Management，1996，25(6)：517-530.

［58］ De Vaus D A，de Vaus D. Research design in social research［M］. New York：Sage，2001.

［59］ Ding L，Velicer W F，Harlow L L. Effects of estimation methods，number of indicators per factor，and improper solutions on structural equation modeling fit indices［J］. Structural Equation Modeling A Multidisciplinary Journal，1995，2(2)：119-143.

［60］ Djellal F，Gallouj F. Patterns of innovation organisation in service firms：Postal survey results and theoretical models［J］. Science and Public Policy，2001，28(1)：57-67.

［61］ Djellal F，Gallouj F，Miles I. Two decades of research on innovation in services：Which place for public services？［J］. Structural Change and Economic Dynamics，2013，27：98-117.

［62］ Drejer I. Identifying innovation in surveys of services：A Schumpeterian perspective［J］. Research Policy，2004，33(3)：

551-562.

[63] Dunne P, Hughes A. Age, size, growth and survival: UK companies in the 1980s[J]. The Journal of Industrial Economics, 1994,5(2): 115-140.

[64] Dunn S C, Seaker R F, Waller M A. Latent variables in business logistics research: Scale development and validation[J]. Journal of Business Logistics, 1994, 15(2): 145-172.

[65] Dyer J H. Effective interfirm collaboration: How firms minimize transaction costs and maximize transaction value[J]. Strategic Management Journal, 2015,18(7): 535-556.

[66] Dyer J H, Chu W. The role of trustworthiness in reducing transaction costs and improving performance: Empirical evidence from the United States, Japan, and Korea[J]. Organization Science, 2003, 14(1): 57-68.

[67] Dyer J H, Nobeoka K. Creating and managing a high-performance knowledge-sharing network: The Toyota case[J]. Strategic Management Journal, 2000, 21(3): 345-367.

[68] Edvardsson B, Tronvoll B, Gruber T. Expanding understanding of service exchange and value co-creation: A social construction approach[J]. Journal of the Academy of Marketing Science, 2011, 39(2): 327-339.

[69] Eisenhardt K M. Building theories from case study research[J]. Academy of Management Review, 1989, 14(4): 532-550.

[70] Eisenhardt K M, Bourgeois L J. Politics of strategic decision making in high-velocity environments: Toward a midrange theory [J]. Academy of Management Journal, 1988, 31(4): 737-770.

[71] Eisenhardt K M, Graebner M E, Sonenshein S. Grand challenges and inductive methods: Rigor without rigor mortis[J]. Academy of Management Journal, 2016, 59(4): 1113-1123.

[72] Ennew C T, Binks M R. Impact of participative service relationships on quality, satisfaction and retention: An exploratory study[J].

Journal of Business Research，1999，46（2）：121-132.

[73] Fang E E. Customer participation and the trade-off between new product innovativeness and speed to market［J］. Journal of Marketing，2008，72（4）：90-104.

[74] Fang E E，Lee J，Yang Z. The timing of codevelopment alliances in new product development processes：Returns for upstream and downstream partners［J］. Journal of Marketing，2015，79（1）：64-82.

[75] Fang E E，Palmatier R W，Evans K R. Influence of customer participation on creating and sharing of new product value［J］. Journal of the Academy of Marketing Science，2008，36（3）：322-336.

[76] Fidler L A，Johnson J D. Communication and innovation implementation［J］. Academy of Management Review，1984，9（4）：704-711.

[77] File K M，Judd B B，Prince R A. Interactive marketing：The influence of participation on positive word-of-mouth and referrals［J］. Journal of Services Marketing，1992，6（4）：5-14.

[78] Fitzsimmons J A，Fitzsimmons M J，Bordoloi S. Service management：Operations，strategy，and information technology［M］. New York：McGraw-Hill，2008.

[79] Flavián C，Guinalíu M. The influence of virtual communities on distribution strategies in the internet［J］. International Journal of Retail & Distribution Management，2005，33（6）：405-425.

[80] Flint D J，Larsson E，Gammelgaard B，et al. Logistics innovation：A customer value-oriented social process［J］. Journal of Business Logistics，2005，26（1）：113-147.

[81] Foss N J，Laursen K，Pedersen T. Linking customer interaction and innovation：The mediating role of new organizational practices［J］. Organization Science，2011，22（4）：980-999.

[82] Fowler Jr F J. Survey research methods［M］. New York：

Sage，2013.

[83] Fritsch M，Lukas R. Who cooperates on R&D? [J]. Research Policy，2001，30(2)：297-312.

[84] Füller J，Bartl M，Ernst H，et al. Community based innovation： How to integrate members of virtual communities into new product development[J]. Electronic Commerce Research，2006，6 (1)：57-73.

[85] Gadrey J，Gallouj F，Weinstein O. New modes of innovation： How services benefit industry[J]. International Journal of Service Industry Management，1995，6(3)：4-16.

[86] Galaskiewicz J，Zaheer A. Networks of competitive advantage [J]. Research in the Sociology of Organizations，1999，16： 237-261.

[87] Galbraith J R. Designing complex organizations[M]. Boston： Addison-Wesley Longman，1973.

[88] Gallouj F. Innovation in the service economy：The new wealth of nations[M]. Cheltenham：Edward Elgar，2002.

[89] Gallouj F，Rubalcaba L，Windrum P. Public-private innovation networks in services[M]. Cheltenham：Edward Elgar，2013.

[90] Gallouj F，Weinstein O. Innovation in services[J]. Research Policy，1997，26(4-5)：537-556.

[91] Ganesan S. Determinants of long-term orientation in buyer-seller relationships[J]. Journal of Marketing，1994,58(2)：1-19.

[92] Gersuny C，Rosengren W R. The service society [M]. Cambridge，MA：Schenkman Publishing Company，1973：56-68.

[93] Ghiselli E E，Campbell J P，Zedeck S. Measurement theory for the behavioral sciences[M]. New York：WH Freeman，1981.

[94] Gibbert M，Leibold M，Probst G. Five styles of customer knowledge management，and how smart companies use them to create value[J]. European Management Journal，2002，20(5)：459-469.

[95] Goes J B，Park S H. Interorganizational links and innovation：

The case of hospital services [J]. Academy of Management Journal, 1997, 40(3): 673-696.

[96] Gopal A, Koka B R. The asymmetric benefits of relational flexibility: Evidence from software development outsourcing[J]. MIS Quarterly, 2012, 36(2): 553-576.

[97] Grant R M. Toward a knowledge-based theory of the firm[J]. Strategic Management Journal, 1996, 17(S2): 109-122.

[98] Griffin A, Page A L. An interim report on measuring product development success and failure[J]. Journal of Product Innovation Management, 1993, 10(4): 291-308.

[99] Grönroos C. Service logic revisited: Who creates value? And who co-creates? [J]. European Business Review, 2008, 20 (4): 298-314.

[100] Grönroos C. Value co-creation in service logic: A critical analysis[J]. Marketing Theory, 2011, 11(3): 279-301.

[101] Grönroos C, Gummerus J. The service revolution and its marketing implications: Service logic vs service-dominant logic [J]. Managing Service Quality, 2014, 24(3): 206-229.

[102] Grönroos C, Ravald A. Service as business logic: Implications for value creation and marketing [J]. Journal of Service Management, 2011, 22(1): 5-22.

[103] Grönroos C, Voima P. Critical service logic: Making sense of value creation and co-creation[J]. Journal of the Academy of Marketing Science, 2013, 41(2): 133-150.

[104] Gruner K E, Homburg C. Does customer interaction enhance new product success? [J]. Journal of Business Research, 2000, 49(1): 1-14.

[105] Gulati R. Does familiarity breed trust? The implications of repeated ties for contractual choice in alliances[J]. Academy of Management Journal, 1995, 38(1): 85-112.

[106] Gulati R. Network location and learning: The influence of

network resources and firm capabilities on alliance formation[J].
Strategic Management Journal, 1999, 20(5): 397-420.

[107] Gulati R, Gargiulo M. Where do interorganizational networks come from? [J]. American Journal of Sociology, 1999, 104(5): 1439-1493.

[108] Gulati R, Nohria N, Zaheer A. Strategic networks[J]. Strategic Management Journal, 2000,21: 203-215.

[109] Gundlach G T, Achrol R S, Mentzer J T. The structure of commitment in exchange[J]. The Journal of Marketing, 1995,59 (1): 78-92.

[110] Gustafsson A, Johnson M D, Roos I. The effects of customer satisfaction, relationship commitment dimensions, and triggers on customer retention[J]. Journal of Marketing, 2005, 69(4): 210-218.

[111] Gustafsson A, Kristensson P, Witell L. Customer co-creation in service innovation: A matter of communication? [J]. Journal of Service Management, 2012, 23(3):311-327.

[112] Hadfield G K. Problematic relations: Franchising and the law of incomplete contracts[J]. Stanford Law Review, 1990, 42(4): 927-992.

[113] Hagedoorn J, Schakenraad J. The effect of strategic technology alliances on company performance[J]. Strategic Management Journal, 1994, 15(4): 291-309.

[114] Hargadon A, Sutton R I. Technology brokering and innovation in a product development firm [J]. Administrative Science Quarterly, 1997, 42(4): 716-749.

[115] Hatcher L, Stepanski E J. A step-by-step approach to using the SAS system for univariate and multivariate statistics[M]. North Carolina: SAS Institute, 1994.

[116] Heide J B. Interorganizational governance in marketing channels [J]. The Journal of Marketing, 1994, 58: 71-85.

[117] Hertog P. Knowledge-intensive business services as co-producers of innovation[J]. International Journal of Innovation Management, 2000, 4(4): 491-528.

[118] Hertog P, Bilderbeek R. Conceptualizing (service) innovation and the knowledge flow between KIBS and their clients[R]. SI4S Topical Paper, 1998: 11.

[119] Hinkin T R. A brief tutorial on the development of measures for use in survey questionnaires [J]. Organizational Research Methods, 1998, 1(1): 104-121.

[120] Hipp C, Tether B S, Miles I. The incidence and effects of innovation in services: Evidence from Germany[J]. International Journal of Innovation Management, 2000, 4(4): 417-453.

[121] Howells J. Intermediation and the role of intermediaries in innovation[J]. Research Policy, 2006, 35(5): 715-728.

[122] Hsieh A T, Yen C H. The effect of customer participation on service providers' job stress[J]. The Service Industries Journal, 2005, 25(7): 891-905.

[123] Jap S D, Ganesan S. Control mechanisms and the relationship life cycle: Implications for safeguarding specific investments and developing commitment [J]. Journal of Marketing Research, 2000, 37(2): 227-245.

[124] Jaw C, Lo J Y, Lin Y H. The determinants of new service development: Service characteristics, market orientation, and actualizing innovation effort[J]. Technovation, 2010, 30(4): 265-277.

[125] Joseph Galaskiewicz and Akbar Zaheer. Networks of competitive advantage[A] //Andrews S, Knoke D. Research in the sociology of organization. Greenwich, Connecticut: JAI Press,1999: 237-261.

[126] Joshi A W, Sharma S. Customer knowledge development: Antecedents and impact on new product performance[J]. Journal of Marketing, 2004, 68(4): 47-59.

［127］Kaiser H F. An index of factorial simplicity[J]. Psychometrika，1974，39(1)：31-36.

［128］Kaulio M A. Customer，consumer and user involvement in product development：A framework and a review of selected methods[J]. Total Quality Management，1998，9(1)：141-149.

［129］Kelley S W，Donnelly Jr J H，Skinner S J. Customer participation in service production and delivery[J]. Journal of Retailing，1990，66(3)：315.

［130］Khanna T，Gulati R，Nohria N. The dynamics of learning alliances：Competition，cooperation，and relative scope［J］. Strategic Management Journal，1998，19(3)：193-210.

［131］Kindström D，Kowalkowski C，Sandberg E. Enabling service innovation：A dynamic capabilities approach［J］. Journal of Business Research，2013，66(8)：1063-1073.

［132］Kleinschmidt E J，De Brentani U，Salomo S. Performance of global new product development programs：A resource-based view[J]. Journal of Product Innovation Management，2007，24(5)：419-441.

［133］Knight K E. A descriptive model of the intra-firm innovation process[J]. The Journal of Business，1967，40(4)：478-496.

［134］Kogut B，Zander U. Knowledge of the firm，combinative capabilities，and the replication of technology[J]. Organization Science，1992，3(3)：383-397.

［135］Kogut B，Zander U. Knowledge of the firm and the evolutionary theory of the multinational corporation［J］. Journal of International Business Studies，1993，24(4)：625-645.

［136］Kohlbacher F. Knowledge-based new product development：Fostering innovation through knowledge co-creation［J］. International Journal of Technology Intelligence and Planning，2008，4(3)：326-346.

［137］Krippendorff K. Content analysis：An introduction to its methodology[M]. New York: Sage, 2012.

[138] Kumar N, Scheer L K, Steenkamp J B E M. The effects of supplier fairness on vulnerable resellers [J]. Journal of Marketing Research, 1995, 32(1):54-65.

[139] Lagrosen, S. Customer involvement in new product development: A relationship marketing perspective[J]. European Journal of Innovation Management,2005,8(4):424- 436.

[140] Lambe C J, Spekman R E. Alliances, external technology acquisition, and discontinuous technological change[J]. Journal of Product Innovation Management, 1997, 14(2): 102-116.

[141] Lee K, Shim S, Jeong B, et al. Knowledge intensive service activities (KISA) in Korea's innovation system[J]. Fernandez, 2003, 4: 32-58.

[142] Lengnick-Hall C A. Customer contributions to quality: A different view of the customer-oriented firm[J]. Academy of Management Review, 1996, 21(3): 791-824.

[143] Lievens A, Moenaert R K. New service teams as information-processing systems: Reducing innovative uncertainty[J]. Journal of Service Research, 2000, 3(1): 46-65.

[144] Li J J, Poppo L, Zhou K Z. Relational mechanisms, formal contracts, and local knowledge acquisition by international subsidiaries[J]. Strategic Management Journal, 2010, 31(4): 349-370.

[145] Li Y, Xie E, Teo H H, et al. Formal control and social control in domestic and international buyer-supplier relationships[J]. Journal of Operations Management, 2010, 28(4): 333-344.

[146] Lin R J, Chen R H, Kuan-Shun Chiu K. Customer relationship management and innovation capability: An empirical study[J]. Industrial Management&Data Systems, 2010, 110(1): 111-133.

[147] Lin X, Germain R. Antecedents to Customer Involvement in Product Development: Comparing US and Chinese Firms[J].

European Management Journal，2004，22(2)：244-255.

[148] Lloyd A E. The role of culture on customer participation in services [D]. Hong Kong：The Hong Kong Polytechnic University，2003：45-57.

[149] Locke E A，Schweiger D M. Participation in decision-making：One more look[J]. Research in Organizational Behavior，1979，1 (10)：265-339.

[150] Lundkvist A，Yakhlef A. Customer involvement in new service development：A conversational approach[J]. Managing Service Quality：An International Journal，2004，14(2/3)：249-257.

[151] Lundvall B Å，Intarakumnerd P，Vang J. Asia's innovation systems in transition：An introduction[J]. Asia's Innovation System in Transition，2007，23(3)：40-41.

[152] Lusch R F，Brown J R. Interdependency，contracting，and relational behavior in marketing channels[J]. The Journal of Marketing，1996，60(4)：19-38.

[153] Lusch R F，Nambisan S. Service innovation：A service-dominant logic perspective[J]. MIS Quarterly，2015，39(1)：155-171.

[154] Lusch R F，Vargo S L. Service-dominant logic：Premises，perspectives，possibilities[M]. London：Cambridge University Press，2014.

[155] Lusch R F，Vargo S L. The service-dominant logic of marketing：Dialog，debate，and directions[M]. New York：ME Sharpe Publishers Inc Armonk，2006：10.

[156] Macneil I R. Contracts：Adjustment of long-term economic relations under classical，neoclassical，and relational contract law [J]. Northwestern University Law Review，1977，72：854.

[157] Macneil I R. Relational contract theory：Challenges and queries [J]. Northwestern University Law Review，1999，94：877.

[158] Macneil I R. The new social contract：An inquiry into modern contractual relations[M]. Connecticut：Yale University Press，

1980：20.

[159] Madhok A，Tallman S B. Resources，transactions and rents：Managing value through interfirm collaborative relationships[J]. Organization Science，1998，9(3)：326-339.

[160] Maglio P P，Spohrer J. Fundamentals of service science[J]. Journal of the Academy of Marketing Science，2008，36(1)：18-20.

[161] Maglio P P，Vargo S L，Caswell N，et al. The service system is the basic abstraction of service science[J]. Information Systems and E-business Management，2009，7(4)：395-406.

[162] Martin C R，Horne D A，Schultz A M. The business-to-business customer in the service innovation process[J]. European Journal of Innovation Management，1999，2(2)：55-62.

[163] Maru File K，Judd B B，Prince R A. Interactive marketing：The influence of participation on positive word-of-mouth and referrals [J]. Journal of Services Marketing，1992，6(4)：5-14.

[164] Matthing J，Sandén B，Edvardsson B. New service development：Learning from and with customers[J]. International Journal of Service Industry Management，2004，15(5)：479-498.

[165] Mccabe D. The swings and roundabouts of innovating for quality in UK financial services[J]. The Service Industries Journal，2000，20(4)：1-20.

[166] Mccabe D. 'Waiting for dead men's shoes'：Towards a cultural understanding of management innovation[J]. Human Relations，2002，55(5)：505-536.

[167] McGahan A M，Porter M E. What do we know about variance in accounting profitability? [J]. Management Science，2002，48(7)：834-851.

[168] Mehta，N. Knowledge integration in software teams：An assessment of team project and it related issues[C]. AMCIS 2006 Proceedings，2006：212.

[169] Miles I, Kastrinos N, Bilderbeek R, et al. Knowledge-intensive business services: Users, carriers and sources of innovation[J]. Second National Knowledge Infrastructure Setp, 1998, 44(4): 100-128.

[170] Miles I D. Innovation systems in the service economy [J]. Innovation Systems in the Service Economy, 1999, 18: 85-103.

[171] Miles M B, Huberman A M. Qualitative data analysis: An expanded sourcebook[M]. London: Sage, 1994.

[172] Mills P K, Morris J H. Clients as "partial" employees of service organizations: Role development in client participation [J]. Academy of Management Review, 1986, 11(4): 726-735.

[173] Mohr J, Spekman R. Characteristics of partnership success: Partnership attributes, communication behavior, and conflict resolution techniques[J]. Strategic Management Journal, 1994, 15(2): 135-152.

[174] Muller E, Zenker A. Business services as actors of knowledge transformation: The role of KIBS in regional and national innovation systems[J]. Research Policy, 2001, 30(9): 1501-1516.

[175] Narver J C, Slater S F. The effect of a market orientation on business profitability[J]. The Journal of Marketing, 1990, 54(4): 20-35.

[176] Neale M R, Corkindale D R. Co-developing products: Involving customers earlier and more deeply[J]. Long Range Planning, 1998, 31(3): 418-425.

[177] Nightingale D V. Participation in decision-making: An examination of style and structure and their effects on member outcomes[J]. Human Relations, 1981, 34(12): 1119-1133.

[178] Nijssen E J, Hillebrand B, Vermeulen P A M, et al. Exploring product and service innovation similarities and differences[J]. International Journal of Research in Marketing, 2006, 23(3): 241-251.

[179] Nonaka I, Takeuchi H. The knowledge-creating company: How Japanese companies create the dynamics of innovation[M]. London: Oxford University Press, 1995.

[180] Nooteboom B. Institutions and forms of co-ordination in innovation systems[J]. Organization Studies, 2000, 21(5): 915-939.

[181] Normann R, Ramirez R. From value chain to value constellation: Designing interactive strategy[J]. Harvard Business Review, 1992, 71(4): 65-77.

[182] Oke A. Innovation types and innovation management practices in service companies[J]. International Journal of Operations & Production Management, 2007, 27(6): 564-587.

[183] Ordanini A, Parasuraman A. Service innovation viewed through a service-dominant logic lens: A conceptual framework and empirical analysis[J]. Journal of Service Research, 2011, 14(1): 3-23.

[184] Ostrom A L, Bitner M J, Brown S W, et al. Moving forward and making a difference: Research priorities for the science of service[J]. Journal of Service Research, 2010, 13(1): 4-36.

[185] Payne A F, Storbacka K, Frow P. Managing the co-creation of value[J]. Journal of the Academy of Marketing Science, 2008, 36(1): 83-96.

[186] Pfeffer J, Salancik G R. The external control of organizations: A resource dependence approach[M]. New York: Harper and Row Publishers, 1978.

[187] Pitta D A, Franzak F, Prevel Katsanis L. Redefining new product development teams: Learning to actualize consumer contributions[J]. Journal of Product & Brand Management, 1996, 5(6): 48-60.

[188] Poppo L, Zenger T. Do formal contracts and relational governance function as substitutes or complements? [J]. Strategic Management Journal, 2002, 23(8): 707-725.

[189] Poppo L, Zhou K Z. Managing contracts for fairness in buyer-

supplier exchanges[J]. Strategic Management Journal, 2014, 35
(10): 1508-1527.

[190] Powell W W, Koput K W, Smith-Doerr L. Interorganizational
collaboration and the locus of innovation: Networks of learning
in biotechnology[J]. Administrative Science Quarterly, 1996, 41
(1):116-145.

[191] Prahalad C K, Ramaswamy V. Co-opting customer competence
[J]. Harvard Business Review, 2000, 78(1): 79-90.

[192] Prahalad C K, Ramaswamy V. Co-creation experiences: The
next practice in value creation [J]. Journal of Interactive
Marketing, 2004, 18(3): 5-14.

[193] Pruden H O. Interorganizational conflict, linkage, and exchange: A
study of industrial salesmen[J]. Academy of Management Journal,
1969, 12(3): 339-350.

[194] Puranam P, Vanneste B S. Trust and governance: Untangling a
tangled web[J]. Academy of Management Review, 2009, 34
(1): 11-31.

[195] Qin C, Ramburuth P, Wang Y. A conceptual model of Cultural
Distance, MNC Subsidiary Roles, and Knowledge Transfer in
China-based Subsidiaries [J]. Organizations and Markets in
Emerging Economies, 2011, 2(2):10-27.

[196] Ramani G, Kumar V. Interaction orientation and firm
performance[J]. Journal of Marketing, 2008, 72(1): 27-45.

[197] Rossi P H. Community decision making [J]. Administrative
Science Quarterly, 1957,5: 415-443.

[198] Ruekert R W. Developing a market orientation: An
organizational strategy perspective[J]. International Journal of
Research in Marketing, 1992, 9(3): 225-245.

[199] Ryals L J, Humphries A S. Managing key business-to-business
relationships: What marketing can learn from supply chain
management[J]. Journal of Service Research, 2007, 9(4):

312-326.

[200] Salter A，Tether B S. Innovation in services[J]. Chapters，2007，26 (4-5)：537-556.

[201] Samaha S A，Palmatier R W，Dant R P. Poisoning relationships： Perceived unfairness in channels of distribution[J]. Journal of Marketing，2011，75(3)：99-117.

[202] Sawhney M，Verona G，Prandelli E. Collaborating to create：The Internet as a platform for customer engagement in product innovation [J]. Journal of Interactive Marketing，2005，19(4)：4-17.

[203] Sekaran U，Bougie R. Research methods for business：A skill building approach[M]. New York：John Wiley & Sons，2016.

[204] Schilling A，Werr A. Managing and organizing for innovation in service firms：A literature review with annotated bibliography [R]. VINNOVA Report，2009：6.

[205] Scott W R，Davis G F. Organizations and organizing：Rational, natural and open systems perspectives[M]. London：Routledge, 2015.

[206] Shaker A Zahra，and Gerard George. Absorptive capability：A review，reconceptualization，and extension[J]. Academy of Management Review，2002，27(2)：185-203.

[207] Siggelkow N. Persuasion with case studies[J]. The Academy of Management Journal，2007，50(1)：20-24.

[208] Silpakit P，Fisk R P. Participatizing the service encounter：A theoretical framework[C]//Thomas M B，Gregory D U，Valarie A Z. Services marketing in a changing environment. Chicago, IL：American Marketing Association，1985：117-121.

[209] Skaggs B C，Youndt M. Strategic positioning，human capital, and performance in service organizations：A customer interaction approach[J]. Strategic Management Journal，2004，25(1)：85-99.

[210] Slater S F，Narver J C. Market orientation and the learning

organization[J]. The Journal of Marketing, 1995, 59(3):63-74.

[211] Song X M, Parry M E. What separates Japanese new product winners from losers [J]. Journal of Product Innovation Management, 1996, 13(5): 422-439.

[212] Sørensen E, Torfing J. Theories of democratic network governance[M]. Berlin: Springer, 2016.

[213] Sørensen E, Torfing J. Introduction: Collaborative innovation in the public sector[J]. Innovation Journal, 2012, 17(1): 1-14.

[214] Spohrer J, Maglio P P, Bailey J, et al. Steps toward a science of service systems[J]. Computer, 2007, 40(1):71-77.

[215] Starbuck W H. Learning by knowledge-intensive firms [J]. Journal of Management Studies, 1992, 29(6): 713-740.

[216] Stern L W, Sternthal B, Craig C S. Managing conflict in distribution channels: A laboratory study [J]. Journal of Marketing Research, 1973,10(2):169-179.

[217] Stevens E, Dimitriadis S. Managing the new service development process: Towards a systemic model[J]. European Journal of Marketing, 2005, 39(1/2): 175-198.

[218] Stinchcombe A. Contracts as Hierarchical Documents [M]. Netherlands: Norwegian University Press, 1985.

[219] Storey C, Kelly D. Measuring the performance of new service development activities[J]. Service Industries Journal, 2001, 21 (2): 71-90.

[220] Strambach S. Innovation processes and the role of knowledge-intensive business services (KIBS) [J]. Physica-Verlag HD, 2001, 4: 53-68.

[221] Tang J, Murphy P J. Prior knowledge and new product and service introductions by entrepreneurial firms: The mediating role of technological innovation[J]. Journal of Small Business Management, 2012, 50(1): 41-62.

[222] Tax S S, McCutcheon D, Wilkinson I F. The service delivery

network (SDN) a customer-centric perspective of the customer journey[J]. Journal of Service Research, 2013, 16(4): 454-470.

[223] Teece D J. Technology transfer by multinational firms: The resource cost of transferring technological know-how[J]. The Economic Journal, 1977, 87: 242-261.

[224] Tether B S, Tajar A. Beyond industry-university links: Sourcing knowledge for innovation from consultants, private research organisations and the public science-base[J]. Research Policy, 2008, 37(6): 1079-1095.

[225] Thomke S H. Experimentation matters: Unlocking the potential of new technologies for innovation [M]. Brighton: Harvard Business Press, 2003.

[226] Thompson J D. Organizations in action: Social science bases of administrative theory[M]. New York: Mcgraw-Hill, 1967: 98.

[227] Thornhill S. Knowledge, innovation and firm performance in high-and low-technology regimes [J]. Journal of Business Venturing, 2006, 21(5): 687-703.

[228] Tidd J. Development of novel products through intraorganizational and interorganizational networks the case of home automation[J]. Journal of Product Innovation Management, 1995, 12(4): 307-322.

[229] Tidd J, Hull F M. Service innovation: Organizational responses to technological opportunities & market imperatives [M]. Singapore: World Scientific, 2003.

[230] Tiwana A, Mclean E R. Expertise integration and creativity in information systems development[J]. Journal of Management Information Systems, 2005, 22(1): 13-43.

[231] Tuli K R, Kohli A K, Bharadwaj S G. Rethinking customer solutions: From product bundles to relational processes[J]. Journal of Marketing, 2007, 71(3): 1-17.

[232] Van de Ven A H. On the nature, formation, and maintenance of relations among organizations [J]. Academy of Management

Review, 1976, 1(4): 24-36.

[233] Van der Aa W, Elfring T. Realizing innovation in services[J]. Scandinavian Journal of Management, 2002, 18(2): 155-171.

[234] Van Riel A C R, Lemmink J, Ouwersloot H. High_technology service innovation success: A decision-making perspective[J]. Journal of Product Innovation Management, 2004, 21(5): 348-359.

[235] Vargo S L, Lusch R F. Evolving to a new dominant logic for marketing[J]. Journal of marketing, 2004, 68(1): 1-17.

[236] Vargo S L, Lusch R F. Institutions and axioms: An extension and update of service-dominant logic[J]. Journal of the Academy of Marketing Science, 2016, 44(1): 5-23.

[237] Vargo S L, Lusch R F. Service-dominant logic: Continuing the evolution[J]. Journal of the Academy of marketing Science, 2008, 36(1): 1-10.

[238] Vargo S L, Lusch R F. From repeat patronage to value co-creation in service ecosystems: A transcending conceptualization of relationship[J]. Journal of Business Market Management, 2010, 4(4): 169-179.

[239] Vargo S L, Lusch R F. It's all B2B… and beyond: Toward a systems perspective of the market[J]. Industrial Marketing Management, 2011, 40(2): 181-187.

[240] Villena V H, Revilla E, Choi T Y. The dark side of buyer-supplier relationships: A social capital perspective[J]. Journal of Operations Management, 2011, 29(6): 561-576.

[241] Von Hippel E. Lead users: A source of novel product concepts [J]. Management Science, 1986, 32(7): 791-805.

[242] Von Hippel E. "Sticky information" and the locus of problem solving: implications for innovation[J]. Management Science, 1994, 40(4): 429-439.

[243] Voss C A. Measurement of innovation and design performance in services[J]. Design Management Review, 1992, 3(1): 40-46.

[244] Walsh J P, Dewar R D. Formalization and the organizational life cycle [J]. Journal of Management Studies, 1987, 24 (3): 215-231.

[245] Wathne K H, Heide J B. Relationship governance in a supply chain network [J]. Journal of Marketing, 2004, 68(1): 73-89.

[246] Wikström S. Value creation by company-consumer interaction [J]. Journal of Marketing Management, 1996, 12(5): 359-374.

[247] Wikström S. The customer as co-producer[J]. European Journal of Marketing, 1996, 30(4): 6-19.

[248] Williamson O E. Comparative economic organization: The analysis of discrete structural alternatives[J]. Administrative Science Quarterly, 1991,36: 269-296.

[249] Williamson O E. Markets and hierarchies[M]. New York: The Free Press, 1975: 26-30.

[250] Williamson O E. The new institutional economics: Taking stock, looking ahead[J]. Journal of Economic Literature, 2000, 38(3): 595-613.

[251] Williamson O E. The economics of organization: The transaction cost approach[J]. American Journal of Sociology, 1981, 87(3): 548-577.

[252] Williamson O E. The economic intstitutions of capitalism[M]. New York: Simon and Schuster, 1985.

[253] Williamson O E. The institutions of governance [J]. The American Economic Review, 1998, 88(2): 75-79.

[254] Williamson O E. The mechanisms of governance[M]. London: Oxford University Press, 1996.

[255] Williamson O E. Transaction-cost economics: The governance of contractual relations[J]. The Journal of Law and Economics, 1979, 22(2): 233-261.

[256] Williamson O E. Transaction cost economics: The natural progression[J]. Journal of Retailing, 2010, 86(3): 215-226.

[257] Witell L, Kristensson P, Gustafsson A, et al. Idea generation: Customer co-creation versus traditional market research techniques[J]. Journal of Service Management, 2011, 22(2): 140-159.

[258] Yan A, Gray B. Bargaining power, management control, and performance in United States-China joint ventures: A comparative case study[J]. Academy of Management journal, 1994, 37(6): 1478-1517.

[259] Yang Z, Zhou C, Jiang L. When do formal control and trust matter? A context-based analysis of the effects on marketing channel relationships in China [J]. Industrial Marketing Management, 2011, 40(1): 86-96.

[260] Yin R K. Case study research: Design and methods[M]. London: Sage, 2013.

[261] Yin R K. Qualitative research from start to finish[M]. Berkeley: Guilford Publications, 2015.

[262] Yli-Renko H, Autio E, Sapienza H J. Social capital, knowledge acquisition, and knowledge exploitation in young technology-based firms[J]. Strategic Management Journal, 2001, 22(6-7): 587-613.

[263] Zaheer A, Venkatraman N. Relational governance as an interorganizational strategy: An empirical test of the role of trust in economic exchange[J]. Strategic Management Journal, 1995, 16(5): 373-392.

[264] Zahra S A, George G. Absorptive capacity: A review, reconceptualization, and extension[J]. Academy of Management Review, 2002, 27(2): 185-203.

[265] Zhou K Z, Zhang Q, Sheng S, et al. Are relational ties always good for knowledge acquisition? Buyer-supplier exchanges in China[J]. Journal of Operations Management, 2014, 32(3): 88-98.

[266] 陈晓萍, 徐淑英, 樊景立. 组织与管理研究的实证方法[M]. 北京: 北京大学出版社, 2008.

[267] 范钧,聂津君. 企业-顾客在线互动,知识共创与新产品开发绩效 [J]. 科研管理,2016,37(1):119-127.

[268] 范钧,邱瑜,邓丰田. 顾客参与对知识密集型服务业新服务开发绩效的影响研究[J]. 科技进步与对策,2013,30(16):71-78.

[269] 范秀成,张彤宇. 顾客参与对服务企业绩效的影响[J]. 当代财经,2004(8):69-73.

[270] 范志刚. 基于企业网络的战略柔性与企业创新绩效提升机制研究 [D]. 杭州:浙江大学,2010.

[271] 高孟立. 基于客户企业参与的新服务开发过程中知识转移机制研究[J]. 情报学报,2016,35(2):146-158.

[272] 高孟立. 双元学习与服务创新绩效关系的实证研究——组织冗余与战略柔性的调节作用[J]. 科技管理研究,2017,37(14):202-212.

[273] 高孟立. 合作创新中机会主义行为的相互性及治理机制研究[J]. 科学学研究,2017,35(9):1422-1433.

[274] 耿先锋. 顾客参与测量维度,驱动因素及其对顾客满意的影响机理研究--以杭州医疗服务业为例[D]. 杭州:浙江大学,2008.

[275] 侯杰泰,温忠麟,成子娟. 结构方程模型及其应用[M]. 北京:教育科学出版社,2004.

[276] 贾鹤,王永贵,黄永春. 服务企业应该培训顾客吗?——顾客知识对创造型顾客参与行为和顾客满意的影响的探索性研究[J]. 科学决策,2009(12):54-62.

[277] 李怀祖. 管理研究方法论[M]. 西安:西安交通大学出版社,2004.

[278] 李雷,简兆权,张鲁艳. 服务主导逻辑产生原因,核心观点探析与未来研究展望[J]. 外国经济与管理,2013,35(4):2-12.

[279] 李靖华,林莉,闫威涛. 制造业服务化的价值共创机制:基于价值网络的探索性案例研究[J]. 科学学与科学技术管理,2017,38(5):85-100.

[280] 李靖华,庞学卿. 组织文化,知识转移与新服务开发绩效:城市商业银行案例[J]. 管理工程学报,2011,25(4):163-171.

[281] 李清政，徐朝霞. 顾客共同生产对服务创新绩效的影响机制——基于知识密集型服务企业在 B2B 情境下的实证研究[J]. 中国软科学，2014（8）：120-130.

[282] 廖兰芳. 我国知识密集型服务业知识供应链模式研究[D]. 武汉：武汉理工大学，2006.

[283] 林海芬，苏敬勤. 中国企业管理创新理论研究视角与方法综述[J]. 研究与发展管理，2014，26(2)：110-119.

[284] 蔺雷，吴贵生. 服务创新[M]. 北京：清华大学出版社，2007.

[285] 刘和东，钱丹. 产学研合作绩效的提升路径研究——以高新技术企业为对象的实证分析[J]. 科学学研究，2016，34（5）：704-712.

[286] 刘庆贤，肖洪钧. 工商管理领域中的案例研究方法理论建构[J]. 科学学与科学技术管理，2009（10）：15-20.

[287] 刘顺忠. 组织学习能力对新服务开发绩效的影响机制研究[J]. 科学学研究，2009，27(03)：411-416.

[288] 刘文霞，王永贵，赵宏文. 合作治理机制对服务外包供应商创新能力的影响机理研究——基于在华服务外包企业的实证分析[J]. 北京工商大学学报（社会科学版），2014，29(3)：65-72.

[289] 卢俊义，王永贵. 顾客参与服务创新与创新绩效的关系研究——基于顾客知识转移视角的理论综述与模型构建[J]. 管理学报，2011,8(10):1566-1574.

[290] 卢谢峰，韩立敏. 中介变量，调节变量与协变量[J]. 心理科学，2007，30(4)：934-936.

[291] 罗珉. 组织间关系理论最新研究视角探析[J]. 外国经济与管理，2007，29(1)：25-32.

[292] 马庆国. 管理统计：数据获取，统计原理，SPSS 工具与应用研究[M]. 北京：科学出版社，2004.

[293] 马双，王永贵，赵宏文. 组织顾客参与的双刃剑效果及治理机制研究——基于服务主导逻辑和交易成本理论的实证分析[J]. 外国经济与管理，2015，37(7)：19-32.

[294] 牛晓帆，安一民. 交易成本理论的最新发展与超越[J]. 云南民族

学院学报(哲学社会科学版),2003,20(1):79-83.

[295] 彭新敏. 企业网络对技术创新绩效的作用机制研究:利用性-探索性学习的中介效应[D]. 杭州:浙江大学,2009.

[296] 彭正银. 网络治理,四重维度与扩展的交易成本理论[J]. 经济管理,2003,18(4.12).

[297] 任星耀,廖隽安,钱丽萍. 相互依赖不对称总是降低关系质量吗?[J]. 管理世界,2009 (12):92-105.

[298] 寿志钢,朱文婷,苏晨汀,等. 营销渠道中的行为控制如何影响信任关系——基于角色理论和公平理论的实证研究[J]. 管理世界,2011(10):58-69.

[299] 苏敬勤,崔淼. 探索性与验证性案例研究访谈问题设计:理论与案例[J]. 管理学报,2011,8(10):1428-1436.

[300] 孙颖,陈通,毛维. 物流信息服务企业服务创新过程的关键影响要素研究[J]. 科学学与科学技术管理,2009 (8):196-199.

[301] 孙元欣,于茂荐. 关系契约理论研究述评[J]. 学术交流,2010,8:117-123.

[302] 王春. 基于知识管理的新服务开发影响因素分析研究[D]. 重庆:重庆大学,2007.

[303] 王家宝. 关系嵌入性对服务创新绩效的影响关系研究[D]. 上海:上海交通大学,2011.

[304] 王节祥,盛亚,蔡宁. 合作创新中资产专用性与机会主义行为的关系[J]. 科学学研究,2015,33(8):1251-1260.

[305] 王立生. 社会资本,吸收能力对知识获取和创新绩效的影响研究[D]. 杭州:浙江大学,2007.

[306] 王琳. KIBS 企业-顾客互动对服务创新绩效的作用机制研究[D]. 杭州:浙江大学,2012.

[307] 王琳,魏江. 顾客互动对新服务开发绩效的影响——基于知识密集型服务企业的实证研究[J]. 重庆大学学报(社会科学版),2009,15(1):35-41.

[308] 王琳,魏江,周丹. 顾企交互对 KIBS 企业服务创新绩效的作用机制研究[J]. 研究与发展管理,2015,27(3):126-136.

［309］王永贵，卢俊义．基于顾客心理资本视角的顾客参与服务创新与顾客知识转移研究——文献综述与模型构建［J］．营销科学学报，2009（4）：50-63．

［310］王永贵，姚山季，司方来，等．组织顾客创新，供应商反应性与项目绩效的关系研究：基于组织服务市场的实证分析［J］．南开管理评论，2011（2）：4-13．

［311］魏江，胡胜蓉．知识密集型服务业创新范式［M］．北京：科学出版社，2007．

［312］魏江，王铜安，陆江平．知识密集型服务企业创新组织结构特征及其与创新绩效关系实证研究［J］．管理工程学报，2009，23(3)：103-111．

［313］温忠麟．调节效应和中介效应分析［M］．北京：教育科学出版社，2012．

［314］温忠麟，张雷，侯杰泰．有中介的调节变量和有调节的中介变量［J］．心理学报，2006，38(3)：448-452．

［315］温忠麟，张雷，侯杰泰，等．中介效应检验程序及其应用［J］．心理学报，2004，36(5)：614-620．

［316］吴俊杰．企业家社会网络，双元性创新与技术创新绩效［D］．杭州：浙江工商大学，2013．

［317］吴明隆．SPSS统计应用实务——问卷分析与应用实务［M］．重庆：重庆大学出版社，2010．

［318］项保华，张建东．案例研究方法和战略管理研究［J］．自然辩证法通讯，2005，27(5)：62-66．

［319］薛晋洁，史本山．合资企业的社会困境：交易成本理论新解与实证检验［J］．商业经济与管理，2016（3）：65-74．

［320］余菁．案例研究与案例研究方法［J］．经济管理，2004（20）：24-29．

［321］张群洪，刘震宇，苏世彬．组织际关系治理不同影响因素下策略选择的实证研究［J］．科学学与科学技术管理，2009，30(1)：158-163．

［322］张芮．创新氛围，知识二元性与服务创新关系研究［D］．杭州：浙

江工商大学，2014.

[323] 张若勇，刘新梅，张永胜. 顾客参与和服务创新关系研究：基于服务过程中知识转移的视角[J]. 科学学与科学技术管理，2007，28(10)：92-97.

[324] 张同建，王华，王邦兆. 个体层面知识转化、知识转移和知识共享辨析[J]. 情报理论与实践，2014(9)：44-47.

[325] 张霞，毛基业. 国内企业管理案例研究的进展回顾与改进步骤——中国企业管理案例与理论构建研究论坛（2011）综述[J]. 管理世界，2012 (2)：105-111.

[326] 赵昌平，葛卫华. 战略联盟中的机会主义及其防御策略[J]. 科学学与科学技术管理，2003，24(10)：114-117.

[327] 赵武，王珂，秦鸿鑫. 开放式服务创新动态演进及协同机制研究[J]. 科学学研究，2016，34(8)；1232-1243.

[328] 周冬梅，赵闻文，鲁若愚. 基于众筹平台社群参与的跨层次影响机理及其对新创企业资源获取的影响[J]. 电子科技大学学报（社会科学版），2017，19(3)：46-52.

[329] 周茵，庄贵军，王非. 破解渠道投机的恶性循环：合同治理与关系治理权变模型[J]. 西安交通大学学报（社会科学版），2015，35(1)：40-47.

[330] 朱兵，王文平，王为东，张廷龙. 企业文化、组织学习对创新绩效的影响[J]. 软科学，2010，24(1)；65-71.

[331] 庄贵军，刘宇. 渠道投机行为的相互性以及交易专有资产的影响[J]. 管理科学，2010 (6)：43-52.